LES
CHEMINS DE FER

PENDANT

LA GUERRE DE 1870-187

LEÇONS FAITES EN 1872

A L'ÉCOLE DES PONTS-ET-CHAUSSÉES

PAR

F. JACQMIN

INGÉNIEUR EN CHEF DES PONTS ET CHAUSSÉES
DIRECTEUR DE L'EXPLOITATION DES CHEMINS DE FER DE L'EST
PROFESSEUR A L'ÉCOLE DES PONTS-ET-CHAUSSÉES

PARIS
LIBRAIRIE HACHETTE ET Cie
BOULEVARD SAINT-GERMAIN, 79

1872

LES
CHEMINS DE FER

PENDANT

LA GUERRE DE 1870-1871

PARIS. — IMP. SIMON RAÇON ET COMP., RUE D ERFURTH, 1.

LES
CHEMINS DE FER

PENDANT

LA GUERRE DE 1870-1871

LEÇONS FAITES EN 1872

A L'ÉCOLE DES PONTS-ET-CHAUSSÉES

PAR

F. JACQMIN

INGÉNIEUR EN CHEF DES PONTS ET CHAUSSÉES
DIRECTEUR DE L'EXPLOITATION DES CHEMINS DE FER DE L'EST
PROFESSEUR A L'ÉCOLE DES PONTS-ET-CHAUSSÉES

PARIS

LIBRAIRIE HACHETTE ET Cie

BOULEVARD SAINT-GERMAIN, 79

1872

Tous droits réservés

OBSERVATIONS PRÉLIMINAIRES

ET DIVISION DE L'OUVRAGE

L'importance de la question du transport, en temps de guerre, des hommes et des choses, n'a pas besoin d'être discutée. La guerre moderne met en présence des armées de plusieurs centaines de mille hommes qu'il faut réunir, transporter, ravitailler de vivres et de munitions, et le nombre des problèmes, en apparence accessoires, à résoudre pour assurer le succès des opérations militaires est aujourd'hui considérable.

C'est assurément en temps de paix que ces problèmes doivent être posés, discutés et résolus. Si l'on attend la période de guerre, on tombe immédiatement dans la confusion qui conduit aux désastres.

On a exalté un des mérites du soldat français : on a dit qu'il *se débrouillait* partout. Cela peut être vrai dans une expédition de quelques centaines ou de quelques milliers d'hommes, en Afrique ou en Chine ; cela n'est plus vrai lorsqu'il s'agit d'une armée de deux à trois cent mille hommes. Que ces hommes soient aussi merveilleusement doués qu'on le voudra, leur valeur sera complétement annulée si les vivres sont en retard, ou si les munitions sont mal réparties.

Par une fatalité à jamais déplorable, la France n'a eu, pour la guerre de 1870, aucune organisation sérieuse des transports militaires, tandis que l'Allemagne en possédait une aussi complète que possible.

En France, il y a eu deux essais d'organisation des transports militaires : l'un considérable, avant la guerre, par les soins de M. le maréchal Niel ; l'autre tardif, au moment où la guerre finissait, par les soins de M. de Freycinet, délégué à la guerre à Bordeaux. Mais, pendant la guerre elle-même, nous pouvons dire qu'il n'y a rien eu : tout le monde commandait, et les compagnies de chemins de fer se sont constamment trouvées en présence d'ordres contradictoires ou d'une exécution impossible.

Les essais d'organisation des transports auxquels nous faisons allusion reposaient l'un et l'autre sur une idée féconde : *l'association de l'élément militaire et de l'élément technique*. A l'élément militaire appartient la prépondérance : cela doit être incontestablement; mais aucune opération de transport d'hommes ou de choses ne peut être prescrite qu'après avoir été concertée et discutée avec les hommes compétents qui représentent l'élément technique.

Après la mort du maréchal Niel, il ne fut plus question de la commission des transports, et, au moment où la guerre fut déclarée, il semble que personne ne se soit souvenu qu'une organisation avait été préparée.

Les compagnies de chemins de fer reçurent à la fois, de l'intendance, de la direction des mouvements militaires, de l'artillerie, du génie, des ateliers de Meudon, des ordres qui, indépendants les uns des autres, occasionnaient la plus étrange confusion.

Le chemin de Ceinture amenait à Paris des trains aux heures choisies pour le départ de troupes qui devaient partir de Paris même. A l'arrivée à Metz et à Strasbourg régnait un désordre dont ne peuvent se faire une idée les personnes qui ne l'ont point vu, et que constatent tous les écrits qui ont été publiés sur ces tristes événements.

Chacun agissait dans une sphère restreinte, sans se préoccuper de ce qui se passait dans la sphère voisine : — « J'expédie, parce qu'on me dit d'expédier, nous disait un fonctionnaire, je n'ai pas à m'occuper de ce qui se passera à l'arrivée. »

Enfin, il a été commis à cet égard de véritables fautes. On a voulu faire faire par chemin de fer des transports qui, par les routes de terre, se seraient exécutés plus sûrement, plus rapidement même, en ce sens que les éléments d'un corps d'armée, au lieu d'être disséminés sur une longue ligne, n'auraient point cessé sur les routes de terre d'être soudés les uns aux autres.

Si l'organisation avait fait défaut dès le début, on peut se rendre compte de ce qui est advenu après nos désastres.

Les compagnies de chemins de fer ont fait des efforts inouïs pour répondre aux nécessités qui s'imposaient à elles, et, sur tous les points du territoire, elles ont exécuté des transports qui autrefois eussent été jugés impossibles ; mais bien des fois elles ont été entravées par le manque de direction.

Le décret du 28 janvier 1871 était une tentative pour remédier à cet état de choses, mais il arrivait trop tard.

A côté du trouble qui a caractérisé nos transports, nous avons malheureusement rencontré chez nos adversaires l'organisation la plus complète qui se puisse imaginer.

Cette organisation n'était point secrète. Les bases principales en sont inscrites dans des documents imprimés, et l'on pouvait se les procurer facilement à Berlin ou à Vienne, à Paris même[1].

---

[1] *De l'emploi des chemins de fer en temps de guerre.* — Traduit de l'allemand ; Paris, Dumaine, 1869.

Pour l'armée austro-hongroise notamment, il existe un document publié à Vienne en 1870 et qui semble prévoir tout ce qui est nécessaire à la marche des armées.

Tous ces règlements partent du principe que nous avons indiqué : la réunion de l'élément militaire et de l'élément technique. Ils prévoient la création :

1° A Berlin ou à Vienne, d'une commission centrale chargée d'étudier, de préparer les solutions ;

2° Sur tous les points où cela est nécessaire, de commissions de lignes, composées d'un officier d'état-major et d'un agent supérieur des chemins de fer, et chargées *de diriger les transports sous la surveillance et d'après les ordres de la commission centrale ou de ses délégués.*

En France nous avions tout cela : la commission centrale nommée par le maréchal Niel était elle-même la commission centrale des Allemands ; les commissions secondaires qui avaient été prévues auraient été les commissions de lignes. Les règlements déjà préparés auraient été complétés, et on serait arrivé facilement à appliquer sur le territoire français un ensemble de mesures semblables à celles en vigueur chez les autres peuples.

Mais ce qui n'a pas été fait, il faut le faire : nous avons à cet égard la conviction la plus absolue, et nous avons considéré comme un devoir de chercher à faire passer cette conviction dans l'esprit du public.

Il nous a semblé qu'il suffirait de montrer ce qui s'était passé dans la dernière guerre sur nos chemins de fer. Une partie de ces derniers ont eu la triste fortune d'être exploités par les commissions allemandes, et nous avons vu fonctionner dans notre pays une organisation complète d'exploitation militaire.

Notre travail se subdivise en six parties, savoir :

I. Dispositions légales ou réglementaires relatives à l'exploitation des chemins de fer en temps de guerre, en France. — Travaux de la commission du maréchal Niel.

II. Organisation de l'exploitation des chemins de fer pour les transports militaires en Allemagne et en Autriche-Hongrie. — Commissions centrales. — Commissions de lignes. — Commandements d'étapes.

III. Emploi des chemins de fer par les armées françaises pendant la guerre de 1870-1871.

IV. Emploi des chemins de fer par les armées allemandes pendant la guerre 1870-1871.

V. Travaux, défense, destruction et reconstruction des chemins de fer. — Création de corps spéciaux en Allemagne et en France.

VI. Conclusions générales.

Dans les cinq premières parties, nous n'avons cherché qu'à exposer des faits, laissant à chacun le soin d'en tirer les conséquences et les applications. Dans la sixième et dernière, nous avons essayé de formuler des conclusions. Toutefois nous devons, au sujet de ces conclusions, présenter une réserve importante : Les chemins de fer constituent une arme de plus aux mains de l'homme de guerre, mais ils ne le dispensent en rien des études générales qui lui sont indispensables ; souvent même ils lui imposent des devoirs nouveaux.

Aujourd'hui, on attaque les grandes compagnies de chemins de fer ; on parle sans cesse de leurs exigences, de leur monopole, de leur impuissance à donner satisfaction aux besoins du pays, de la nécessité de constituer dans toute la France des compagnies nouvelles. Il ne nous a pas semblé inutile de faire ressortir les services que les grandes compagnies ont rendus au pays dans la dernière guerre. C'est parce que chacune de ces compagnies dispose de plus de vingt mille véhicules, c'est parce que chacune d'elles a un effectif de vingt à trente mille hommes disciplinés, intelligents, énergiques, qu'on a pu, dans une certaine mesure, suppléer à l'insuffisance et à la confusion dans le commandement supérieur. Que l'on suppose les grandes compagnies disparues ou remplacées par une quantité innombrable de petites sociétés, aucun des grands mouvements militaires qui ont été effectués n'aurait été possible. Dans le désarroi général où est tombé notre malheureux pays, combien y a-t-il eu d'institutions, à l'exception de la Banque de France et des grandes compagnies de chemins de fer, qui soient restées debout, vivantes, toujours prêtes et toujours agissantes ?

Nous sommes heureux d'ailleurs d'avoir trouvé l'occasion de dire quel avait été, pendant toute la durée de la guerre, le dévouement du personnel des chemins de fer. Sur tous les réseaux, dans tous les services, tous les hommes ont rivalisé de zèle et de courage, et on ne signalerait pas une défaillance.

Dans ce travail, nous avons indiqué beaucoup de dates. Au point de vue des chemins de fer, elles n'ont pas un grand intérêt; mais il nous a paru que plus tard ces dates seraient utiles aux personnes qui entreprendront d'écrire l'histoire de ces grands événements. A ce sujet, nous n'avons eu d'autre but que celui de préparer des matériaux et de fixer des souvenirs dont les détails ne tarderont pas à se confondre et à s'effacer.

Enfin, la réalisation des mesures que nous croyons devoir proposer dans nos conclusions ne comporte que de très-faibles dépenses. Presque toutes même peuvent être réalisées sans demander le plus léger sacrifice au budget. Les hommes — et les hommes intelligents — abondent parmi nous : ce qui leur a manqué, c'est la direction, puis l'étude et la prévision. Nous espérons, *en ce qui concerne la question des transports militaires,* avoir indiqué les moyens d'assurer à notre pays ces études et cette prévision. C'est avec elles qu'on gagne aujourd'hui les batailles.

Paris, 20 avril 1872.

TABLE DES MATIÈRES

Observations préliminaires et division de l'ouvrage. i

I

DISPOSITIONS LÉGALES OU RÉGLEMENTAIRES
RELATIVES A L'EXPLOITATION DES CHEMINS DE FER EN TEMPS DE GUERRE, EN FRANCE.
TRAVAUX DE LA COMMISSION DU MARÉCHAL NIEL.

§ 1er. — Dispositions légales ou réglementaires. 1

    Dispositions insérées dans les cahiers des charges. 1
    Traité avec les compagnies de chemins de fer pour les transports de la guerre. 3
    Règlements édictés par le ministre des travaux publics, au point de vue de la sécurité. 4
    Composition des trains de troupes. 4
    Transport des poudres et des munitions de guerre. 5
    Règlements édictés par le ministre de la guerre. 5
    Transports des troupes d'infanterie. 7
        Dispositions préliminaires. 7
        Emploi du matériel. 7
        Composition des trains. 8

TABLE DES MATIÈRES.

Vivres	8
Arrivée à la gare. — Embarquement	8
Route. Haltes. Repas	9
Débarquement	10
Transport des troupes de cavalerie	11
Dispositions préliminaires	11
Emploi du matériel. — Accessoires	11
Composition des trains	12
Vivres	12
Arrivée à la gare. — Embarquement	12
Route. Haltes. Repas	13
Transport des troupes et du matériel d'artillerie	14
Accessoires du matériel roulant	14
Composition des trains	14
Arrivée à la gare	15
Embarquement et débarquement	15
Chargement du matériel	15
Trains des équipages militaires	16
Équipages de pont	17
Commission centrale des chemins de fer instituée par le maréchal Niel (15 mars 1869)	18
Syndicat des chemins de fer. — Décret du gouvernement de Bordeaux (28 janvier 1871)	19

§ 2. — Questions relatives à la situation des agents des chemins de fer, pendant la guerre 21

Loi du 1er février 1868 sur la garde nationale mobile	21
Loi du 10 août 1870. — Augmentation des forces militaires de la France pendant la guerre	22
Décret du 29 septembre 1870 sur la mobilisation de la garde nationale	24
Corps-francs. — Compagnies sédentaires	25
Commune de Paris	26
État de la législation en Suisse	27
— — en Belgique	28
État de la législation dans l'empire d'Allemagne	28
— — dans l'empire Austro-Hongrois	29
Résumé du paragraphe	30

§ 3. — Études faites par la commission instituée par le maréchal Niel . . 32

Programme général. — Association de l'élément militaire et de l'élément technique	32
Révision des règlements antérieurs	33
Composition des trains de troupes et nombre de véhicules	34
Vitesse des trains de troupes	41

TABLE DES MATIÈRES.

Études spéciales à un grand mouvement de troupes	41
Emploi simultané de deux lignes à simple voie	43
Chargement et déchargement des troupes	43
Déchargement des troupes en pleine voie	44
Expérience faite pour donner le café aux hommes dans un temps très-court	44
Tableaux établis par ordre de la commission	46
Expériences faites à Paris et sur un grand nombre de points du territoire	46
Nécessité de raccorder, dans toute la France, les établissements militaires aux gares	47
Question de la nourriture des hommes en route. — Vivres distribués au départ ou en route	47
Mise en oubli des travaux de la commission	48

4. — Mesures diverses prises par le gouvernement de la Défense nationale 48

16 octobre 1870. — Transport des troupes, des munitions et du matériel de guerre 49

25 octobre 1870. — Suspension administrative de la circulation des trains de voyageurs et de marchandises, en cas d'urgence militaire 50

8 novembre 1870. — Service spécial d'inspection pour le transport par chemin de fer des approvisionnements et du matériel de guerre . . 51

11 novembre 1870. — Attribution au ministre de la guerre des droits de réquisition nécessaires pour accélérer les travaux de la défense du territoire 52

11 novembre 1870. — Attribution au ministère de l'intérieur du droit de réquisition de tous les ateliers de l'industrie privée 53

28 novembre 1870. — Attribution aux ingénieurs des ponts-et-chaussées et des mines, en mission pour la défense, des droits de correspondance et de réquisition 53

4 janvier 1871. — Autorisations régulières à présenter par les militaires 54

8 janvier 1871. — Priorité à donner au service postal 54

20 janvier 1871. — Convocation des représentants des compagnies à Bordeaux 55

II

ORGANISATION DE L'EXPLOITATION DES CHEMINS DE FER POUR LES TRANSPORTS MILITAIRES EN ALLEMAGNE ET EN AUSTRO-HONGRIE. COMMISSIONS CENTRALES. — COMMISSIONS DE LIGNES. COMMANDEMENTS D'ÉTAPES.

§ 1er. — Mesures prises pour arriver à l'unité d'exploitation. 58

    Morcellement des exploitations allemandes. 58
    Constitution des unions ou associations. 58
    Unification au point de vue des transports militaires en Prusse. . . . 62
    Règlement du 1er mai 1861 (chemin d'État prussien). 62
    Acceptation du règlement du 1er mai 1861 par les chemins de l'Union du Nord, y compris Brunswick et Hanovre. 62
    Résolution du Parlement en 1869 63
        Renseignements demandés en 1872 par le grand état-major général. 63
    Règlement de 1870, commun aux chemins de fer de la Confédération du Nord et à ceux des États de l'Allemagne du Sud. 64
    Adhésion des compagnies des États du Sud. 65
    Unification des lignes dans l'empire Austro-Hongrois. 65
    Désignation de l'autorité chargée de donner des ordres aux chemins de fer. 68

§ 2. — Constitution des commissions centrales, à Berlin et à Vienne, et des commissions de lignes. 69

    Juxtaposition constante de l'élément militaire et de l'élément technique. 69
    Commission centrale de Berlin. 70
    Commission exécutive spéciale 71
    Direction centrale des transports militaires par chemin de fer, à Vienne. 71
    Attributions. 72
    Direction des transports de campagne par chemin de fer 73
    Attributions 73
    Commissions de lignes. 74
    Attributions 74
    Principes généraux relatifs au tracé des trains militaires 75
        Désignation des lignes 75
        Va-et-vient des trains militaires. 75
        Numérotage des trains. 76

TABLE DES MATIÈRES.

Nombre de trains par jour.	76
Vitesse des trains.	77
Arrêts des trains.	77
Composition des trains.	77
Tableau de voyage et de marche d'un corps d'armée, de Posen à Francfort.	78
Tableau de la marche des trains militaires	80
Spécimen des tableaux dressés pour le transport d'un corps d'armée.	81
Règlement de marche pour le transport des troupes.	82
Permanence des mesures prises pour les trains militaires.	83
Établissement de marches	83
Entente avec l'état-major général	83
Communication normale des marches aux autorités militaires.	83
Préparation de marches en vue du temps de guerre.	84
Travaux à faire en vue du prompt chargement des troupes.	84
Distinction à faire entre les gares et les localités assignées comme gîtes.	85

§ 3. — Commandements d'étapes. 85

Caractère général de l'institution.	85
Analyse du règlement autrichien.	86
Désignation de localités à pourvoir de commandements d'étapes.	86
Composition des commissions.	86
Connaissances exigées des officiers	87
Attributions et obligations.	87
Mesures spéciales à l'alimentation des troupes.	88
Protection militaire des gares.	89
Questions diverses.	89
Mesures relatives aux soldats isolés.	89
Recrutement en France des commandants d'étapes	90

§ 4. — Analyse des règlements spéciaux relatifs au transport des troupes. 91

Règlement prussien.	91
Observations générales	92
Dénomination et emploi du matériel.	93
Aménagement des wagons pour la troupe.	93
— — pour les chevaux	94
Wagons pour le matériel de guerre.	94
Capacité des wagons pour les hommes, les chevaux et le matériel.	95
Nombre des essieux. — Trains spéciaux.	95
Préparatifs pour l'embarquement. — Chevaux et matériel.	95
Composition des trains.	96
Organisation des transports. — Ordre de marche	97
Embarquement. — Arrivée des troupes à la gare.	97

TABLE DES MATIÈRES.

Dispositions à prendre dans les gares. 97
Garde 97
Chargement du matériel de guerre. 98
Embarquement des chevaux et des selles. 98
Embarquement des hommes 99
Trajet. Haltes. 100
Débarquement des hommes, des chevaux et du matériel. . . . 101
Règlement Austro-Hongrois. 101
   Observations générales. 102
   Matériel à employer et ses accessoires. 102
   Aménagements pour le chargement et le déchargement. 104
   Mesures à prendre avant le départ. 104
   Composition des trains 104
   Instruction des militaires 105
   Arrivée à la gare et embarquement 105
   Arrêts et débarquement. 106
   Alimentation des troupes pendant le voyage 107
Règlement belge. 108
Résumé général de la deuxième partie. 108

I

EMPLOI DES CHEMINS DE FER PAR LES ARMÉES FRANÇAISES, DANS LA GUERRE DE 1870-1871.

§ 1er. — Depuis la déclaration de guerre jusqu'à la perte des batailles de Frœschwiller et de Forbach 111

Réquisitions adressées au chemin de fer de l'Est et autres compagnies françaises 111
Travaux préparatoires exécutés par la compagnie de l'Est 112
Analyse des tableaux de marche des trains. 112
Premiers transports effectués. 113
Désordre dans les premiers départs 114
Effectifs incomplets et transport des isolés. 116
Confusion entre la concentration et la marche en avant 118
Résultats obtenus dans les dix premiers jours 118
Encombrement de la gare de Metz. 119
Faible nombre d'accidents arrivés pendant la période des transports militaires 124

TABLE DES MATIÈRES.

Fourniture de fourgons de factage pour le service télégraphique de l'armée	125
Évacuation des malades des hôpitaux de la frontière	126
Bâches réquisitionnées par l'intendance	126
Situation des transports commerciaux	126
Suspension des règlements relatifs à la composition des trains et au transport des poudres	128
Transports totaux exécutés, pendant la première période, sur le réseau de l'Est	130

§ 2. — Depuis la perte des batailles de Frœschwiller et de Forbach jusqu'à l'investissement de Paris. 131

Transport des soldats débandés, après la bataille de Frœschwiller	131
Perte de la ligne des Vosges	132
Conséquences de la perte de la bataille de Forbach	132
Transports militaires entre le camp de Châlons et Metz. — Emploi regrettable du chemin de fer	133
Évacuation de la gare de Nancy	136
Mouvement tournant exécuté pour le transport des corps d'armée Mac-Mahon, de Failly et Douay	137
Transport du corps d'armée du général Vinoy, de Mézières à Paris	140
Période du 19 août au 12 septembre	145
Retour à Paris de la garde mobile de la Seine	146
Évacuation successive des gares	149
Solde payée au personnel pendant le siége de Paris	151
Emploi des wagons pour l'installation d'un hôpital sur l'Esplanade, à Metz	152
Transport des blessés de Sedan sur les places du Nord	154
Approvisionnement de Paris	155
Transports exécutés par le chemin de fer de l'Ouest	155

§ 3. — Depuis l'investissement de Paris jusqu'à l'armistice de Versailles. . 157

Services rendus par les chemins de fer dans l'intérieur de Paris	157
Camionnage	157
Ambulances dans les bâtiments des gares	158
Ambulances en province	158
Utilisation des halles couvertes pour la construction des ballons	158
Emploi des ateliers des compagnies	158
Travaux produits par quelques ateliers	159
Machines et wagons blindés	160
Services rendus par les ateliers en province	161
Fourniture d'eau à la ville de Paris	161
Transformation des gares en moulins	162
Services rendus par le chemin de fer de Ceinture	164
Services rendus par le chemin de fer de Vincennes	164

TABLE DES MATIÈRES.

Mouvement de troupes dans la nuit du 20 au 21 décembre 1870... 165
Constitution de corps spéciaux pour la protection des gares..... 165
Opérations dans le centre de la France................. 166
Transport de troupes avant la bataille de Coulmiers 166
Transport d'un corps d'armée de Chagny à Gien.......... 167
    Difficultés au départ....................... 167
    Parcours à effectuer....................... 168
    Effectif transporté....................... 168
Opérations dans le Nord de la France................ 169
Emploi du chemin de fer par les Allemands à la bataille de Saint-Quentin................................ 169
Opérations dans l'Ouest de la France................. 170
Perte de la bataille du Mans...................... 171
Encombrement des gares de Laval et de Rennes et de la section comprise entre ces deux points.................... 175
Transport du 19ᵉ corps d'armée de la ligne de Cherbourg sur celle de Granville à Argentan....................... 179
Opérations dans l'Est de la France................. 183
Importance des transports à effectuer............... 183
Emploi irréfléchi du chemin de fer.................. 185
Ligne de Besançon à Clerval, choix du point terminus 187
Transformation par l'intendance des wagons en magasins...... 188
Causes secondaires du retard..................... 189
Réquisitions du matériel faites par les préfets et les autorités locales................................... 190
Camp de Vénissieux, près Lyon................... 191
Reprise momentanée du service sur la ligne de l'Est 191
Prise de la gare de Dôle........................ 192
Transports exécutés pendant toute la durée de la guerre étrangère.. 193

§ 4. — Depuis l'armistice de Versailles jusqu'à la fin des réquisitions et la reprise du service normal 194

Énormes besoins du pays après la conclusion de l'armistice..... 194
Retraite de l'armée de l'Est..................... 195
Ravitaillement de Paris........................ 195
Principaux transports exécutés par les chemins de fer pour le ravitaillement................................. 199
Ravitaillement de bestiaux préparé à Laval............. 201
Transport des troupes licenciées................... 202
Retour des prisonniers français.................... 203
Convention de Ferrières du 11 mars 1871.............. 204
Reddition de la place de Bitche................... 206
Évacuation de l'armée allemande................... 207
Fin des opérations militaires sur les chemins de fer français et reprise du service normal........................ 208
Services rendus par les compagnies de chemins de fer au pays.... 209

IV

EMPLOI DES CHEMINS DE FER PAR LES ARMÉES ALLEMANDES PENDANT LA GUERRE DE 1870-1871.

§ 1er. — Transports sur le territoire allemand 211

    Organisation préparatoire. 211
    Commission exécutive de la Confédération du Nord 212
    Commissions de lignes 212
    Répartition de tout le réseau allemand. 212
    Point terminus du mouvement sur le sol allemand. 214
    Établissement des Fahrt-Dispositionen 215
    Commandements d'étapes 216
    Organisation en Bavière. 216
    Distinction entre la mobilisation et la concentration 217
    Transport d'ambulances, d'équipages, d'approvisionnements. 218
    Renseignements relatifs aux effectifs transportés 218
    Chemins de fer du Palatinat. 219
    Chemins de Sarrebruck et de Rhein-Nahe. 220
    Chemin de Cologne-Minden. 221
    Chemins Rhénans. 221
    Transport des blessés, des malades et des prisonniers sur les chemins Rhénans. 222
    Transport des objets destinés au ravitaillement de l'armée allemande. 222
    Maintien de l'organisation des transports pendant la durée de la guerre. 224

§ 2. — Transport des malades et des blessés 225

    Études antérieures à la guerre de 1870 226
    Nécessité de transformer le matériel roulant 227
    Études en Bavière et dans le Wurtemberg 228
    Organisation et aménagements intérieurs des trains d'ambulances des chemins de fer de l'État prussien. 229
    Organisation des trains d'ambulances wurtembergeois. 230
    —   —   bavarois. 231
    Trains d'ambulances fournis par les sociétés de secours aux blessés et par les compagnies de chemins de fer. 232
    Mouvement de trains allemands d'ambulances entre l'Allemagne et la France. — Exemples 233

Mouvement des trains d'ambulances à la gare de Strasbourg dans le mois de décembre.................................. 236
Transport des Liebesgaben (Dons de l'amitié) 238
Ambulances d'évacuation à Épernay et à Châlons............ 238
Ambulance d'Épernay 238
Ambulance de Châlons........................ 240

§ 3. — Exploitation des chemins de fer français par les commissions allemandes.. 241

La prise de possession des lignes a toujours et immédiatement suivi les événements militaires...................... 241
Prise de possession des lignes françaises.............. 242
    Wissembourg à Paris. — Obstacles créés par la place de Toul, le souterrain de Nanteuil, le pont de Fontenoy-sur-Moselle..... 242
    Forbach à Frouard. — Obstacle créé par la place de Metz..... 243
    Metz à Charleville. — Obstacles créés par les places de Thionville, Montmédy et Mézières...................... 243
    Vendenheim à Bâle. — Obstacles créés par les places de Strasbourg et de Schlestadt......................... 245
    Lignes secondaires de l'Alsace et des Vosges. — Obstacle créé par la place de Bitche......................... 246
    Ligne de Mulhouse à Paris. — Obstacles créés par les places de Belfort, de Langres, et par la destruction d'un certain nombre d'ouvrages............................. 246
    Nancy à Gray et à Dijon. — Obstacles créés par la place d'Auxonne et par des destructions d'ouvrages................ 247
    Blesme à Chaumont, à Châtillon et à Orléans. — Obstacles créés par des destructions d'ouvrages................... 247
    Reims à Paris par Soissons, Laon à Tergnier et à Saint-Quentin, Amiens et Rouen, par La Fère................... 249
    Lignes du réseau de l'Ouest..................... 249
Reconstruction des ouvrages d'art détruits sur les chemins de fer français............................... 249
Division du territoire français en sections administrées par des commissions d'exploitation...................... 250
Organisation des commissions allemandes............... 251
Spécimen des instructions données aux commandants d'étapes.... 254
Matériel roulant employé par les commissions allemandes 257
Installation des Allemands dans les gares françaises 260
    Épernay............................. 260
    Lagny............................... 261
Réfectoires pour les troupes de passage................ 268
    Épernay............................. 268
    Châlons............................. 269
Services postaux............................ 271
Réexpédition par locomotives routières 272
Emploi des canaux........................... 273

Conditions générales de l'exploitation par les commissions allemandes. 273
Présence des otages sur les machines 274

§ 4. — Restitution des chemins de fer aux compagnies françaises 278

Traité de Versailles du 28 janvier 1871. 278
Convention relative au transport des blessés. —11 février 1871 . . . 282
Préliminaires de paix de Versailles. — 26 février 1871. 283
Convention de Ferrières (9 mars 1871) relative aux chemins de fer. . 284
Exécution de la convention de Ferrières. 289
Règlement du 20 août 1871 290
Rapatriement des prisonniers français. 291

V

TRAVAUX. — DÉFENSE, DESTRUCTION ET RECONSTRUCTION DES CHEMINS DE FER.
CRÉATION DE CORPS SPÉCIAUX EN FRANCE ET EN ALLEMAGNE.

§ 1er. — Défense des chemins de fer 295

La défense des chemins de fer doit être une des préoccupations de la stratégie moderne. 295
Places de premier ordre : Metz et Strasbourg. 296
Places de deuxième ordre : Toul, Thionville, Montmédy. 296
Intérêts de la défense nationale supérieurs aux intérêts locaux. . . . 296
Place de troisième ordre : Bitche. 297
Ouvrages à créer pour la défense spéciale des chemins de fer 297
Défense des chemins de fer, en dehors des places destinées à les couvrir. 299
Précautions relatives à l'emploi du télégraphe 300

§ 2. — Destruction des chemins de fer. 301

La destruction des chemins de fer doit, aujourd'hui, être prévue dans toute l'étendue du territoire. 301
Premier cas. — Détruire les chemins de fer de l'ennemi pour empêcher celui-ci de s'en servir 302
Étude attentive du terrain. 302
Destruction du télégraphe des voies 303
Destruction des prises d'eau. 303
Destruction des gares, du matériel roulant, des approvisionnements . 303
Destruction des ouvrages d'art. 304
Choix à faire dans les lignes à détruire. 305
Bifurcations. 305

TABLE DES MATIÈRES.

Exemples tirés de la guerre de 1870-1871. — Attaques faites par es éclaireurs allemands 305
Destruction du pont de Fontenoy-sur-Moselle 306
Mesures de rigueur excessive prises par les autorités allemandes l'occasion de ce fait de guerre 308
Destruction du pont de Laroche sur l'Yonne 311
Deuxième cas. — Détruire ses propres chemins de fer pour arrêter ou entraver la marche de l'ennemi 312
Enlèvement des voies 312
Destruction des prises d'eau 313
Comblement des tranchées 313
Choix à faire parmi les ouvrages d'art 314
Enlèvement du matériel roulant 314
Destruction des canaux 314
Exemples pris dans la guerre de 1870-1871 314
Destruction partielle du pont sur le Rhin à Kehl 314
Préparatifs pour faire sauter les souterrains des Vosges 315
Destruction des ouvrages sur le réseau de l'Est 316
—   —   de l'Ouest 318
—   —   d'Orléans 318
—   —   du Nord 319
—   —   de Paris-Lyon-Méditerranée . . 319
Emploi de la dynamite 320
Importance des dommages éprouvés par les compagnies françaises . . 323

§ 3. — Reconstruction des ouvrages détruits 324

Réparation des voies 324
Substitution de la voie unique à la double voie 325
Enlèvement des matériaux des petits embranchements 325
Exécution de déviations et de voies de détournement 326
Déviation de Rémilly à Pont-à-Mousson 326
Déviation du souterrain de Nanteuil 328
Déviation de Creil 3 9
Substitution de remblais aux ouvrages d'art 330
Diminution du débouché des grands ponts 330
Tracé à adopter pour les ouvrages provisoires 330
Ouvrages en charpente 331
Approvisionnements des bois 332
Points d'appui. — Palées 332
Travées 33 2
Palées de grande hauteur 333
Enlèvement des débris dans les rivières 334

§ 4. — Création de corps spéciaux en Allemagne et en France . . 334

Nécessité de créer des corps spéciaux 334
Section des chemins de fer de campagne (*Feld-Eisenbahn-Abtheilungen*) 335

Création d'un bataillon des chemins de fer dans l'empire d'Allemagne.	336
Sections de chemins de fer de campagne, en Autriche.	338
Organisation du corps-franc des chemins de fer à l'armée du Rhin. .	339
Personnel	339
Outillage de campagne.	340
Outillage de réserve.	341
Approvisionnements	342

VI

Conclusions	345

LES
CHEMINS DE FER
PENDANT LA GUERRE DE 1870-1871

I

DISPOSITIONS LÉGALES OU RÉGLEMENTAIRES
RELATIVES A L'EXPLOITATION DES CHEMINS DE FER EN TEMPS DE GUERRE, EN FRANCE.
TRAVAUX DE LA COMMISSION DU MARÉCHAL NIEL.

§ 1er. — Dispositions légales ou réglementaires.

Dispositions insérées dans les cahiers des charges. — Les préoccupations des rédacteurs des cahiers des charges des compagnies de chemins de fer ont été, en ce qui concerne le service de la guerre, des préoccupations purement fiscales, et l'État n'a songé qu'à s'assurer des prix inférieurs à ceux payés par le public.

Aux termes de l'article 48, « tout traité particulier, qui aurait pour effet d'accorder à un ou plusieurs expéditeurs une réduction sur les tarifs approuvés, demeure formellement interdit.

« *Toutefois*, cette disposition n'est pas applicable aux traités qui pourraient intervenir entre le gouvernement et la compagnie, dans l'intérêt des services publics. »

L'article 54 est plus explicite encore. Il stipule l'importance des réductions assurées aux militaires ou marins; il est ainsi conçu : « Les militaires ou marins voyageant en corps, aussi bien que les militaires ou marins voyageant isolément pour cause de service, envoyés en congé limité ou en permission, ou rentrant dans leurs foyers après libération, ne seront assujettis, eux, leurs chevaux et leurs bagages, qu'au quart de la taxe du tarif fixé par le présent cahier des charges.

« Si le gouvernement avait besoin de diriger des troupes et un matériel militaire ou naval sur les points desservis par le chemin de fer, la compagnie serait tenue de mettre immédiatement à sa disposition, pour la moitié de la taxe du même tarif, tous ses moyens de transport. »

Ces dispostions n'ont pas paru suffisamment avantageuses à l'État, et les départements de la guerre et de la marine ont essayé d'en étendre l'application à des transports que les compagnies jugeaient devoir rester en dehors de l'article 54. — Un arrêt du conseil d'État, en date du 26 août 1865, a donné gain de cause aux compagnies, notamment sur un point très-important.

Le second paragraphe de l'article 54 donne à l'État le droit de requérir la totalité du matériel roulant; mais, dans ce cas, le prix des transports militaires est doublé et s'élève du quart à la moitié des taxes normales.

Pendant les périodes les plus chargées en transports militaires, les compagnies ont toujours trouvé moyen d'exécuter quelques transports de personnes et de choses pour le public, et l'État soutenait que la totalité du matériel n'étant pas employée à ses propres besoins, il n'avait pas à payer la taxe de la moitié. Les compagnies répondaient que du moment où elles donnaient satisfaction à la totalité des besoins de l'État, elles ne sauraient êtres punies pour s'être efforcées de donner en même temps, et dans une mesure très-restreinte, satisfaction aux besoins du public.

Le conseil d'État a repoussé les prétentions du gouvernement, et il a décidé que le prix stipulé de la moitié des taxes normales ne devait pas être réduit au quart pour ce seul motif que les compagnies, après avoir satisfait à toutes les exigences de la réquisition, auraient continué en partie leurs services, soit à l'aide d'un matériel emprunté provisoirement à d'autres compagnies, soit à l'aide d'une portion de leur matériel qui, n'ayant pas été employée par l'administration, aurait été reconnue inutile pour assurer l'exécution de la réquisition.

La jurisprudence semble aujourd'hui fixée ; mais, on le reconnaîtra, les dispositions dont nous venons de parler sont absolument fiscales, et, au point de vue de l'exploitation technique, la seule mesure prise par le gouvernement est de s'assurer la libre disposition de tout le matériel des compagnies françaises.

Traité avec les compagnies de chemins de fer pour les transports de la guerre. — L'article 48 du cahier des charges a reçu une application considérable. Le ministère de la guerre a passé avec les compagnies, constituées en syndicat, un traité pour le transport dans l'étendue de la France continentale de la totalité du matériel, des denrées de toute espèce et des approvisionnements de toute nature que le département de la guerre peut avoir à expédier.

Les compagnies sont représentées par une agence générale à laquelle s'adressent les représentants de la guerre, et ceux-ci n'ont à s'inquiéter d'aucun détail, que le transport ait à s'effectuer par voie de fer ou par voie de terre ou d'eau. Cette sorte de délégation générale faite aux compagnies a peut-être eu un mauvais côté. Habitués à n'avoir plus qu'un ordre à donner, les fonctionnaires de l'État ne se sont plus préoccupés des difficultés qui accompagnent toujours le fait de l'exécution.

Une expérience de bientôt quinze années a permis d'apporter

à ce traité toutes les modifications qui ont été jugées nécessaires et, *en temps de paix*, nous pensons qu'il donne au gouvernement toute satisfaction. Il se subdivise en dix chapitres, et la marchandise est suivie depuis le moment où l'agent de la guerre remet un ordre de transport, jusqu'à celui où le montant de la lettre de voiture est acquitté par le trésor public.

En temps de guerre, la question de la répartition à l'armée des vivres et des munitions domine toutes les autres, et elle ne saurait être résolue par des procédés applicables à des troupes en garnison ordinaire.

En temps de guerre donc, il faut recourir à d'autres mesures que celles prévues pour le temps de paix, et ne pas demander au traité passé avec le syndicat des chemins de fer des résultats en vue desquels il n'a pas été et ne pouvait être conçu.

Règlements édictés par le ministre des Travaux publics, au point de vue de la sécurité. — La loi sur la police des chemins de fer, l'ordonnance royale complétant cette loi, les cahiers des charges enfin donnent au ministre des travaux publics le droit d'édicter les règlements relatifs à la sécurité des personnes. — Deux règlements on été faits pour les transports militaires :

Le premier fixe la composition des trains.

Le second formule les règles à suivre pour le transport des poudres et des munitions de guerre.

Nous allons les analyser successivement.

Composition des trains de troupes. — L'article 18 de l'ordonnance royale de 1846 contient la disposition suivante : « Un train de voyageurs ne pourra se composer de plus de vingt-quatre voitures à voyageurs, à quatre roues. S'il entre des voitures à six roues dans la composition du convoi, le maximum du nombre de voitures sera déterminé par le ministre. »

Trois arrêtés ministériels sont venus, en ce qui concerne les trains de troupes, modifier cette situation. Le premier, en date du 15 juin 1855 (guerre de Crimée), décide que les trains spéciaux de troupes pourront, jusqu'à nouvel ordre, être composés de trente voitures et marcher à une vitesse de plus de trente kilomètres à l'heure.

Un second arrêté autorise, en 1856, la compagnie Paris-Lyon à porter le nombre des véhicules à trente-cinq.

Enfin, le 9 février 1870, un dernier arrêté, rendu sur la demande de la commission instituée l'année précédente par le maréchal Niel, stipula que le nombre maximum des wagons pouvant être admis dans les trains de troupes serait uniformément fixé à quarante véhicules, non compris la locomotive et son tender, mais sous la réserve que la vitesse de marche n'excéderait pas trente kilomètres à l'heure.

Transport des poudres et des munitions de guerre. — Le transport des poudres et des munitions de guerre a fait l'objet de deux règlements. Le premier, en date du 10 novembre 1852, ayant été abrogé par celui du 15 février 1861, nous ne nous occuperons que de ce dernier qui porte la signature des deux ministres de la guerre et des travaux publics. C'est à notre connaissance le seul document officiel portant la trace d'une action commune, action que nous voudrions voir se généraliser pour tout ce qui concerne l'emploi des chemins de fer en temps de guerre.

Le règlement de 1861 repose sur quatre principes distincts :

1° Interdiction de faire les transports des poudres ou des munitions de guerre par des trains contenant des voitures à voyageurs;

2° Conditionnement des colis et des wagons destinés à les recevoir;

3° Limitation du nombre des wagons en temps ordinaire;

4° Gardiennage et escorte.

A chacune des grandes guerres soutenues par notre pays, nous verrons toutes ces conditions singulièrement méconnues.

Règlements édictés par le ministre de la Guerre. — De son côté, l'administration de la guerre a édicté deux règlements pour le transport des troupes par chemins de fer, l'un à la date du 16 septembre 1851, l'autre à celle du 6 novembre 1855.

Le premier contenait :

a. Des règles à suivre pour l'embarquement, le transport et le débarquement des troupes et du matériel ;

b. Les obligations des compagnies de chemins de fer envers les départements de la guerre et de la marine ;

c. Enfin, la décomposition des taxes en prix de péage et en prix de transport.

Dans le second règlement, les deux derniers groupes de faits ne sont plus mentionnés, et l'administration se contente de promulguer cinq règlements spéciaux, savoir :

a. Transport des troupes d'infanterie ;
b. — — de cavalerie ;
c. — — de l'artillerie ;
d. — — des voitures du train des équipages militaires ;
e. — du matériel d'un équipage de pont.

Ici, les chemins de fer ne sont envisagés qu'à un point de vue très-restreint. Les questions relatives aux rapports à prévoir entre les compagnies et l'administration de la guerre sont omises. On se contente de formuler des règles — souvent trop minutieuses — pour l'embarquement et le débarquement des troupes, l'arrimage des sacs sous les banquettes, des selles dans les trains destinés à la cavalerie, etc., etc.

Le règlement est accompagné de figures nombreuses. Quelques-unes indiquent le fractionnement de

36 hommes devant un wagon à un seul compartiment ;
45 hommes sur 3 rangs devant un wagon à 5 compart.
45 — 4 — à 5 —
36 — 3 — à 4 —
36 hommes sur 4 rangs se formant par conversion devant un wagon à 4 compartiments ;
45 hommes doublant sur 6 rangs, faute d'espace, etc., etc.

L'exécution littérale de ces diverses dispositions exige un temps considérable, et, bien que disciplinairement les règlements de 1855 soient les seuls en vigueur aujourd'hui, nous en considérons au moins une partie comme virtuellement abrogée.

Toutefois, il faut ajouter qu'en 1855 on n'avait pas, au sujet des chemins de fer, l'expérience acquise aujourd'hui, et ces règlements, dont il y a lieu d'élaguer les parties surannées, ont été presque textuellement copiés par les autres États de l'Europe. Nous allons en donner une analyse succincte.

Transport des troupes d'infanterie. — Le règlement sur l'infanterie est divisé en quatre sections correspondant aux diverses périodes du transport.

La première, renfermant les *prescriptions générales*, indique les formalités à remplir pour l'expédition de troupes par chemins de fer et les mesures à prendre jusqu'à l'arrivée du détachement à la gare.

La deuxième traite de l'*embarquement* des troupes.

La troisième s'occupe de tout ce qui concerne la *route*, depuis la gare de départ jusqu'à celle d'arrivée.

La quatrième enfin décrit les opérations du *débarquement*.

DISPOSITIONS PRÉLIMINAIRES. — L'autorité militaire donne avis des transports de troupes à effectuer à l'administration du chemin de fer qui règle, de concert avec le chef du détachement, tous les détails concernant l'exécution de ces transports. Le jour du départ, ce dernier remet aux agents du chemin de fer la réquisition portant l'état numérique définitif des hommes, chevaux, voitures et bagages à transporter. Si plusieurs trains sont nécessaires, ceux-ci sont chargés à plein, sans tenir compte des régiments, bataillons et compagnies.

EMPLOI DU MATÉRIEL. — On emploie, pour le transport des hommes, les voitures à voyageurs des trois classes. Cependant, tous les officiers voyagent en deuxième classe, s'il n'y a pas de voitures mixtes disponibles au lieu d'embarquement. — Dans les voitures de troisième classe, si les hommes voyagent armés et équipés, on réserve un dixième ou deux dixièmes des places, selon les armes, pour le rangement des sacs, coiffures, etc.

En cas d'absolue nécessité, on peut utiliser pour la troupe des wagons à marchandises couverts ou découverts, mais dans la proportion d'un tiers au plus, et à condition que ces wagons soient munis de bancs permettant à la moitié des hommes embarqués de s'asseoir.

Pour les chevaux, on se sert de wagons à bestiaux. Ceux dits *écuries* ne sont employés que par exception, lorsqu'il y a absolue nécessité de séparer les chevaux, ou que ceux-ci sont en trop petit nombre pour compléter le chargement d'un wagon à bestiaux.

Composition des trains. — La composition des trains est la suivante : En tête, les fourgons à bagages, puis les voitures pour les hommes, et, au milieu de celles-ci, la voiture des officiers. En queue, les wagons plats portant les voitures particulières des officiers et celles des cantinières.

Vivres. — Avant le départ, les troupes reçoivent des vivres pour toute la durée du voyage et de petits bidons remplis d'eau que l'on mélange d'eau-de-vie pendant les chaleurs.

Arrivée a la gare. — Embarquement. — La troupe doit arriver à la gare une heure avant le départ ; les chevaux, voitures et bagages y sont conduits une heure et demie avant le départ et chargés sous la direction des employés du chemin de fer. Avant l'entrée de la troupe dans la gare, le fonctionnaire de l'intendance passe une revue d'effectif et vise ensuite la réquisition qui constate cet effectif et sert de pièce justificative de la dépense.

Il est formé un poste de police destiné à maintenir l'ordre et à fournir des factionnaires, aux stations et à l'arrivée.

Les officiers sont responsables de l'exécution des mouvements prescrits pendant l'embarquement et doivent concourir personnellement à faire observer le règlement.

En arrivant à la gare, le chef du détachement forme la

troupe en bataille, va reconnaître le matériel et fait numéroter les voitures à la craie sur le grand marchepied. — Les tambours et musiciens vont déposer leurs caisses et leurs instruments dans l'un des fourgons, puis ils montent immédiatement dans les voitures de tête du train, ainsi que le poste de police, les hommes punis de la prison et les sapeurs.

Le détachement est d'abord divisé, sans tenir compte des compagnies, en fractions correspondantes à la capacité des voitures et comprenant chacune un sous-officier qui en est le chef. Conduite par un officier vis-à-vis de la voiture où elle doit s'embarquer, et formée de manière à ne pas prendre plus d'espace en largeur que cette voiture, chaque fraction est partagée en autant de subdivisions qu'il y a de compartiments dans la voiture. — Les deux premiers hommes de chaque subdivision entrent d'abord et rangent sous les banquettes les sacs de leurs camarades ; ceux-ci montent ensuite en voiture et s'asseoient en tenant leur fusil entre les jambes, la crosse sur le plancher. L'officier qui conduit chaque fraction veille à ce que les compartiments soient exactement remplis. — Les portières sont fermées par les employés du chemin de fer. — Au fur et à mesure de l'embarquement, l'adjudant écrit à la craie sur le grand marchepied de chaque voiture l'indication de la compagnie ou des compagnies qui l'occupent.

Un sous-officier, ou à défaut le plus ancien soldat, est désigné comme chef de chaque compartiment, avec la charge d'y maintenir l'ordre et de veiller à l'exécution des mesures prescrites.

Le drapeau, si le détachement en a un, est déposé dans le compartiment du commandant ou dans celui du porte-drapeau.

Avant le signal du départ, le commandant du détachement, accompagné du chef de train, passe une revue rapide du convoi.

Route. — Haltes. — Repas. — Pendant la route, il est interdit de sortir la tête ou les bras par les portières, de passer d'une voiture dans une autre, de pousser des cris et de descendre de voiture avant le signal convenu.

Pendant tout le voyage, la responsabilité du mouvement reste toute entière, comme dans un train ordinaire, au chef de train, de qui le chef de corps est tenu de suivre exactement les indications.

Aux stations où le commandant juge convenable de faire mettre pied à terre à la troupe, les officiers font placer des sentinelles par le poste de police partout où cela est nécessaire, particulièrement dans l'entrevoie, puis donne le signal à l'aide d'une sonnerie ou d'une batterie convenue. — Les fusils et les sacs restent dans la voiture. — Trois minutes avant le départ, une sonnerie ou une batterie donne le signal du rembarquement.

Il doit y avoir une halte de 15 minutes toutes les deux ou trois heures au plus.

Si une partie des hommes sont embarqués dans des wagons à marchandises, on les fait permuter pendant une halte, vers le milieu du trajet, avec les hommes qui ont voyagé dans les voitures à voyageurs.

Le commandant de la troupe règle les heures des repas. Si, dans l'itinéraire, il se trouve une halte d'une heure, on en profite pour le repas. Les hommes descendent alors de voiture avec leurs sacs.

Débarquement. — Les hommes sont prévenus de l'arrivée à l'avant-dernière station, afin qu'ils remettent leur tenue en ordre et qu'ils se tiennent prêts à descendre.

A l'arrivée, les officiers descendent les premiers et conduisent la troupe sur le terrain où elle doit se reformer, d'après les indications données par le commandant, après une rapide reconnaissance des lieux.

Les bagages et les chevaux sont déchargés par les employés du chemin de fer.

Le règlement contient des prescriptions particulières concernant le passage des troupes à Paris, Lyon et Bordeaux, et la traversée à pied de ces villes pour se rendre d'une de leurs gares à une autre. — Ces prescriptions sont actuellement inutiles, car depuis l'achèvement du chemin de Ceinture à Paris et des raccordements reliant entre elles les diverses gares de Lyon et de Bordeaux, un arrêté ministériel exige que les trains de troupe continuent leur voyage directement et sans transbordement jusqu'à destination.

Transport des troupes de cavalerie. — Le règlement sur la cavalerie est divisé en cinq sections. Les quatre premières traitent des mêmes sujets que les sections correspondantes du règlement sur l'infanterie, et contiennent des dispositions à peu près identiques et que nous ne reproduirons par conséquent pas dans cette analyse. La cinquième renferme certaines dispositions exceptionnelles.

Dispositions préliminaires. — Le paragraphe correspondant du règlement sur l'infanterie s'applique en entier à la cavalerie.

Emploi du matériel. — Accessoires. — Les voitures à voyageurs sont employées dans les mêmes conditions que pour l'infanterie, mais tous les hommes de troupe ne voyagent pas en 3ᵉ classe. Une partie d'entre eux s'embarquent dans les wagons de chevaux, à raison de quatre hommes par wagon, et dans les wagons à selles à raison de quatre hommes et un sous-officier ou un brigadier par wagon.

Le transport des chevaux s'effectue exclusivement dans les wagons à bestiaux. On peut mettre de cinq à neuf chevaux par wagon, suivant les dimensions du véhicule et la grosseur des chevaux, laquelle varie avec les armes.

Les selles sont chargées avec leur paquetage complet dans des fourgons qui en contiennent environ soixante.

Pour embarquer ou débarquer des chevaux sur un quai, il faut avoir, soit des *plateaux* tenant aux wagons, soit des *ponts volants* solides pour raccorder le quai au plancher du wagon.

Pour ces opérations en pleine voie, il est nécessaire d'avoir une *rampe mobile*, de grandes dimensions, ordinairement portée sur une paire de roues. Le règlement exige qu'il se trouve un ou deux de ces engins dans tout train chargé de cavalerie.

Dans les wagons de chevaux, il faut en plus des *barres de fermeture provisoire* qu'on attache en travers des portes, lorsqu'elles sont encore ouvertes, pour empêcher les chevaux de reculer, et des *strapontins*, planchettes suspendues par des cordes le long des parois du wagon et destinées à servir de siéges aux gardes d'écurie.

COMPOSITION DU TRAIN. — En tête, les wagons portant les rampes de débarquement et les bagages, puis les wagons de selles et de chevaux; au milieu de ces derniers wagons les voitures de 3º classe pour les hommes et la voiture des officiers. — Les wagons portant les voitures des officiers et celles des cantinières forment la queue du train.

VIVRES. — Les prescriptions concernant les hommes sont celles du règlement de l'infanterie. Pour les chevaux, on emporte du foin pour toute la durée du voyage, plus une demi-ration d'avoine qui doit être distribuée aussitôt après le débarquement.

ARRIVÉE A LA GARE. — EMBARQUEMENT. — La troupe doit arriver à la gare deux heures au moins avant le départ; les voitures et les bagages y sont conduits trente minutes avant l'arrivée du corps et sont chargés sous la direction des employés du chemin de fer.

Le dernier repas des chevaux, composé exclusivement de foin et d'eau, doit être terminé deux heures au moins avant l'embarquement.

L'administration militaire fait transporter à la gare l'avoine et le foin pour la route, ainsi que la paille destinée aux wagons de chevaux et à ceux de selles.

Comme pour l'infanterie, les officiers sont responsables des mesures à prendre pendant l'embarquement.

A son arrivée à la gare, et le plus près possible du train, la troupe est formée en bataille sur un rang, dans lequel rentrent les sous-officiers; puis elle est divisée en fractions comprenant un nombre de chevaux (y compris ceux des officiers) correspondant à la capacité des véhicules. Ces fractions sont conduites devant les wagons qu'elles doivent occuper et que l'on garnit de paille pour litière, de fourrage, de strapontins et de barres de fermeture provisoire. Les chevaux sont ensuite dessellés, à moins d'ordres particuliers ; mais ils restent bridés pendant l'embarquement.

Chaque cavalier, faisant tenir son cheval par son camarade, porte alors sa selle au wagon désigné d'avance, après avoir convenablement disposé le paquetage. Le chargement est fait, sous la surveillance d'un sous-officier, par quelques cavaliers qui prennent place pour le voyage dans le wagon à selles. — On place la première rangée de selles sur des botillons cylindriques de paille, préparés à l'avance et posés symétriquement sur le plancher du wagon.

Après le chargement des selles, on procède à l'embarquement des chevaux. Les cavaliers de chaque fraction font entrer successivement leurs chevaux dans les wagons en les faisant appuyer alternativement à droite et à gauche. Il faut prendre certaines précautions pour vaincre la résistance qu'ils opposent quelquefois pour entrer dans les wagons. — On attache les chevaux avec le licol, mais les brides ne sont enlevées que lorsque le train est en marche. Quatre hommes restent dans chaque wagon à chevaux, et les autres cavaliers montent dans les voitures de 3ᵉ classe.

Route. — Halte. — Repas. — Pendant la route, les gardes d'écurie doivent faire manger les chevaux, les calmer s'ils s'effrayent du sifflet des machines, les soutenir par le licol dans les chocs, etc. Aux haltes, ces gardes d'écurie descendent en passant par dessus la paroi des wagons du côté de la tête des chevaux, et, si ce côté est celui de l'entrevoie, ils doivent revenir immédiatement sur le quai, à l'exception d'un garde d'écurie par deux wagons de chevaux. Si le trajet est de plus de douze heures, on fait boire les chevaux à la grande halte.

Les gardes d'écurie sont relevés pendant une halte vers le milieu du trajet par les hommes ayant voyagé dans les voitures.

Transport des troupes et du matériel d'artillerie. — Le règlement sur l'artillerie est divisé en cinq sections qui correspondent exactement à celles du règlement sur la cavalerie.

Des prescriptions détaillées au sujet du chargement du matériel d'artillerie sont renfermées dans un appendice.

Deux annexes, contenant les règles spéciales au transport des voitures du train des équipages militaires et de celles d'équipages de pont, complètent ce règlement.

Comme le règlement sur l'artillerie reproduit, pour toutes les questions concernant le transport des hommes et des chevaux, la plupart des dispositions des règlements précédents, nous passerons rapidement sur ces questions. Nous insisterons davantage sur les prescriptions relatives à l'embarquement et au transport du matériel.

ACCESSOIRES DU MATÉRIEL ROULANT. — Outre les accessoires nécessaires à l'embarquement des chevaux, il faut avoir des plateaux, des madriers et poutrelles pour raccorder le quai aux plates-formes ou celles-ci entre elles, et, s'il n'y a pas de quai, pour former une rampe du sol jusqu'au plancher des wagons. On peut aussi se servir de rails pour ce dernier objet, en cas de nécessité.

Des cales et des cordages sont encore nécessaires pour assurer la stabilité du chargement des trucks.

COMPOSITION DES TRAINS. — On place en tête les wagons chargés de bagages et de ponts et poutrelles de débarquement; puis les wagons à chevaux, les voitures à voyageurs, les trucks chargés de matériel, et enfin, en queue, les wagons de selles.

Il faut un frein en tête, un autre au milieu sur les voitures à voyageurs, et un troisième en queue.

Arrivée a la gare. — Le détachement arrive à la gare deux heures avant le départ; les bagages y sont conduits trente minutes avant la troupe et chargés sous la direction des employés du chemin de fer. Le foin pour la route et la paille sont transportés à la gare en temps utile par les soins de l'administration militaire.

Embarquement et débarquement. — Les officiers sont responsables de la célérité et de l'ordre dans l'embarquement et veillent à l'exécution du règlement.

La batterie ou portion de batterie étant arrivée à la gare, le commandant va reconnaître le matériel de chemin de fer, arrête la répartition des hommes, chevaux et voitures, désigne un officier pour l'embarquement des chevaux, et un sous-officier pour l'embarquement des selles.

Les servants sont formés en détachements pour l'embarquement du matériel. Les chevaux de devant et du milieu étant dételés, on conduit les voitures à quai avec les chevaux de derrière seulement qu'on dételle après cela. Tous les chevaux de trait et de selle sont alors réunis et fractionnés selon la capacité des wagons, en faisant en sorte de ne pas séparer autant que possible les attelages d'une même voiture.

Les chevaux de selle et les porteurs sont dessellés, mais on laisse les brides et les harnais, qui sont convenablement relevés. Chaque conducteur fait entrer ses deux chevaux dans le wagon en les faisant appuyer tous deux à droite et à gauche alternativement. Les chevaux ne sont débridés que lorsqu'ils ont été attachés dans le wagon avec le licol. — Il reste trois gardes d'écurie par wagon.

Le matériel est mis à terre par les moyens inverses de ceux employés pour l'embarquement.

Dès que les chevaux de derrière sont débarqués, ils sont immédiatement attelés à leur voiture qu'ils conduisent sur le terrain de formation, où les attelages sont ensuite complétés.

Chargement du matériel. — Les wagons employés pour le

chargement du matériel sont des plates-formes munies de rebords fixes ou mobiles, ou des wagons dits à maringottes, c'est-à-dire sans rebords, mais avec des traverses saillantes. Les plus avantageux sont ceux dont les rebords des petits côtés peuvent s'abaisser.

Ces divers véhicules peuvent recevoir, suivant leurs dimensions et la disposition de leurs rebords, deux voitures de campagne complètes, ou une voiture et demie, ou une seule voiture.

Le système de chargement le plus commode consiste à disposer un train de wagons dont les petits côtés se rabattent et forment un plancher continu et accessible par une de ses extrémités. Si l'on ne peut procéder de la sorte, on charge les wagons séparément, soit par le petit, soit par le grand côté. Le règlement décrit avec de grands détails les manœuvres dont se compose, dans ces divers cas, l'opération du chargement.

Les règles principales à observer sont les suivantes. — Il faut :

1° Répartir le poids sur toute la surface du truck, en occupant le moins de place possible ;

2° Faire en sorte que les bouts de timon et les roues de rechange ne dépassent pas les tampons. En cas de besoin, ces pièces sont démontées et placées sur le plancher du wagon ;

3° Consolider, caler, brêler et amarrer avec grand soin le chargement, afin de rendre toutes ses parties solidaires et d'en assurer la plus complète stabilité ;

4° Prévenir les frottements des diverses parties des voitures les unes contre les autres, en faisant usage de torches de paille ou de tout autre moyen.

Trains des équipages militaires. — Pour toutes les dispositions générales relatives au transport des hommes et à celui des chevaux, les règles à suivre sont celles de l'artillerie. Il n'y a de différence que pour le matériel, en raison de sa construction spéciale.

Les wagons qui peuvent être employés pour le transport des

voitures du train sont les wagons plates-formes, dont les rebords se rabattent ou n'ont pas plus de quinze à vingt centimètres de hauteur. Ils peuvent recevoir, suivant leurs dimensions, une ou deux de ces voitures.

Les convois doivent toujours porter des hommes, des chevaux et des voitures. Il faut qu'il y ait au moins deux chevaux par voiture et un nombre suffisant de sous-officiers, brigadiers et cavaliers.

Les voitures arrivent à la gare trois ou quatre heures avant le départ, selon qu'elles doivent être chargées montées ou non.

Le chargement peut s'effectuer à bras ou à la grue. Ce dernier mode est indispensable lorsque les wagons plats sont à ranchets ou à poutrelles saillantes, ou lorsque le gabarit de la voie nécessite le démontage des voitures. Le règlement décrit en détail les manœuvres à faire pour effectuer, dans l'un et l'autre cas, le chargement des diverses sortes de voitures.

Équipages de pont. — De même que pour le train des équipages, les dimensions des voitures d'équipages de pont exigent des mesures spéciales pour leur embarquement sur le matériel de chemin de fer. Pour tout le reste, le règlement sur l'artillerie est entièrement applicable.

Le corps doit arriver à la gare environ trois heures avant le départ.

Les wagons à employer pour les voitures d'équipages de pont sont les wagons plates-formes. Chaque wagon ne peut porter qu'une seule voiture. Les haquets sont transportés avec ou sans leur chargement de poutrelles, selon la dimension des wagons.

Dans la composition du train, les voitures à voyageurs doivent être placées au milieu à peu près, derrière un truck chargé d'un chariot de parc et devant un wagon vide ou dont le chargement ne dépasse pas $1^m 30$ de hauteur sur $1^m 50$ de longueur à partir de l'arrière.

De plus, il faut placer alternativement un chariot ou la forge et un haquet avec bateau.

Le haquet avec nacelle devant toujours être déchargé, il est considéré comme chariot.

Le chargement s'effectue par le petit ou par le grand côté des wagons, et nécessite, dans l'un et l'autre cas, une série de manœuvres minutieusement exposées dans le règlement.

Pendant l'embarquement, le commandant, accompagné du chef de train, passe la revue de chaque wagon et fait rectifier les chargements défectueux.

Des pontonniers sont embarqués pendant le trajet sur les trucks; ils resserrent au besoin les guindages, et, s'il survient un dérangement important auquel ils ne puissent remédier, ils font le signal d'arrêt en élevant leur schako sur leur mousqueton.

Commission centrale des chemins de fer instituée par M. le maréchal Niel (15 mars 1869). — Le 15 mars 1869, M. le ministre des travaux publics adressait aux compagnies de chemins fer une lettre contenant les passages ci-après :

« Messieurs,

« S. Ex. M. le ministre de la guerre me fait connaître qu'il lui paraît utile d'instituer auprès de son département une commission chargée d'étudier les diverses questions auxquelles peut donner lieu le transport des troupes sur les voies ferrées. Cette commission serait composée d'officiers généraux des corps de l'état-major, de l'artillerie et du génie, d'un fonctionnaire de l'intendance, d'un délégué du ministère des travaux publics et d'un représentant de chacune des principales compagnies de chemins de fer.

« Mon collègue ajoute qu'il a l'intention de former, en outre, pour chaque réseau, une sous-commission composée d'un officier d'état-major, d'un officier du génie et d'un fonctionnaire de la compagnie. Cette sous-commission se tiendrait constamment au courant de la situation du matériel de la ligne en cas de transport de troupes, surveillerait l'exécution des mesures indiquées par la commission centrale.

« . . . .

« Je vous prie, Messieurs, de vouloir bien, de votre côté, désigner et me faire connaître le délégué que vous chargerez de prendre part aux travaux de la commission et de la sous-commission. »

Les compagnies mirent le plus grand empressement à répondre au désir exprimé par M. le ministre de la guerre, et chacune d'elles fut représentée par un fonctionnaire de l'ordre le plus élevé, directeur de la compagnie, directeur ou chef de l'exploitation.

Dans la commission, l'élément militaire était représenté par :
MM. le général Guiod, de l'artillerie, président ;
    le général Saget, de l'état-major ;
    le général Dubost, du génie ;
    le sous-intendant militaire Rousseau ;
    le commandant Le Pippre, de l'état-major.

La commission eut vingt-neuf réunions.

Dans le paragraphe suivant, nous rendrons compte avec détail de ses principaux travaux ; mais nous avons la conviction que ces études constituaient déjà les bases d'une organisation complète et facile à réaliser dans un espace de temps relativement court.

Syndicat des Chemins de fer. — Décret du gouvernement de Bordeaux (28 janvier 1871). — Il suffit de lire le texte de ce décret pour voir que son principe repose sur une idée analogue à celle que le maréchal Niel avait voulu réaliser, c'est-à-dire :

1° Placer auprès du ministre de la guerre une commission d'agents de chemins de fer chargés de régler les questions relatives aux transports ;

2° Placer auprès de chaque chef d'armée un agent de chemins de fer chargé d'assurer les transports.

Voici ce décret, que nous reproduisons *in-extenso* :

« Les membres du gouvernement de la Défense nationale,

« En vertu des pouvoirs à eux délégués,

« Considérant qu'il importe d'activer et de régulariser les transports de la guerre sur les chemins de fer, et qu'un des moyens d'atteindre ce but, c'est de faciliter les rapports des compagnies de chemins de fer avec le ministère de la guerre et entre elles,

« Décrètent :

« ARTICLE PREMIER. — Les compagnies de chemins de fer sont tenues de se faire représenter auprès du ministère de la guerre par un agent supérieur muni de pouvoirs suffisants pour recevoir les ordres du ministre de la guerre et pour les faire exécuter sur son propre réseau.

« Les agents des compagnies, réunis auprès du ministre de la guerre, formeront un syndicat chargé de régler toutes les questions intéressant à la fois plusieurs compagnies, notamment celles qui naissent de la circulation et de la répartition du matériel. Ce syndicat tiendra séance, chaque jour, dans un local dépendant du ministère de la guerre. Procès-verbal des délibérations sera dressé, et le registre contenant ces procès-verbaux sera communiqué, à toute demande, au ministre de la guerre ou à ses délégués.

« ART. 2. — Chaque fois qu'une armée opère dans le voisinage d'un chemin de fer et qu'elle emprunte ou peut être amenée à emprunter ce chemin de fer pour ses transports, la compagnie est tenue, sur la demande du général en chef de l'armée, d'envoyer à la station désignée par lui un agent supérieur du mouvement, lequel aura tous les pouvoirs nécessaires pour faire exécuter les ordres donnés par le général en chef ou par ses représentants.

« ART. 3. — Le ministre de l'intérieur et de la guerre est chargé de l'exécution du présent décret. »

Au 28 janvier 1871, la guerre était terminée et les membres

du syndicat constitué à Bordeaux n'eurent à s'occuper que de la liquidation des transports de l'intendance et des mouvements relatifs à l'approvisionnement de Paris.

Dans une de leurs premières réunions, ils avaient signalé au gouvernement, pour le cas où la guerre continuerait, la nécessité de créer dans les gares des commandements d'étapes, c'est-à-dire des agents ayant autorité sur les troupes de passage dans les trains. Nous reviendrons sur cette institution, en parlant de l'organisation allemande.

§ 2. — Questions relatives à la situation des agents de chemins de fer pendant la guerre.

Nous ne pouvons terminer cet examen aride des dispositions légales concernant l'emploi des chemins de fer en temps de guerre, sans dire un mot de la situation des agents au point de vue de l'appel sous les drapeaux ou du maintien dans les cadres du service des compagnies.

A plusieurs reprises, on a essayé de régler la question par des lois ou par des décrets et d'appeler une partie du personnel sous les drapeaux. L'expérience a démontré la nécessité absolue du maintien des cadres des compagnies. Nous nous contenterons de rappeler les faits.

Loi du 1er février 1868 sur la garde nationale mobile. — Aux termes du cinquième paragraphe de l'article 4 de la loi du 1er février 1868,

« Les conseils de révision dispensent du service dans la garde nationale mobile :

« . . . .

« 5° Les mécaniciens de locomotives sur les chemins de fer.

« . . . .

Cette restriction était la seule prévue par la loi d'organisation de la garde mobile. On reconnaissait qu'on ne pouvait improviser des mécaniciens, en remplacement de ceux que la mobilisation appellerait sous les drapeaux ; mais on n'admettait pas la même difficulté pour les autres agents du service actif.

Toutefois, le gouvernement reconnut que, sous peine de désorganiser les services, il fallait étendre à tous les agents de l'exploitation les dispenses prévues seulement pour les mécaniciens.

Par une première lettre, en date du 17 juillet 1870, le ministre de la guerre décida que les employés de la compagnie de l'Est incorporés dans la garde mobile *seraient, quant à présent, dispensés de rejoindre leurs corps.*

Loi du 10 août 1870. — Augmentation des forces militaires de la France, pendant la durée de la guerre. — L'article 2 de la loi du 10 août 1870 appelait sous les drapeaux tous les célibataires de vingt-cinq à trente-cinq ans ; il était conçu dans les termes suivants :

« Tous les citoyens non mariés ou veufs sans enfants, ayant vingt-cinq ans accomplis et moins de trente-cinq ans, qui ont satisfait à la loi du recrutement et qui ne figurent pas sur les contrôles de la garde mobile, sont appelés sous les drapeaux pendant la durée de la guerre actuelle.

« L'autorité militaire prendra d'urgence les mesures nécessaires pour qu'ils soient dirigés immédiatement sur les différents corps de l'armée. »

L'application littérale de cette disposition eût supprimé tout service de transports. Aussi, dès le lendemain, les compagnies de chemins de fer recevaient-elles de l'administration des travaux publics et de la guerre avis que les employés ne seraient pas forcés de rejoindre. Nous reproduisons ci-après les lettres qui, à cette occasion, furent adressées à la compagnie de l'Est ; elles étaient une récompense du zèle extraordinaire déployé par tous les employés de cette compagnie, aux débuts de la guerre.

« Paris, le 11 août 1870.

« Monsieur,

« Par une lettre en date de ce jour, vous m'informez que l'exécution de la loi votée hier par le Corps législatif produirait, en ce qui concerne votre personnel, des conséquences préjudiciables à la bonne et prompte exécution du service de la compagnie des chemins de fer de l'Est.

« Le gouvernement a en trop haute estime les services si éminents et si patriotiques rendus par cette compagnie dans la guerre nationale que la France soutient actuellement contre la Prusse, il les apprécie trop pour diminuer en quoi que ce soit leur efficacité. Après en avoir conféré avec mon collègue du département de la guerre, je m'empresse de vous déclarer, en son nom et au mien, que tous les employés de votre compagnie atteints par la loi nouvelle ne seront pas forcés de rejoindre.

« Je vous prie, Monsieur, de faire connaître cette communication à tous ceux qu'elle intéresse, et d'agréer, etc.

« *Le ministre des Travaux publics,*
« Signé : Baron Jérôme David. »

« Paris, le 12 août 1870.

« Monsieur,

« J'ai l'honneur de vous confirmer la lettre par laquelle mon collègue au département des travaux publics vous a déclaré, en date d'hier, que tous les employés affectés au service de l'exploitation des chemins de fer et atteints par la loi nouvelle ne seront pas tenus de rejoindre.

« Je me plais, Monsieur, à vous dire en même temps la profonde reconnaissance que professe pour la compagnie à la tête de laquelle vous vous trouvez l'administration de la guerre, à laquelle vous venez de rendre et vous êtes encore appelé à rendre de si éminents et de si patriotiques services.

« Recevez, etc.

« *Le ministre de la Guerre,*

« Signé : Comte de Palikao. »

Décret du 29 septembre 1870 sur la mobilisation de la garde nationale. — Un décret, promulgué le 29 septembre 1870, par le gouvernement de la Défense nationale, organisait en compagnies de gardes nationaux mobilisés tous les Français de vingt et un à quarante ans. Une nouvelle exception fut faite en faveur des agents de l'exploitation, et les compagnies délivrèrent, sur les sections encore en exploitation, des certificats semblables à celui ci-après :

« Le directeur de la compagnie des chemins de fer de l'Est, soussigné :

« Vu la lettre de M. le garde des sceaux, ministre de la justice et représentant du gouvernement de la Défense nationale, en date du 8 octobre 1870, dont la teneur suit :

« Tours, le 8 octobre 1870.

« Messieurs,

« Le gouvernement, par plusieurs décisions successives pri-
« ses en vue d'assurer le maintien des communications dans
« l'intérêt de la défense nationale, a dispensé temporairement
« les employés de l'exploitation des chemins de fer de rejoindre,
« soit comme appelés sous les drapeaux en vertu de la loi du
« 10 août dernier, soit comme gardes mobiles, et les a, en outre,
« exonérés provisoirement de tout service dans la garde natio-
« nale sédentaire, sauf le cas de réquisition spéciale, tant que
« continuera le service local des trains.

« Nonobstant le décret du 29 septembre 1870, dont l'ar-

« ticle 1ᵉʳ dispose que les préfets organiseront immédiatement
« en compagnies de gardes nationaux mobilisés tous les Français
« de vingt et un à quarante ans, non mariés ou veufs sans en-
« fants, résidant dans le département, les motifs de dispense
« déjà invoqués pour les agents de l'exploitation des chemins
« de fer subsistent dans toute leur force.

« Le gouvernement a décidé, en conséquence, que l'exemption
« provisoirement accordée à ces agents pour le service, tant de
« l'armée active que de la garde nationale mobile et sédentaire,
« leur serait également appliquée, pour le service de la garde
« nationale mobilisée en vertu du décret du 29 septembre ;
« mais, bien entendu, sous la réserve et aux conditions rappelées
« dans le premier paragraphe de la présente lettre.

« Je vous prie, Messieurs, de porter cette décision à la con-
« naissance de votre personnel.

« Recevez, etc.

« *Le garde des Sceaux, ministre de la Justice, membre et*
« *représentant du gouvernement de la Défense nationale,*

« Signé : Ad. Crémieux. »

« Certifie que M... employé de la compagnie des chemins
de fer de l'Est, sur une section encore en exploitation, doit être
dispensé de rejoindre.

« Vesoul, le 10 octobre 1870. »

Corps-francs. — Compagnies sédentaires. — Lorsque la lutte
fut transformée en guerre de siéges, on reconnut encore la nécessité de ne point séparer les agents de chemins de fer les uns
des autres, afin de les avoir toujours sous la main en cas de
reprise du service. Ils furent alors organisés, sur plusieurs
points du territoire, en corps-francs, compagnies sédentaires.
Nous citerons :

Le corps-franc des agents de l'Est, à Paris, comprenant 2,200 hommes;

La compagnie de la gare de Belfort;

Les compagnies de Charleville, etc., etc.

Les administrations de chemins de fer possédant un nombre très-important de pompes à incendie et une organisation spéciale à cet égard, naturellement les corps dont nous venons de parler remplissaient les fonctions des corps de pompiers, et plusieurs rendirent des services signalés.

Commune de Paris. — Enfin, la Commune insurrectionnelle de Paris, qui n'hésitait pas à supprimer les organisations anciennes, qui pouvait espérer trouver dans la fermeture des ateliers des compagnies de chemins de fer un moyen de décider une partie de leur nombreux personnel à prendre part à la lutte, la Commune de Paris, disons-nous, rendit un décret ainsi conçu :

« Ministère de la Guerre. — Cabinet du Ministre.

« Les employés et ouvriers de chemins de fer sont exempts du service de la garde nationale.

« *Le délégué à la Guerre,*

« Signé : Cluseret.

« Paris, le 6 avril 1871. »

Ainsi, dans les circonstances les plus dissemblables, le maintien des cadres de l'exploitation des chemins de fer a été considéré comme une nécessité de salut public, et les agents ont été dispensés de toute présence sous les drapeaux.

Nous allons retrouver une conclusion semblable en parcourant rapidement les législations étrangères.

État de la législation en Suisse. — Dans une brochure très-intéressante de M. de Mandrot, colonel fédéral, brochure destinée à faire connaître l'organisation militaire suisse, nous lisons le passage ci-après :

« Tout Suisse est soldat. Le service militaire est obligatoire dès l'âge de dix-neuf ans accomplis à quarante-quatre ans révolus[1]. Cependant, la loi exempte dudit service les membres de l'autorité supérieure fédérale pendant la durée de leurs fonctions, les membres des gouvernements cantonaux et quelques-uns de leurs employés, les ecclésiastiques, les membres des corps enseignants, les instituteurs officiels (maîtres d'école), de plus, certains employés des postes, des chemins de fer et des bateaux à vapeur. Cependant, tout le personnel d'exploitation des chemins de fer peut être, en cas de mise sur pied considérable, astreint à la discipline militaire et mis à la disposition du général en chef pour les besoins des transports de l'armée. »

Le conseil fédéral a fait, des pouvoirs qui lui sont attribués, l'application ci-après :

« Le conseil fédéral,

« Après examen d'une demande des administrations de chemins de fer concernant l'exemption du service militaire de différents agents de chemins de fer,

« En application de l'article 1er du décret fédéral du 20 juin 1853,

Décrète :

« 1° Les employés, désignés ci-après, des chemins de fer NN sont affranchis du service militaire pendant la durée de leur emploi :

a. Les inspecteurs de l'exploitation;

b. Les chefs et sous-chefs de dépôt;

c. Les machinistes;

d. Les chauffeurs;

e. Les graisseurs;

---

[1] Le nouveau projet de loi militaire propose quarante-cinq ans révolus.

f. Les ingénieurs de la voie ;
g. Les piqueurs de la voie ;
h. Les garde-barrières ;
i. Les chefs et sous-chefs de station et de halte ;
j. Les chefs de train et garde-freins ;
k. Les aiguilleurs.

« 2° Les administrations supérieures des chemins de fer sont tenues de fournir, en temps et lieu, tous les renseignements nécessaires concernant l'âge, le nom, le lieu de naissance et la résidence, ainsi que la position militaire des agents susmentionnés, aux autorités militaires du canton, de même qu'à l'état-major fédéral attaché au département militaire. »

Pendant les événements de 1870-1871, la Suisse a dû mobiliser la plus grande partie de son armée, et l'exemption accordée aux catégories déjà bien nombreuses que nous venons d'énumérer a été étendue à presque tout le personnel des chemins de fer et des postes.

Plusieurs personnes même estiment qu'à la prochaine révision de la loi militaire, on prononcera l'exemption normale des agents des postes et des chemins de fer.

État de la législation en Belgique. — La loi militaire belge ne renferme aucune disposition spéciale autorisant le gouvernement à maintenir dans leurs fonctions, en temps de guerre, les agents de chemins de fer dont la présence est nécessaire à l'exploitation.

Toutefois, dans la guerre franco-allemande, le ministre de la guerre a exempté du rappel sous les drapeaux un certain nombre d'agents de l'administration des chemins de fer, postes et télégraphes, dont la présence était indispensable à la marche régulière du service, « au point de vue même des intérêts de l'armée qui demandaient aux chemins de fer un concours exceptionnel. »

État de la législation dans l'empire d'Allemagne. — La situation des agents de chemins de fer n'est pas réglée par une loi spéciale, et on se trouve en présence de deux faits assez contradictoires :

D'une part, la plus grande partie des agents des chemins de fer est inscrite dans les cadres de la réserve et de la landwehr.

D'autre part, la constitution fédérale stipule qu'en cas de guerre toutes les entreprises de transports doivent leur concours absolu au ministre de la guerre.

Si donc la première prescription était exécutée, c'est-à-dire si tous les hommes de la réserve et de la landwehr étaient appelés sous les drapeaux, la seconde prescription deviendrait irréalisable parce que le service aurait été désorganisé par le départ des hommes.

En fait, les choses s'arrangent par une transaction : chaque année, le ministre du commerce adresse au ministre de la guerre la liste nominative des agents de chemins de fer qui, en raison de leurs fonctions, ne doivent pas être mobilisés, de sorte que le service des trains, en tout état de cause, demeure assuré. Les appels ne prennent que les hommes dont la présence n'est pas jugée indispensable à l'exploitation.

Si la guerre s'étend sur un territoire étranger, les agents de chemins de fer partis dans la réserve ou dans la landwehr sont retirés des régiments et constituent immédiatement le personnel nécessaire à l'exploitation des lignes occupées.

Le ministre de la guerre possède un état général du nombre d'employés de tout grade nécessaires à l'exploitation d'une longueur de cinquante kilomètres, et au fur et à mesure qu'on avance, il réclame à son collègue du commerce les agents nécessaires. Nous verrons en détail cette organisation, lorsque nous parlerons de l'exploitation des lignes françaises par les commissions allemandes.

État de la législation dans l'empire Austro-Hongrois. — La nouvelle loi militaire de l'empire Austro-Hongrois, promulguée en 1868, ne stipule aucune exemption légale du service militaire pour les employés de chemins de fer; mais elle donne au gouvernement le droit absolu de conserver dans leurs fonctions les agents de chemins de fer, en tant qu'*ils seront indispensables au maintien du service de l'exploitation.*

Nous reproduisons ci-après l'article 26 du règlement d'exécution de la loi militaire du 5 décembre 1868 :

« ART. 26. — Les fonctionnaires de l'État, faisant partie de l'armée, de la marine et de la landwehr, les agents de l'administration des fonds et domaines privés, apanagers et de famille de la maison impériale, les agents de l'administration des fonds publics, ceux des représentants de provinces, de districts, les employés chargés de l'administration politique des communes, en tant que pour l'admission à ces fonctions la justification d'études spéciales de droit et d'économie politique, serait requise; les professeurs et instituteurs des écoles publiques et de celles munies du droit d'enseignement public, y compris les écoles populaires, pourront en cas de guerre, et sur la proposition du ministre compétent et avec l'approbation de l'empereur, être maintenus dans leurs fonctions jusqu'à concurrence du nombre indispensable au service de l'administration et de l'enseignement.

« Cette disposition est applicable aux employés des administrations des postes, des télégraphes et des chemins de fer, en tant qu'ils seront indispensables au maintien du service de l'exploitation. »

Résumé des deux premiers paragraphes. — Il nous sera permis de tirer de ces deux paragraphes une première conclusion.

En temps de guerre l'emploi des chemins de fer n'a été dans notre pays, et en dehors de mesures fiscales, l'objet d'aucune disposition légale autre que celle édictée le 28 janvier 1871 par le gouvernement de Bordeaux, disposition qui n'a pu être appliquée.

Les règlements relatifs à la sécurité des trains n'ont qu'une faible valeur, puisqu'à chaque guerre ils ont été ou méconnus ou officiellement suspendus.

Les règlements pour le chargement et le déchargement des troupes remontant à 1855 doivent être révisés; ils ne concernent d'ailleurs qu'une minime partie des questions relatives aux transports militaires.

Enfin, aussi bien en France que dans les autres contrées de l'Europe, les agents des chemins de fer ont été en fait dispensés du service militaire, et le maintien intégral des cadres de l'exploitation a été considéré comme une nécessité indiscutable.

Sur ce dernier point, nous devons dire encore un mot.

Nous ne songeons pas à demander pour les personnes qui entreront dans le service des chemins de fer une exemption ou une dispense du service militaire. En temps de paix, la loi ne doit comporter qu'un très-petit nombre de restrictions ; mais, en temps de guerre, nous croyons qu'aucun appel extraordinaire ne doit frapper les agents de l'exploitation des chemins de fer. La simultanéité des mesures prises dans tous les pays prouve que des nécessités identiques conduisent à la solution que nous indiquons.

On peut objecter que cette conséquence constitue pour les employés de chemins de fer une situation exceptionnelle et avantageuse, parce qu'elle les soustrait aux dangers de la guerre. Nous le reconnaissons ; mais, à côté de ces avantages, il y a une étroite obligation et des devoirs impérieux à remplir. Pendant la dernière guerre, les agents de tous les chemins de fer français ont montré qu'ils comprenaient cette obligation et qu'ils savaient remplir ces devoirs. Dans les observations préliminaires nous l'avons dit, et nous ne craignons pas de le répéter ici, sur tous les réseaux les hommes de tous les services ont rivalisé de dévouement, et pendant des mois entiers ils ont accompli un travail qu'on ne peut demander aux forces humaines que lorsqu'elles sont surexcitées par le sentiment du devoir et du patriotisme.

§ 3. — Études faites par la Commission instituée par le maréchal Niel.

Programme général. — Association de l'élément militaire et de l'élément technique. — Toutes les études d'organisation faites par la commission qui avait reçu le nom de *Commission centrale des chemins de fer*, reposent sur l'idée que nous avons en quelque sorte placée en tête de ce livre, et que nous reproduirons constamment : *Association de l'élément militaire et de l'élément technique*.

La direction suprême, l'autorité, doit appartenir à l'élément militaire, nous le reconnaissons sans aucune difficulté ; mais il faut que celui-ci soit en mesure d'être constamment et complétement éclairé sur la possibilité de la réalisation de ses propres désirs.

Dans l'état actuel des choses, le ministre de la guerre ou, pour parler plus exactement, les bureaux de la guerre adressent des ordres aux compagnies de chemins de fer et ne s'inquiètent plus de leur exécution : l'ordre est donné, la responsabilité est à couvert. Si, ce qui n'est que trop fréquent en temps de guerre, l'ordre est impossible à exécuter, c'est aux compagnies à s'arranger, à réclamer, à faire le nécessaire. Elles réclament, en effet ; mais il faut du temps ; il faut surtout trouver quelqu'un qui veuille écouter et qui veuille ou qui puisse prendre une résolution précise.

Pendant la dernière guerre, au moment même où le camp de Châlons était abandonné, la compagnie de l'Est recevait l'ordre d'y conduire un équipage de pont. Nous fîmes observer que, dans les plaines de la Champagne un équipage de pont ne pouvait servir à rien ; que, si on l'y conduisait, ce serait probablement pour l'incendier le lendemain.

Nous n'obtînmes d'abord aucune réponse. Il y avait un ordre de conduire un équipage de pont à Châlons, et personne n'osait modifier cet ordre. Sur nos vives instances cependant, l'équipage de pont ne fut envoyé qu'à Soissons, et nous ne savons ce qu'il est devenu.

Rien de tout ceci n'arriverait, si les ordres de transport émanaient d'une autorité centrale, unique, et connaissant à la fois les besoins militaires, la topographie des régions traversées par le chemin de fer et les ressources dont dispose celui-ci.

Cette autorité centrale, ne pouvant évidemment entrer dans tous les détails, déléguerait ses pouvoirs à des autorités secondaires émanant d'elle, mais également doubles, c'est-à-dire représentées par un officier et par un agent supérieur d'un chemin de fer.

Le programme admis par M. le maréchal Niel était donc celui-ci :

Commission centrale à Paris, composée d'officiers généraux des corps de l'état-major, de l'artillerie et du génie, d'un fonctionnaire de l'intendance, d'un délégué du ministère des travaux publics, et d'un représentant de chacune des principales compagnies de chemins de fer ;

Création, sur chaque réseau, d'une sous-commission composée d'un officier d'état-major, d'un officier du génie et d'un fonctionnaire de la compagnie.

Changeons les noms et transportons-nous à Berlin ; nous avons :

La commission centrale avec sa délégation, la commission exécutive ;

Les commissions de lignes.

Révision des règlements antérieurs. — La commission ne pouvait faire table rase des travaux antérieurs, et son premier soin fut de réviser les règlements qui avaient été publiés en 1855 sur le transport en chemins de fer des troupes d'infanterie, de cavalerie et d'artillerie.

Dans les discussions qui eurent lieu à cet égard, les représentants des compagnies insistèrent sur la nécessité d'apporter à ces règlements d'assez nombreuses simplifications. — Le soldat français est intelligent, il est inutile de lui imposer des prescriptions minutieuses pour monter en wagon, y installer ses armes et ses bagages, et s'y caser le moins mal possible.

Des expériences furent faites à ce sujet, dans les principales gares de Paris, avec des troupes de toutes armes, et toutes les fois que la latitude la plus entière fut laissée aux hommes, on gagna sur le temps exigé par la même opération méthodiquement conduite.

Maintenant passons successivement en revue les dispositions qui furent l'objet des études de la commission.

Composition des trains de troupes et nombre de véhicules. — L'autorité militaire attachant, avec raison, de l'intérêt à ce que chaque train pût emporter une unité telle qu'un bataillon, un escadron, une batterie, etc., etc., et ce système comportant l'emploi de trente, trente-deux, trente-cinq et même trente-neuf véhicules, il était indispensable de modifier les décisions prises par le ministre des travaux publics relativement à la composition des trains.

Il n'y avait aucun motif sérieux de refuser la latitude demandée par les compagnies, et, ainsi que nous l'avons dit, par une décision en date du 9 février 1870 le ministre des travaux publics admit le chiffre de quarante véhicules comme limite maxima de la composition des trains de troupes.

Dans le sein de la commission, les représentants des compagnies avaient émis l'opinion que ce qu'il y aurait de mieux à faire serait de supprimer toute réglementation sur la fixation du nombre des voitures dans les trains militaires et même dans les trains ordinaires.

Quand, dans toute l'Allemagne, la composition des trains militaires peut s'élever à cent essieux, il est regrettable de voir subsister en France une réglementation faite à une époque où on ne connaissait pas les puissantes machines qui circulent aujourd'hui sur tous les réseaux.

Pour rester dans la question des trains militaires, les représentants des compagnies ajoutaient qu'un train qui porte une batterie d'artillerie, qui est composé de trois voitures à voyageurs et de trente-deux wagons chargés de chevaux, de prolonges et de pièces, devait être assimilé bien plus à un train de marchandises qu'à un train de voyageurs, et dès lors soustrait à toute réglementation.

Les faits ont donné raison à ces considérations, et dans toute la dernière campagne la composition des trains a été calculée uniquement sur la puissance des machines. Les nombreux trains militaires allemands qui ont sillonné nos lignes avaient quarante à cinquante véhicules. Plusieurs fois nous avons fait des trains de soixante à soixante-quinze voitures sans avoir un seul accident à déplorer, et nous espérons qu'il ne sera plus question de règlement pour les trains militaires.

Les compositions normales avaient été fixées par la commission de la manière suivante :

INFANTERIE

Composition des trains pour un régiment de ligne.

NUMÉROS DES TRAINS	NOMBRE DES WAGONS	NATURE DES WAGONS.	OFFICIERS.	TROUPE.	CHEVAUX.	VOITURES.	BAGAGES.	POIDS EN TONNES.	OBSERVATIONS.
1ᵉʳ	1	Mixte.............	25	5	»	»	»	1.05	(*) à 36 places.
	26	Wagons de 3ᵉ classe (*).	»	952	»	»	»	82.02	
	2	Wagons de bestiaux..	»	6	11	»	»	4.86	
	2	Trucks............	»	»	»	4	»	3.28	
	2	Wag. à bagages à frein.	»	»	»	»	bagages	facultatif	
	33	Totaux....	25	943	11	4	bagages	91.21	
		Poids mort...						165. »	
		Total....						256.21	
2ᵉ	1	Mixte.............	22	6	»	»	»	2.07	
	26	Wagons de 3ᵉ classe..	»	926	»	»	»	81.49	
	2	Wagons de bestiaux..	»	6	13	»	»	5.19	
	2	Trucks............	»	»	»	5	»	4.10	
	2	Wag. à bagages à frein.	»	»	»	»	bagages	facultatif	
	33	Totaux....	22	938	13	5	bagages	92.85	
		Poids mort...						165. »	
		Total....						257.85	
3ᵉ	1	Mixtes............	25	3	»	»	»	2.01	
	28	Wagons de 3ᵉ classe..	»	1000	»	»	»	88. »	
	2	Wagons à bestiaux...	»	6	13	»	»	5.19	
	2	Trucks............	»	»	»	5	»	4.10	
	2	Wag. à bagages à frein.	»	»	»	»	bagages	facultatif	
	35	Totaux....	25	1009	13	5	bagages	99.30	
		Poids mort...						175. »	
		Total....						274.30	

CAVALERIE

Composition des trains pour un régiment.

NUMÉROS DES TRAINS	NOMBRE DE WAGONS	NATURE DES WAGONS	OFFICIERS	TROUPES	CHEVAUX	VOITURES	BAGAGES	POIDS EN TONNES	OBSERVATIONS
1ᵉʳ	1 4 24 3 1	Mixte. Wagons de 3ᵉ classe (*). Wagons à bestiaux. Wagons à bag. à frein. Trucks.	15 » » » »	10 66 72 15 »	» » 167 » »	» » » » 2	» » » selles »	1.77 5.59 85.18 6.80 1.64	(*) de 36 places.
		Totaux.	15	165	167	2	selles	100.98	
						Poids mort.		155	
						Total.		255.98	
2ᵉ	1 3 22 3 1	Mixte. Wagons de 3ᵉ classe. Wagons à bestiaux. Wagons à bag. à frein. Trucks.	7 » » » »	9 84 66 15 »	» » 150 » »	» » » » 2	» » » selles »	1.26 7.22 76.65 6.24 1.64	
		Totaux.	7	174	150	2	selles	92.99	
						Poids mort.		150.00	
						Total.		242.99	
3ᵉ	1 2 25 3 1	Mixte. Wagons de 3ᵉ classe. Wagons à bestiaux. Wagons à bag. à frein. Trucks.	14 » » » »	12 65 75 15 »	» » 174 » »	» » » » 2	» » » selles »	2.01 5.35 88.75 7.05 1.64	
		Totaux.	14	165	174	2	selles	104.76	
						Poids mort.		160	
						Total.		264.76	
4ᵉ	1 3 22 3 1	Mixte. Wagons de 3ᵉ classe. Wagons à bestiaux. Wagons à bag. à frein. Trucks.	7 » » » »	8 71 66 15 »	» » 150 » »	» » » » 2	» » » selles »	1.18 6.11 76.63 6.24 1.64	
		Totaux.	7	160	150	2	selles	91.80	
						Poids mort.		145	
						Total.		236.80	

ARTILLERIE

Composition d'un train pour une batterie montée de 4.

NUMÉROS DES TRAINS	NOMBRE DE WAGONS	NATURE DES WAGONS	OFFICIERS	TROUPE	CHEVAUX	VOITURES	BAGAGES	POIDS EN TONNES	OBSERVATIONS
	1	Mixte ou de 2e classe..	5	18	»	»	»	1.90	(a) à 38 places.
	2	Wagons de 3e classe (a).	»	70	»	»	»	6.02	(b) à raison de 1,8 voiture d'artillerie par truck :
	18	Wagons à bestiaux...	»	»	54	122	»	68.78	6 canons montés sur affût,
	2	Wag. à bagages à frein.	»	6	»	»	selles	3.95	8 caissons à 4 roues,
	10	Trucks.........	»	»	»	18 v.(b)	»	25.65	1 affût de rechange.
			»	»	»	1 ch	»	0.82	2 chariots de batterie,
	33	Totaux....	5	148	122	19	selles	107.12	1 forge.
					Poids mort...			165. »	18
							Total.....	272.12	

Composition pour trois batteries montées de 4.

1er	1	Mixte.........	9	11	»	»	»	1.58	
	2	Wagons de 3e classe..	»	64	»	»	»	5.50	
	17	Wagons à bestiaux...	»	»	51	119	»	65.08	3 canons,
	2	Wag. à bagages à frein.	»	6	»	»	selles	3.20	7 caissons,
	9	Trucks.........	»	»	»	16 v(*)	»	23.28	(*) 1 affût de rechange, 2 chariots de batterie,
			»	»	»	1 ch.	»		1 forge.
	31	Totaux....	9	132	119	17	selles	98.64	
					Poids mort...			135. »	18
							Total.....	253.64	
2e	1	Mixte ou de 2e classe..	4	11	»	»	»	1.25	1re BATTERIE.
	2	Wagons de 3e classe..	»	70	»	»	»	6.02	1 canon,
	16	Wagons à bestiaux...	»	»	48	112	»	61.25	1 caisson.
	2	Wagons à bagages...	»	6	»	»	selles	2.92	2e BATTERIE.
	9	Trucks.........	»	»	»	16 v(*)	»	23.28	(*) 4 canons, 6 caissons,
			»	»	»	1 ch.	»		1 affût de rechange, 2 chariots de batterie,
	30	Totaux....	4	135	112	17	selles	94.70	1 forge.
					Poids mort...			150. »	18
							Total.....	244.70	
3e	1	Mixte ou de 2e classe..	4	11	»	»	»	1.25	2e BATTERIE.
	2	Wagons de 3e classe..	»	70	»	»	»	6.02	2 canons,
	16	Wagons à bestiaux...	»	»	48	111	»	60.75	2 caissons.
	2	Wagons à bagages...	»	6	»	»	selles	2.92	3e BATTERIE.
	9	Trucks.........	»	»	»	16 v(*)	»	23.28	(*) 3 canons, 5 caissons,
			»	»	»	1 ch.	»		1 affût de rechange, 2 chariots de batterie,
	30	Totaux....	4	135	111	17	selles	94.10	1 forge.
					Poids mort...			150. »	18
							Total.....	244.10	
4e	1	Mixte ou de 2e classe..	3	12	»	»	»	1.25	3e BATTERIE.
	1	Wagons de 3e classe..	»	22	»	»	»	1.89	3 canons,
	16	Wagons à bestiaux...	»	»	48	109	»	59.74	3 caissons.
	2	Wagons à bagages...	»	6	»	»	selles	2.92	RÉSERVE.
	10	Trucks.........	»	»	»	26 v(*)	»	35.17	(*) 14 caissons à 2 roues,
			»	»	»	1 ch.	»		5 — à 4 roues,
	30	Totaux....	3	88	109	27	selles	100.97	1 chariot de batterie.
					Poids mort...			150. »	26
							Total.....	250.97	

PENDANT LA GUERRE DE 1870-1871.

ARTILLERIE

Nombre de voitures nécessaires pour le transport d'une batterie à cheval de 4.

NUMÉROS DES TRAINS	NOMBRE DE WAGONS	NATURE DES WAGONS	OFFICIERS	TROUPES	CHEVAUX	VOITURES	BAGAGES	POIDS EN TONNES	OBSERVATIONS
	1	Mixte ou de 2ᵉ classe.	5	12	»	»	»	1.38	(a) à 36 places.
	2	Wagons de 3ᵉ classe (a).	»	68	»	»	»	5.75	6 canons montés sur affût.
	26	Wagons à bestiaux.	»	69	180	»	»	97.63	8 caissons à 4 roues.
	2	Wagons à bagages.	»	6	»	»	»	4.71	1 affût de rechange.
	10	Trucks.	»	»	»	18 v (*)	selles	26.47	2 chariots de batterie.
						1 ch.			(*) 1 forge.
	41								1 charrette à bagages.
		Totaux.	5	155	180	19	selles	135.94	19
						Poids mort		205	
						Total		340.94	

Composition des trains pour deux batteries à cheval de 4.

	1	Mixte.	5	8	»	»	»	0.94	
	1	Wagons de 3ᵉ classe (a).	»	36	»	»	»	3.10	(a) à 36 places.
1ᵉʳ	18	Wagons à bestiaux.	»	54	126	»	»	68.90	4 canons montés sur affût.
	2	Wagons à bagages.	»	6	»	»	selles	3.52	6 caissons.
	7	Trucks.	»	»	»	12 v (*)	»	17.94	1 chariot de batterie.
						1 ch.			(*) 1 forge.
	29								1 charrette.
		Totaux.	5	104	126	13	selles	94.40	13
						Poids mort		145	
						Total		239.40	
	1	Mixte ou de 2ᵉ classe.	4	8	»	»	»	0.87	1ʳᵉ BATTERIE.
	1	Wagons de 3ᵉ classe.	»	36	»	»	»	3.10	2 canons.
2ᵉ	17	Wagons à bestiaux.	»	52	118	»	»	64.65	2 caissons.
	2	Wagons à bagages.	»	6	»	»	selles	3.40	1 affût de rechange.
	7	Trucks.	»	»	»	12 v (*)	»	17.10	1 chariot de batterie.
						1 ch.			2ᵉ BATTERIE.
	28								2 canons.
		Totaux.	4	102	118	12	selles	89.12	2 caissons.
						Poids mort		140	1 forge.
						Total		229.12	1 chariot de batterie.
									12
	1	Mixte ou de 2ᵉ classe.	4	8	»	»	»	0.87	
	1	Wagons de 3ᵉ classe.	»	36	»	»	»	3.10	4 canons.
3ᵉ	18	Wagons à bestiaux.	»	54	123	»	»	67.39	6 caissons.
	2	Wagons à bagages.	»	6	»	»	selles	3.44	1 chariot de batterie.
	7	Trucks.	»	»	»	12 v (*)	»	17.94	1 affût de rechange.
						1 ch.			1 charrette à bagages.
	29								
		Totaux.	4	104	123	12	selles	92.74	13
						Poids mort		145	
						Total		237.74	

ARTILLERIE

Nombre de voitures nécessaires pour le transport d'une batterie montée de 12.

NUMÉROS DES TRAINS.	NOMBRE DES WAGONS.	NATURE DES WAGONS.	OFFICIERS.	TROUPE.	CHEVAUX.	VOITURES.	BAGAGES.	POIDS EN TONNES.	OBSERVATIONS.
	1	Mixte ou de 2e classe..	5	12	»	»	»	1.38	(a) à 36 places.
	5	Wagons de 3e classe (a).	»	104	»	»	»	8.94	(b) à raison de 15 par truck.
	23	Wagons à bestiaux...	»	75	170	»	»	92.95	
	2	Wagons à bagages...	»	6	»	»	selles	5.81	6 canons montés sur affût.
	16	Trucks........	»	»	»	22ᴛ(b) 1 ch.	»	40.52	12 caissons à 4 roues. 1 affût de rechange.
	47	Totaux....	5	195	170	23	selles	147.40	2 chariots de batterie. 1 forge.
		Poids mort...						235. »	22
		Total....						382.40	

Composition des trains pour deux batteries montées de 12.

	1	Mixte........	6	8	»	»	»	1.15	(a) à 36 places.
	2	Wagons de 3e classe (a).	»	65	»	»	»	5.16	
1er	17	Wagons à bestiaux...	»	51	118	»	»	65.92	1re BATTERIE.
	2	Wagons à bagages...	»	6	»	»	selles	5.30	6 canons.
	10	Trucks........	»	»	»	14ᴛ(*) 1 ch.	»	26.74	8 caissons.
	32	Totaux....	6	128	118	15	selles	100.22	2 chariots de batterie.
		Poids mort...						160. »	14
		Total....						260.22	
	1	Mixte ou de 2e classe..	4	8	»	»	»	0.99	1re BATTERIE.
	2	Wagons de 3e classe..	»	69	»	»	»	5.95	2 canons.
2e	17	Wagons à bestiaux...	»	51	118	»	»	64.60	4 caissons.
	2	Wagons à bagages...	»	6	»	»	selles	3.47	1 forge.
	10	Trucks........	»	»	»	15ᴛ(*)	»	25.21	1 affût de rechange.
	32	Totaux....	4	134	118	15	selles	100.20	2e BATTERIE.
		Poids mort...						160. »	2 canons. 4 caissons. 1 chariot de batterie.
		Total....						260.20	15
	1	Mixte ou de 2e classe..	3	8	»	»	»	0.92	
	2	Wagons de 3e classe..	»	66	»	»	»	5.68	2e BATTERIE.
3e	16	Wagons à bestiaux...	»	48	111	»	»	60.74	4 canons.
	2	Wagons à bagages...	»	6	»	»	selles	3.21	8 caissons.
	11	Trucks........	»	»	»	15ᴛ(*) 1 ch.	»	28.25	1 chariot d'artillerie. 1 affût de rechange. 1 forge.
	32	Totaux....	3	128	111	16	selles	98.80	
		Poids mort...						160. »	15
		Total....						258.80	

Vitesse des trains de troupes. — La première condition du succès, dans l'organisation d'un transport considérable, c'est la régularité. Or, la régularité ne s'obtient qu'avec des vitesses modérées, parce qu'en cas de retard au départ on peut regagner du temps dans la marche. Si, au contraire, on a prévu, dès l'origine, que la machine donnerait tout l'effort que l'on peut exiger d'elle, on ne doit lui rien demander en plus, et les moindres retards au départ subsistent encore à l'arrivée.

La commission adopta les bases ci-après :

a. Trente kilomètres à l'heure pour la vitesse de marche des trains chargés de trente à trente-cinq véhicules, sur les sections ne présentant pas de rampes supérieures à cinq millimètres ;

b. Réduction de vitesse pour le passage des sections présentant, en profil, des rampes supérieures à cinq millimètres ;

c. Adoption de délais supplémentaires fixes, ou, en langage d'ingénieur, de constantes pour :

1° Le ralentissement au départ et à l'arrivée ;

2° Le passage des bifurcations ;

3° L'alimentation des machines (on admit dix minutes dans l'hypothèse d'une double traction) ;

d. Arrêt de quinze minutes par chaque parcours de cent kilomètres environ, pour repos à donner aux hommes ;

e. Arrêt d'une heure dans le milieu du parcours pour le principal repas.

Études spéciales à un grand mouvement de troupes. — La capacité de transport proprement dit d'un chemin de fer est pour ainsi dire illimitée ; mais ce qui ne l'est point, c'est la capacité de chargement au départ, de déchargement à l'arrivée.

En pleine voie, des trains peuvent, en multipliant les précautions, se succéder à quelques minutes d'intervalle ; mais si au départ il faut une heure pour le chargement, la capacité de transport d'une ligne est réduite, par jour, à vingt-quatre trains marchant à la même vitesse.

A cet égard encore, il y avait de nombreuses hypothèses à faire ; on pouvait supposer :

a. Tout le service du public supprimé ;

b. Tout le service du public supprimé, à l'exception des trains de la poste ;

c. Tout le service du public conservé à l'exception des trains de parcours local ;

d. Tout le service du public conservé.

La première hypothèse est pour ainsi dire inadmissible. Même en temps de guerre, le service postal doit être maintenu ; au point de vue militaire surtout, il y a avantage à conserver un mode de communication rapide, et on réaliserait la meilleure combinaison idéale si le général en chef pouvait partir le dernier et arriver le premier.

Dans la commission on estima que des études de marches de trains devaient être faites, dans la seconde et la troisième hypothèse, sur des lignes à double voie et sur des lignes à simple voie.

La quatrième hypothèse, celle de la conservation de tout le service du public, ne fut pas posée par la commission ; elle mérite cependant de l'être. On peut, en effet, dans l'étude générale de la marche des trains d'un grand réseau, supposer la création de six à huit trains par jour, satisfaisant aux principales nécessités du service militaire. Ces trains sont indiqués comme facultatifs, et on s'en sert en cas de besoin, sans autre formalité qu'un avis télégraphique ainsi conçu :

Les trains facultatifs A... B... sont mis en marche du (date) au (date) et de (départ) à (arrivée).

Sur la demande des autorités allemandes, le service actuel du chemin de fer de l'Est a été établi dans cet ordre d'idées. Nous avons entre Paris et Avricourt, notre nouvelle frontière, huit trains qui répondent aux besoins militaires, et qui en 1871 ont suffi à l'évacuation d'une partie des troupes allemandes.

En temps normal ces trains peuvent être utilisés pour le service des marchandises.

Emploi simultané de deux lignes à simple voie. — Nous avons dit qu'en admettant une heure pour le chargement, une ligne pouvait recevoir vingt-quatre trains par jour; cela suppose l'emploi normal de deux voies, parce que vingt-quatre trains dans un sens comportent toujours vingt-quatre trains dans l'autre.

Si la ligne est à simple voie, le problème se complique singulièrement parce qu'il faut assurer le croisement, à des points déterminés, des trains marchant dans les deux sens.

On ne peut fixer aucune règle précise à ce sujet; mais nous regardons comme difficile de demander à une ligne à voie unique plus de dix-huit trains dans chaque sens, par vingt-quatre heures.

Heureusement, le réseau français est assez important pour que l'on trouve souvent des lignes parallèles qui peuvent se prêter un mutuel concours. On peut alors diriger sur une ligne à simple voie tous les trains dans le même sens, sans rien lui demander au retour; les trains vides reviennent par une autre section moins chargée. Tous les chemins ont employé, dans la dernière guerre, cette combinaison avec succès, et ils ont augmenté ainsi dans une énorme proportion la capacité des lignes à simple voie.

Chargement et déchargement des troupes. — La grande difficulté des transports militaires, c'est le chargement et surtout le déchargement des trains.

Pour les hommes, la chose est facile : des soldats montent et descendent partout, même en pleine voie; mais il n'en est pas de même pour les chevaux, les voitures, les pièces d'artillerie.

Sur les points dans lesquels on prévoit en temps normal des mouvements militaires à Paris, dans les camps, dans les grandes places de guerre, il faut avoir en temps de paix des moyens de multiplier les lieux de chargement et de déchargement des hommes, des animaux et des voitures.

Presque tous les quais, dans les gares de marchandises, peuvent être appropriés à ces opérations; il suffit qu'ils aient une ou deux rampes d'accès. Il y aurait peu de chose à faire pour donner ce complément aux quais de presque toutes les gares françaises.

Il faut aussi, dans une gare qui a de grands mouvements à effectuer, diviser le travail et alterner les chargements d'un quai à l'autre, d'une cour à l'autre; on évite ainsi la confusion, le mélange des hommes et des bagages, et le service y gagne considérablement.

Déchargement des troupes en pleine voie. — Une grande question à prévoir, c'est le déchargement des troupes en pleine voie. La commission prescrivit à ce sujet des expériences sur l'emploi de plans inclinés munis d'un paire de roues, et qu'on ne saurait mieux comparer qu'à un haquet; ces plans inclinés munis de roues étaient du reste prévus dans le règlement de 1855.

Les expériences réussirent parfaitement pour l'embarquement et le débarquement des chevaux ; mais il n'y fut donné aucune suite, et rien ne fut tenté pour l'artillerie. — Nous avons eu le regret de voir dans les trains allemands un grand nombre de ces appareils.

Les Allemands nous ont laissé à cet égard des enseignements précieux. Le long des voies principales ils ont établi, avec des traverses et des rails, des plans inclinés très-raides, sur lesquels on a effectué le chargement et le déchargement de parcs entiers d'artillerie.

Il serait très-désirable d'habituer nos soldats à ces manœuvres. En peu d'heures un ou plusieurs plans inclinés peuvent être improvisés, et cela vaut mieux que d'attendre des journées au disque d'une gare.

Expérience faite pour donner le café aux troupes dans un

temps très-court. — La commission ayant prié les compagnies d'examiner si, dans une circonstance particulière, dans une gare dépourvue d'appareils de chauffage, il serait possible de faire rapidement le café à la troupe, nous eûmes l'idée de demander à la chaudière de la locomotive la chaleur nécessaire.

On ne pouvait prendre l'eau elle-même parce que, chargée habituellement de sels calcaires, elle eût pu exercer sur la santé des hommes une influence fâcheuse. Il n'y avait rien à redouter avec la vapeur.

Un tube en cuivre de 5 millimètres fut vissé sur la tubulure du manomètre, et quatorze minutes suffirent pour porter à la température de l'ébullition cent douze litres d'eau; — huit à dix minutes suffisaient pour avoir de l'eau à soixante-quinze degrés.

L'expérience fut plusieurs fois répétée devant les généraux de la commission. On fit le café pour la troupe dans un temps extrêmement court, et la mesure fut jugée assez utile pour devenir l'objet d'une instruction aux troupes. Nous en donnons le texte ci-après; mais cette instruction eut le sort des travaux de la commission, elle fut oubliée.

Manière de faire le café.

« Prendre un récipient de cent cinquante litres au moins, dans lequel on placera le sucre, le café et l'eau, à raison de quarante-deux centilitres par ration de vingt-quatre grammes de café et trente-un grammes cinq centigrammes de sucre.

« Au moyen d'un tube en cuivre de $0^m 12$ de diamètre, adapté au manomètre d'une locomotive, faire arriver un jet de vapeur dans le récipient, le tube s'engageant fortement dans l'eau de manière à agiter tout le liquide.

« L'opération est arrêtée lorsque la vapeur ne se dissout plus, ce qui est indiqué par une évaporation rapide à la surface.

« Cinq minutes environ par cent litres d'eau suffisent pour atteindre le degré d'ébullition. Laisser reposer, et au besoin hâter le précipité du marc par une légère addition d'eau froide. Couvrir le récipient.

« Un robinet dont la grosseur est en rapport avec les dimensions du vase et pouvant, dans tous les cas, assurer une distribution rapide, est placé à la partie inférieure, à une hauteur qui laisse au-dessous de lui le marc qui est à peu près de dix litres pour cent litres de café.

« Le café est fait avant l'arrivée de la troupe, la distribution devant commencer sans retard. Si le nombre des récipients était insuffisant, du café serait fait à l'avance, et réchauffé au besoin soit au moyen d'un jet de vapeur, soit en mélangeant celui qui serait froid avec le dernier fait.

« Les récipients sont fournis par l'administration militaire, le tube en cuivre par les compagnies de chemins de fer. »

Tableaux établis par ordre de la commission. — Sur la demande de la commission, les compagnies établirent pour toute la France des tableaux qui donnaient à l'administration de la guerre tous les renseignements qu'elle pouvait désirer. Ces tableaux indiquaient pour chaque réseau :

1° Les noms des gares qui possèdent des prises d'eau, la capacité des réservoirs et le mode d'alimentation ;

2° Le nombre des wagons que l'on peut charger simultanément dans chaque gare ;

3° La durée du parcours des trains militaires sur toutes les sections importantes, durée calculée d'après les bases que nous avons fait connaître.

Ces tableaux doivent être enfouis dans quelque carton de l'administration de la guerre.

Expériences faites à Paris et sur un grand nombre de points du territoire. — Les projets de règlement préparés par la commission furent envoyés par M. le maréchal Niel à un grand nombre de régiments, et leur mise en pratique fut expérimentée dans toute l'étendue du territoire. Les chefs de corps avaient à faire connaître les objections que l'expérience pouvait révéler;

et la commission devait, après avoir pris connaissance de ces objections, adopter une rédaction définitive pour les règlements.

Cette révision n'a pas été faite.

Nécessité de raccorder, dans toute la France, les établissements militaires aux gares. — Enfin, la commission appela l'attention du ministre sur la nécessité de relier aux gares les principaux établissements militaires, les arsenaux, les magasins et les établissements de manutention.

A Paris, il n'eût pas été bien difficile, — il ne le serait pas encore, — de tracer des voies réunissant au chemin de Ceinture tous les établissements militaires du Champ de Mars et des Invalides. Le chargement des approvisionnements se serait fait avec bien plus d'ordre et de célérité dans des wagons amenés à la porte des magasins, et on eût évité les pertes de temps et d'argent qu'impose le camionnage à travers Paris.

L'exemple de la dernière Exposition universelle de Paris, en 1867, aurait dû démontrer qu'on ne manœuvre plus de grandes masses sans voies de fer, et le réseau qui sillonnait en tous sens le Champ de Mars aurait dû être transporté ou au moins imité au milieu des établissements militaires.

Question de la nourriture des hommes en route. — Vivres distribués au départ ou en route. — La question que nous venons de formuler ne fut pas posée dans la commission. Nous pensons qu'elle doit être examinée aujourd'hui.

En France, les soldats emportent des vivres pour plusieurs jours ; il en résulte pour eux un excès de chargement sous lequel succombent les jeunes soldats. En chemin de fer même, ces approvisionnements occupent beaucoup de place, gênent les hommes, qui dans les premières heures les consomment en les gaspillant.

On a reproché à l'intendance française d'avoir laissé au camp de Châlons mourir de faim les jeunes soldats de la garde mobile ; mais ce que l'on n'a pas dit, c'est que beaucoup de ces soldats avaient mangé au départ ou jeté en route le pain qui leur avait été donné pour vingt-quatre heures.

Pour les transports en chemins de fer, les soldats allemands n'emportent que fort peu de chose ; en route ils trouvent de vastes réfectoires, de véritables buffets, où ils se nourrissent beaucoup mieux qu'ils ne pourraient le faire avec des vivres de route.

En parlant de l'organisation allemande nous décrirons ces installations de réfectoires, installations qui nous paraissent devoir être complétement imitées en France.

Mise en oubli des travaux de la commission. — Par quel fâcheux concours de circonstances les travaux de la commission furent-ils mis en oubli et complétement délaissés ? Nous ne l'avons jamais su, et il serait sans intérêt de soulever à cet égard des débats rétrospectifs. Nous ne pouvons émettre qu'un vœu, c'est que cette commission soit reconstituée et qu'elle aboutisse à doter la France d'une organisation sérieuse et de tous points comparable à celle que possèdent les nations étrangères.

§ 4. — Mesures diverses prises par le gouvernement de la Défense nationale relativement aux chemins de fer.

Dans les paragraphes précédents, nous avons mentionné deux mesures prises par le gouvernement de la Défense nationale relativement aux chemins de fer :

L'une, en date du 8 octobre 1870, exemptant provisoirement du service militaire le personnel de l'exploitation des chemins de fer ;

L'autre, du 28 janvier 1871, constituant à Bordeaux un syndicat chargé de régler toutes les questions intéressant la circulation et la répartition du matériel.

Nous avons donné *in-extenso* ces deux arrêtés. Pour compléter, autant que possible, les renseignements relatifs à la réglementation française en matière de transports militaires, nous devons citer neuf autres décrets ou arrêtés ministériels.

16 octobre 1870. — Transports des troupes, des munitions ou du matériel de guerre. — « Le membre du gouvernement de la Défense nationale, ministre de l'intérieur et de la guerre ;

« Vu les circonstances exceptionnelles créées par l'état de guerre ;

« Considérant qu'il importe d'assurer toute la célérité possible aux transports de la guerre ;

« Arrête :

« Les compagnies de chemins de fer devront prendre immédiatement des mesures pour que les trains de troupes, de munitions ou de matériel de guerre, n'aient plus à subir désormais des séjours prolongés aux gares de bifurcation. Ces séjours ne devront jamais excéder :

« Une heure, pour le passage d'une ligne d'une compagnie sur une autre ligne de la même compagnie ;

« Deux heures, pour le passage d'une ligne d'une compagnie sur une ligne d'une autre compagnie. »

Une circulaire en date du même jour, 16 octobre 1870, appelait l'attention des directeurs des compagnies sur l'importance des transports militaires. Elle ajoutait les recommandations suivantes :

« La gravité des circonstances exige que tous les transports de la guerre soient exécutés avec la plus grande célérité. Il est rappelé qu'aux termes des réquisitions, les remises de ce service doivent être expédiées dans le délai le plus court et avoir la priorité sur tous les autres transports. Les compagnies doivent retarder et même suspendre, au besoin, tout ou partie du service ordinaire, pour assurer la parfaite régularité des services de la guerre.

« Toutefois, vous devez maintenir le service des postes, soit en conservant les trains qui lui sont spécialement affectés, soit en introduisant dans les trains spéciaux de la guerre les bureaux ambulants et les courriers de la poste.

« En prévision des transports de la guerre, un service de jour et de nuit doit être organisé sur toutes vos lignes.

« Lorsqu'une ligne de chemin de fer a été coupée par l'ennemi et que dès lors le service ne peut plus s'effectuer sans interruption par chemin de fer, la compagnie doit donner son concours le plus dévoué au gouvernement et prendre toutes les dispositions en son pouvoir pour suppléer à l'interruption de la voie, par des moyens de transport quelconques.

« Les compagnies ne devront, dans aucun cas, refuser les transports de la guerre, mais indiquer seulement à l'autorité militaire les éventualités auxquelles ces transports seront exposés. C'est à l'administration de la guerre à apprécier le parti qu'elle devra prendre en pareil cas. »

23 octobre 1870. — Suspension administrative de la circulation des trains de voyageurs et de marchandises, au cas d'exigence militaire. — « Le membre du gouvernement de la Défense nationale, ministre de l'intérieur et de la guerre ;

« En vertu des pouvoirs à lui délégués par le gouvernement, par décret en date à Paris du 1er octobre 1870 ;

« Considérant que les nécessités créées par l'état de guerre entraînent des mesures exceptionnelles ;

« Décrète :

Art. 1er. — Pendant la durée de la guerre, le ministre de la guerre peut, à tout instant si les circonstances militaires l'exigent, suspendre la circulation des trains de voyageurs et de marchandises sur une ou plusieurs lignes de chemins de fer.

Art. 2. — La décision du ministre est notifiée à l'avance, autant que possible, à l'administration supérieure du chemin de fer ; mais, en cas d'urgence, la notification peut être faite directement à un chef de gare ou de station chargé à son tour de la transmettre à qui de droit.

Art. 3. — Deux heures après la notification, à moins qu'un

délai plus long n'ait été indiqué par le ministre, aucun train public ne peut être engagé sur la section où la circulation est suspendue. Toutefois, les trains déjà engagés *sur cette section peuvent se rendre à destination.*

Art. 4. — A partir de l'interruption des trains publics, l'administration de la guerre, par un de ses agents dûment accrédité, dispose à son gré de la ligne pour ses propres transports. Les agents du chemin de fer sont tenus d'obtempérer à ses ordres comme aux ordres émanés de leur propre administration, en se conformant aux lois et règlements destinés à assurer la sécurité publique. »

Cet arrêté aurait eu, s'il avait reçu son exécution, des conséquences considérables et selon nous regrettables. Il prévoyait le séquestre d'un chemin de fer au profit de l'administration de la guerre, dont les représentants auraient eu le droit de disposer des lignes à leur gré.

Les agents des chemins de fer étaient tenus d'obtempérer aux ordres donnés par ces représentants militaires, mais en se conformant aux règlements destinés à assurer la sécurité publique.

Qui aurait été juge entre un agent militaire prescrivant un train et un chef de gare se refusant à le mettre en marche parce qu'il redoutait un danger?

Nous l'avons déjà dit et nous le répéterons bien des fois, il n'y a d'autre solution que celle de l'association de l'élément militaire et de l'élément technique. L'arrêté du 25 octobre subordonnait complétement à l'élément militaire l'élément technique en laissant à ce dernier une part de responsabilité. Subordination et responsabilité sont deux principes contradictoires : quand le chef commande, ce n'est pas l'inférieur qui peut être responsable ; si l'inférieur a le droit de désobéir parce qu'il est responsable, que devient l'autorité du chef?

8 novembre 1870. — Service spécial d'inspection pour le transport par chemin de fer des approvisionnements et du ma

tériel de la guerre. — « Art. 1ᵉʳ. — Il est institué un service spécial d'inspection pour le transport des approvisionnements et du matériel de guerre sur les chemins de fer.

« Ce service est placé dans les attributions du directeur des services de l'intendance. Il se compose d'un inspecteur principal et d'autant d'inspecteurs et agents secondaires que les besoins de la surveillance l'exigent.

« Art. 2. — M. N.... est nommé inspecteur principal des transports de la guerre. »

Ce décret constituait un rouage administratif de plus, et par conséquent une diminution nouvelle dans la responsabilité. L'inspecteur du transport des approvisionnements ne pouvait avoir autorité ni sur les intendants militaires, ni sur les compagnies de chemins de fer.

11 novembre 1870. — **Attribution au ministre de la guerre des droits de réquisition nécessaires pour accélérer les travaux de la défense du territoire.** — « Les membres du gouvernement de la Défense nationale, en vertu des pouvoirs à eux délégués,

« Considérant. . . . .

« . . . .

Décrètent :

« Art. 2. — Les compagnies de chemins de fer peuvent être requises de mettre leurs gares, stations ou parties de ligne en état de défense. Leur personnel peut être temporairement tenu de coopérer aux travaux de la défense commune dans l'étendue du département traversé par le chemin de fer. »

Nous ne comprenons pas bien la portée de ce décret. Il était évident que le gouvernement pouvait trouver utile de défendre des gares et de confier aux compagnies l'exécution des travaux nécessaires ; mais il nous paraît bien dangereux de décider que le personnel des compagnies peut être employé à un autre service que celui du chemin de fer. Armés de cet arrêté, des commissaires ou des préfets auraient pu désorganiser complétement le service d'un chemin de fer en exploitation.

11 novembre 1870. — Attribution au ministre de l'Intérieur du droit de réquisition de tous les ateliers de l'industrie privée. — « La Délégation du gouvernement établie à Tours,

« . . . .

« Art. 5. — Les administrations de chemins de fer, à toutes les stations de leurs lignes, seront tenues d'obtempérer à toutes réquisitions qui leur seront faites par la Délégation (spéciale instituée par arrêté du 8, auprès du ministre de l'intérieur et chargée des questions techniques relatives à l'artillerie de la garde nationale mobilisée), pour le transport du personnel et du matériel d'armement.

Art. 9. — Le directeur général des ponts et chaussées et des chemins de fer,..... les directeurs des compagnies de chemins de fer et le personnel placé sous leurs ordres, sont chargés, chacun en ce qui le concerne, de l'exécution du présent décret. »

Cette réquisition était vague; elle avait en outre l'inconvénient de diviser la responsabilité. Que les compagnies, placées en temps normal sous l'autorité du ministre des travaux publics, passassent en temps de guerre sous celle du ministre de la guerre, rien de plus naturel; mais ajouter à cette double direction celle d'un autre ministre, celui de l'intérieur, c'était, à notre avis, aller contre le but qu'on se proposait. Que l'on suppose un atelier, occupé par le ministre de la guerre à réparer ou à transformer des fusils et recevant du ministre de l'intérieur l'ordre de fabriquer des affûts de canon, à quel ministre aurait-il fallu obéir?

28 novembre 1870. — Attribution aux ingénieurs des ponts et chaussées et des mines, en mission pour la défense, des droits de correspondance et de réquisition. — « Le membre du gouvernement de la Défense nationale, ministre de l'intérieur et de la guerre;

« En vertu des pouvoirs à lui délégués par le gouvernement, par décret en date à Paris du 1er octobre 1870 ;

« Considérant que les ingénieurs de l'État prêtent un utile concours à la défense nationale et qu'il importe de faciliter leur action ;

« Décrète :

« Art. 1er. — Les ingénieurs des ponts et chaussées et des mines sont autorisés à correspondre en franchise par le télégraphe avec le ministre de la guerre, avec les autorités civiles et militaires et entre eux, toutes les fois qu'ils sont chargés par le ministre de la guerre, ou par le commandant d'un corps d'armée, d'exécuter d'urgence des travaux de nature à faciliter la marche des troupes ou à arrêter celle de l'ennemi, et que ces communications télégraphiques sont exclusivement destinées à hâter l'achèvement desdits travaux ou à en donner connaissance aux personnes intéressées à être promptement informées.

« Art. 2. — Pour le même but, et dans les mêmes conditions, ils sont autorisés à voyager avec le personnel qu'ils emmènent sur les chemins de fer, par les trains de marchandises et les trains militaires, et même à requérir, en cas de nécessité des trains spéciaux.

« Art. 4. — Les droits ci-dessus seront exercés sur la simple présentation d'un titre régulier, émané du ministère des travaux publics et établissant la qualité de la personne. »

4 janvier 1871. — Autorisations régulières à présenter par les militaires. — La circulaire du 4 janvier 1871 rappelle aux compagnies que les chefs de gare ne doivent accepter les corps et détachements, ainsi que les militaires isolés, que dans le cas où les uns et les autres sont munis de pièces régulières.

Cette circulaire tentait de mettre fin à un abus considérable : la plus mince autorité se croyait le droit de délivrer des réquisitions afin de voyager et de faire voyager gratuitement.

8 janvier 1871. — Priorité à donner au service postal. —

Le décret du 8 janvier 1871 avait pour but de rappeler l'importance du service postal; il prescrivait aux compagnies d'admettre dans les trains militaires les bureaux ambulants, ainsi que les courriers convoyeurs dans le cas où réquisition en serait faite par les agents du service postal.

20 janvier 1871. — Convocation des représentants des compagnies à Bordeaux. — Cette convocation, adressée par le ministre des travaux publics aux directeurs de l'exploitation de chaque compagnie, avait pour objet la constitution à Bordeaux d'une conférence ou d'un syndicat, dont les membres seraient en état de fournir à chaque instant aux services publics des renseignements sur la situation des compagnies.

Les compagnies s'empressèrent d'envoyer des délégués, et le syndicat fut créé, ainsi que nous l'avons dit plus haut.

II

ORGANISATION DE L'EXPLOITATION DES CHEMINS DE FER
POUR LES TRANSPORTS MILITAIRES EN ALLEMAGNE ET EN AUSTRO-HONGRIE.
COMMISSIONS CENTRALES. — COMMISSIONS DE LIGNES.
COMMANDEMENTS D'ÉTAPES.

Pour cette partie de notre travail, nous avons eu à notre disposition un nombre considérable de règlements relatifs aux transports militaires en Allemagne et dans l'empire Austro-Hongrois. D'abord nous avions pensé à faire une analyse de ces documents, en ne suivant d'autre ordre que l'ordre chronologique ; mais cette étude ne conduisait pas à des conclusions précises, et nous avons pensé qu'il convenait mieux de faire ressortir les caractères principaux de l'organisation allemande, sauf peut-être à négliger certains détails.

Les personnes qui voudront approfondir ces questions, les *techniques*, pour nous servir d'un mot que nous avons souvent entendu prononcer aux ingénieurs allemands, pourront recourir aux règlements eux-mêmes. Pour l'empire Austro-Hongrois, tous ces règlements ont été fondus en un document unique, véritable code des transports militaires par les chemins de fer, qui a été imprimé et publié à Vienne, en 1870, par ordre du gouvernement.

En 1872, la compagnie de l'Est français a fait traduire et

publier ce document considérable, et il a été mis à la disposition des administrations de la guerre et des travaux publics.

§ 1ᵉʳ. — Mesures prises pour arriver à l'unité d'exploitation.

Morcellement des exploitations allemandes. — Le besoin d'unification ou d'unité qui se faisait sentir sur tant de points et pour tant d'objets, en Allemagne, ne pouvait manquer d'être constaté dans l'industrie des chemins de fer. A cet égard, le morcellement était extrême. Il y avait dans chaque État :

Des chemins de fer d'État, gérés par des directions royales ou grand-ducales ;

Des chemins de fer concédés, mais gérés par des directions d'État ;

Des chemins de fer concédés, exploités par des sociétés particulières.

En 1869, la chambre des députés de France nomma une commission d'enquête parlementaire sur les voies de transport, et une des questions posées par la commission portait précisément sur les tarifs perçus par les chemins étrangers. La compagnie des chemins de fer de l'Est, dont les relations avec l'Allemagne étaient considérables, se trouvait naturellement en mesure de répondre d'une manière complète à cette question, et elle crut devoir faire précéder sa réponse sur les tarifs de quelques pages sur la constitution même du réseau allemand. Nous ne pouvons que les reproduire parce qu'elles répondent parfaitement à l'objet de ce paragraphe, *la progression vers l'unité*.

CONSTITUTION DES UNIONS OU ASSOCIATIONS.

« Les concessions de chemins de fer en Allemagne furent, dès l'origine, aussi multipliées que peu coordonnées.

« En 1846, leur nombre dépassait cinquante, et naturellement chaque chemin concédé appliquait à son exploitation les mesures, poids et monnaies, ainsi que les usages commerciaux de son territoire. Le commerçant et le voyageur devaient calculer pour les distances : par mille prussien de 7,532 mètres ; — mille allemand de 7,408 mètres ; — lieue bavaroise de 3,708 mètres ; — mille autrichien de 7,586 mètres. Pour les monnaies : par thaler, silbergroschen et pfennigs de Prusse ou de Saxe ; — florins et kreutzers de Bavière, Hesse, etc. ; — florins et kreutzers d'Autriche. Pour les unités de poids et de capacité, ainsi que pour les codes et usages commerciaux, la variété était non moins grande, et, pour les parcours un peu longs, la confusion devenait inextricable.

« Afin d'éviter les inconvénients résultant du morcellement des concessions, d'étendre les transactions commerciales au delà des besoins locaux et de prévenir les concurrences de lignes parallèles, les administrations allemandes durent dès l'origine tendre à l'unification. Elles jugèrent, en Prusse tout d'abord, que le meilleur moyen d'atteindre ce but était la création de groupes formés des chemins réunis par la communauté des usages commerciaux et par celle des intérêts.

« En novembre 1846, les délégués de dix compagnies particulières de chemins prussiens se réunissaient à Berlin, y fondaient une *Union des directions des chemins prussiens*, et se mettaient d'accord sur des conditions communes d'exploitation.

« Dès l'assemblée générale suivante qui eut lieu en juin 1847 à Cologne, le nombre des administrations représentées était de vingt, et, à l'unanimité des membres présents, l'assemblée décidait que l'union ne serait pas restreinte aux chemins prussiens, mais pourrait admettre toutes les administrations des chemins allemands.

« La première assemblée générale de l'union des chemins allemands (Verein der deutschen eisenbahn Verwaltungen) eut lieu en novembre 1847, à Hambourg ; quarante administrations avaient déjà adhéré au Verein.

« De novembre 1847, à Hambourg, à juillet 1869, à Vienne,

eurent lieu tous les ans (sauf en 1859), et, à partir de 1864, tous les deux ans (sauf en 1866), dix-huit asssemblées générales ordinaires et deux extraordinaires.

« Depuis 1854, la direction des affaires du Verein a été confiée à l'administration du chemin de fer prussien de Berlin-Anhalt, qui depuis cette année porte le titre de direction présidente du Verein (geschaeftsührende-direction des Vereins), et dont le président, M. Fournier, conseiller intime du gouvernement, remplit ces difficiles fonctions de manière à justifier sa constante réélection depuis quinze ans.

« En 1854, le Verein comptait quarante-six administrations et 1020 milles = 7422 kilomètres.

« A l'assemblé générale de Vienne, en 1869, étaient représentées soixante-dix-huit administrations, dont :

```
49 chemins allemands exploitant   2265ᵐ 93 = 17,001 kilom.
22      —      autrichiens    —    973ᵐ 27 =  7,421   —
TOTAL. 71                          3244ᵐ 20 = 24,422 kilom.
```

« Depuis sa fondation, le Verein a beaucoup fait pour l'unification allemande par l'unification des chemins de fer. Au point de vue général, cette association a contribué à l'élaboration du code de commerce allemand promulgué en 1861, à la révision libérale des règlements du Zollverein, à l'adoption du mètre et à la préparation de l'unité monétaire. Au point de vue spécial des chemins de fer, elle a obtenu des résultats importants, dont les principaux sont les suivants :

« 1. — Règlement uniforme pour le transport des voyageurs, bagages, équipages, animaux ;

« 2. — Règlement uniforme pour le transport des marchandises à grande et à petite vitesse ;

« 3. — Règlement pour la circulation et l'échange du matériel dans l'Union ;

« 4. — Création d'un bureau central de décompte pour le matériel à Erfurth ;

« 5. — Constitution d'une commission permanente de construction et d'exploitation technique ;

« 6. — Unification à certains points de vue et entente générale pour les marches de trains et la création de services directs à grande vitesse et sans transbordement des voyageurs entre les principales localités allemandes et étrangères.

« 7. — Création d'une *Gazette de l'Union* des chemins allemands, qui paraît à Leipzig ;

« 8. — Statistique générale du mouvement et des produits sur les chemins de l'Union ;

« 9. — Constitution d'arbitrage pour les contestations litigieuses entre les membres de l'Union ;

« 10. — Organisation d'associations partielles (Verbande) se rattachant au Verein.

« Il faut applaudir aux résultats obtenus, mais ne pas oublier que cette unité que les chemins allemands cherchent à conquérir si laborieusement, nous l'avons depuis longtemps en France par la constitution même de nos grands réseaux et par les arrangements intervenus entre ces réseaux. En France, on critique aujourd'hui les grandes compagnies, et l'on se promet de grands avantages de la création d'un nombre relativement considérable de petites entreprises. — On ignore le travail incessant qui se poursuit en Angleterre, en Belgique, en Allemagne, pour arriver à la suppression des exploitations morcelées.

. . . .

« A côté du Verein, maintenant et poursuivant l'unification générale, se groupèrent des associations partielles, au nombre de vingt aujourd'hui, dans le but d'unifier, jusque dans les plus petits détails, leurs règlements, tarifs et conditions d'exploitation, de manière à donner aux voyageurs tous les avantages de services directs et au commerce toutes les facilités d'expédition et les garanties de prix indispensables au développement de ses opérations. Ces associations ont su réaliser des améliorations de service et des économies notables par l'uniformité des règlements, la simplification des écritures, le règlement à l'amiable ou par arbitrage des contestations litigieuses, la concentration des décomptes et des affaires communes dans une seule administration. »

Unification au point de vue des transports militaires en Prusse.
— L'association douanière avait été un pas considérable vers l'unité ; l'association des chemins de fer en constituait un second non moins important. Le gouvernement prussien s'attacha à profiter de ces faits accomplis pour réaliser l'unification au point de vue des transports militaires.

Règlements du 1er mai 1861. — (Chemins d'État prussiens).

Un premier règlement, publié à Berlin le 1er mai 1861 et portant la signature des ministres de la guerre et du commerce, MM. von Roon et von der Heydt, fut imposé à toutes les directions royales des chemins de fer de l'État.

A la même date paraissaient des règlements signés par le ministre de la guerre seul, qui fixaient les instructions relatives au chargement, au transport et au déchargement des troupes, du matériel de guerre, des malades et des blessés. Sauf ce qui concerne les malades et les blessés, le règlement prussien de 1861 reproduit le règlement français de 1855.

Acceptation du règlement du 1er mai 1861 par l'Union des chemins du Nord, y compris Brunswick et Hanovre. — Dès le mois de décembre 1861, le règlement des directions royales et ses annexes étaient acceptés par les compagnies les plus importantes du nord de l'Allemagne :

La direction de Cologne-Minden ;

La direction de Magdebourg-Halberstadt ;

La direction de Magdebourg-Leipzig ;

La direction de Berlin-Magdebourg ;

Deux directions étrangères à la Prusse :

La direction générale des chemins de fer et des télégraphes du royaume de Hanovre, et la direction des postes et des chemins de fer du duché de Brunswick, qui accédaient aussi à ce règlement en ne spécifiant que des réserves peu importantes.

Le gouvernement prussien obtenait donc déjà une liaison directe entre le groupe de ses provinces orientales et celui de ses provinces du Rhin. La guerre de 1866 eut pour résultat la réunion politique de ces deux groupes et la constitution de la Confédération du Nord.

Résolution du Parlement en 1869. — En 1869, le parlement de la Confédération du Nord prit la résolution suivante :

« Les administrations de chemins de fer devront établir, d'après un modèle convenu, et communiquer à la chancellerie fédérale des états indiquant l'organisation et les ressources de chacun d'eux, au point de vue des services et besoins militaires.

« Les chemins de fer en exploitation seront tenus de fournir ces documents tous les deux ans; ceux en construction, aussitôt après leur ouverture. »

De la chancellerie fédérale ces documents passaient évidemment à l'état-major général, où ils devenaient l'objet des études les plus sérieuses et les plus complètes. Aujourd'hui, c'est au nom du grand état-major général que ces demandes sont formulées, ainsi que le montre l'extrait ci-après de la *Gazette d'Augsbourg*, extrait publié le 18 mars 1872 par le *Journal officiel de la République française*.

RENSEIGNEMENTS DEMANDÉS, EN 1872, PAR LE GRAND ÉTAT-MAJOR GÉNÉRAL.

« Le grand état-major général ne cesse de recueillir des informations sur les services que les chemins de fer peuvent rendre en temps de guerre. C'est ainsi que toutes les administrations de chemins de fer viennent d'être invitées à déclarer le nombre de voies secondaires qui existent dans différentes gares, et quelle est leur longueur exploitable ; — où l'on pourrait et devrait établir de ces voies d'évitement sur les chemins qui n'ont qu'une seule voie, de manière à expédier des trains militaires dans une direction contraire et à des intervalles d'une heure un quart ; — les stations où il serait possible d'organiser, en quarante-huit heures, des aménagements provisoires pour l'embarquement et le débarquement d'une grande masse de troupes ; — celles qui peuvent être utilisées comme centre de ravitaillement, à cause des ressources en locaux et en bâtiments qu'on y trouve ; — les stations où l'on a des provisions d'eau et le nombre de machines qui peuvent être alimentées dans chacune d'elles en l'espace de vingt-quatre heures ; — celles enfin où il existe de grands ateliers. »

Règlement de 1870 commun aux chemins de fer de la Confédération du Nord et à ceux des États de l'Allemagne du Sud. — En 1870, la question de l'unification de tous les chemins de fer de l'Allemagne reçut enfin une solution définitive. Le gouvernement prussien fit accepter par les royaumes de Wurtemberg et de Bavière et par le grand-duché de Bade les règlements de 1861, en vigueur sur les chemins de fer de la Prusse, pour le transport des troupes et des objets nécessaires aux armées. — Ces règlements ne s'appliquaient qu'aux *transports de service commun*, c'est-à-dire aux transports empruntant à la fois les territoires de l'Allemagne du Nord et ceux de l'Allemagne du Sud. Mais cette restriction n'avait évidemment, au point de vue militaire, aucune portée, puisque les seuls transports militaires important à la Prusse étaient ceux qui franchissaient les frontières.

Ce règlement, publié à Elberfeld en 1870, est très-simple. Il se compose de seize articles et il est suivi de deux annexes. L'annexe A est un simple spécimen de réquisition, de bulletin et décompte de transport ; B est un règlement pour le transport des poudres, munitions et autres objets inflammables.

Le paragraphe 1er du règlement est très-précis :

« Les directions de chemins de fer sont tenues d'effectuer dans la mesure de leurs moyens d'exploitation les transports de troupes et de personnel militaire, y compris les gendarmes et les prisonniers de guerre, ainsi que le transport des chevaux, canons, équipages, munitions et tous autres objets nécessaires aux armées. »

Dans les paragraphes 2 et 3 on semble laisser aux directions de chemins de fer une certaine latitude pour l'exécution des transports militaires, qui doivent être effectués de manière à ne pas interrompre les trains réguliers affectés au service des voyageurs et des marchandises, *à moins que la tactique n'exige qu'il en soit autrement.*

Les transports militaires devront s'effectuer par les trains ordinaires ; *mais, lorsque le commandant d'un détachement de troupes juge nécessaire, soit par lui-même, soit par les instructions de son chef, que pour des raisons militaires le transport doit être fait au moyen d'un train spécial, la direction des chemins de fer doit obtempérer à cette demande.*

En bon français, le règlement de 1870 pose en principe la subordination complète, absolue, de tous les transports commerciaux aux transports prescrits par l'autorité militaire.

Les articles 7 à 16 stipulent les prix payés pour les transports militaires, le mode de constatation des réquisitions et de payement.

Adhésion des compagnies des États du Sud. — En ce qui concerne l'Allemagne du Sud, le règlement de 1870 n'avait conclu qu'avec les directions des chemins de fer d'État. Il restait encore les chemins de fer concédés : Palatinat, Louis de Hesse et Est de Bavière. Aux premiers coups de canon, ces trois compagnies déclarèrent accepter le règlement et les taxes. L'unification était achevée.

Unité d'exploitation dans l'empire Austro-Hongrois. — Au point de vue des transports de la guerre, l'unité d'exploitation des chemins de fer est assurée d'une manière très-catégorique dans l'empire Austro-Hongrois par l'application des mesures ci-après, inscrites dans le règlement général des chemins de fer (16 novembre 1851) :

RÉQUISITION

(1re PARTIE)

N°

Destinée à l'Administration du chemin de fer, après l'exécution des transports militaires détaillés ci-après :

Désignation de la troupe
Le montant du transport sera liquidé par
Le   18   , ont été expédiés de
par train ordinaire (spécial).

1 MILITAIRES A TRANSPORTER.		2 EXCÉDANT DES HOMMES.	3 Wagons avec des militaires blessés, etc. Essieux.	4 CHEVAUX.	5 & 6 CANONS NON ATTELÉS AVEC AGRÈS		7 & 8 VOITURES AVEC AGRÈS		9 BAGAGES DE L'ARMÉE.	10 MONTANT DES SOMMES.		
Officiers. § 7.	Hommes. § 7.	§ 7, 2.			jusqu'à 40 quintaux.	au-dessus de 40 quintaux.	à 2 roues.	à 4 roues.		Thalers, Florins.	Silberg. Kreutzers.	Pfenning.
									TOTAL. . . .			

En toutes lettres :

Montant du transport dû
Somme payée
           Le   18 .
Signature et sceau du service de l'Agent militaire expéditeur.

PENDANT LA GUERRE DE 1870-1871.

N°

RÉQUISITION

(2ᵉ PARTIE)

Désignation de la troupe

Billet de circulation
de
à

Officiers,
Militaires à transporter,
Excédant des hommes,
Essieux avec militaires blessés, etc.,
Chevaux,
Canons non attelés,
jusqu'à 40 quintaux,
Canons non attelés, au-dessus de 40 quintaux,
Voitures à 2 roues,
Voitures à 4 roues,
Quintaux de bagages.

Le   18
(Timbre de la station de départ avec la date).

(Signature de l'Agent expéditeur).

Ce bulletin doit être délivré au Commandant militaire qui devra le remettre au chef de train, à l'avant-dernière station. Il n'est valable que s'il est muni du timbre et de la date de la station de départ.

N°

RÉQUISITION

(3ᵉ PARTIE)

Destinée à l'Administration militaire.

Désignation de la troupe
Le   18   , ont été expédiés de
            par train ordinaire (spécial).

1 MILITAIRES A TRANSPORTER.		2	3 EXCÉDANT DES HOMMES.	4	5 CANONS NON ATTELÉS AVEC AGRÈS	6	7 VOITURES AVEC AGRÈS	8	9 BAGAGES DE L'ARMÉE.	10 OBSERVATIONS.
Officiers.	Hommes.			CHEVAUX.	jusqu'à 40 quintaux.	au-dessus de 40 quintaux.	à 2 roues.	à 4 roues.		
§ 7.	§ 7.	§ 7, 2.	Essieux						Quintaux.	

Thalers.   Silbergros.   Pfenning.
Florins.   Kreutzers.

En toutes lettres :

Reçu

Le   18   .

(Timbre-date de la station de départ.)
(Signature de l'Agent expéditeur.)

Ce bulletin est délivré au Commandant.
Il ne devient valable, comme pièce justificative, que par l'apposition du timbre de la station de départ.
En cas de payement au comptant, le montant devra en être indiqué en chiffres et en lettres.

« § 69. — *Transports militaires*. — Toutes les fois qu'il y aura lieu d'avoir recours aux chemins de fer en vue du transport de troupes ou de bagages militaires, l'administration requise par le commandant militaire d'un pays ou d'un corps d'armée, ou par le commandant militaire en chef, ou enfin par le ministre de la guerre, est tenue de mettre de suite et de préférence sur tout autre transport, contre une indemnité à fixer d'un commun accord et ne pouvant en aucun cas dépasser le prix du tarif ordinaire, à la disposition de l'autorité militaire tout le matériel de transport pouvant servir à cet effet.

« Dans le cas où il en résulterait une interruption, en ce qui concerne le service régulier, les articles de la poste devront être transportés par le train militaire.

« § 70. — *Etat de siége en temps de guerre*. — Pendant l'état de siége et en temps de guerre, l'autorité militaire compétente, si des considérations stratégiques ou autres le rendent nécessaire, a le droit d'utiliser ou de suspendre en tout ou en partie le service de l'exploitation; il sera, dans ce cas, payé aux chemins de fer une indemnité proportionnée.

Désignation de l'autorité chargée de donner des ordres aux chemins de fer. — Dans toute organisation, la première condition à chercher c'est l'unité dans la direction, et c'est ce qui nous a manqué dans la dernière guerre en France. Il importe donc de voir ce qui se fait à cet égard dans les autres pays.

Dans les empires d'Allemagne et d'Austro-Hongrie, on commence par établir une distinction entre le *temps normal* et les circonstances extraordinaires.

En temps normal, les transports sont prescrits par les commandants des corps d'armée ou de la landwehr, chacun agissant dans la limite de sa circonscription.

Chacune de ces autorités supérieures peut déterminer, suivant son appréciation personnelle, et, s'il y a lieu, après entente réciproque, les limites dans lesquelles elle croira pouvoir déléguer ses pouvoirs, notamment pour l'exécution des transports de moindre importance,

Soit à des autorités militaires inférieures,

Soit à des commandants de troupes,

Soit à des intendants.

Chacune de ces autorités supérieures doit également préciser les limites dans lesquelles les délégués auront à se mouvoir selon les circonstances locales administratives et les conditions de service de la voie ferrée.

Dans les circonstances exceptionnelles, et celles-ci se produisent aussi bien en temps de paix qu'en temps de guerre, le ministère de la guerre décrète pour l'organisation et l'exécution de grands transports militaires la création d'autorités militaires spéciales, dont nous allons étudier le caractère.

§ 2. — Constitution des commissions centrales à Berlin et à Vienne, et des commissions de lignes.

Juxtaposition constante de l'élément militaire et de l'élément technique. — Dans nos observations préliminaires nous l'avons dit, et nous ne saurions trop le répéter, toute l'organisation des transports militaires par chemins de fer en Allemagne et en Austro-Hongrie repose sur le principe de la juxtaposition constante de l'élément militaire et de l'élément technique. Cette juxtaposition existe à tous les degrés, dans le conseil et dans l'exécution, dans les tournées, dans les reconnaissances préparatoires des gares et des lignes, tournées et reconnaissances qui doivent être faites par deux fonctionnaires inséparables, un officier d'état-major et un agent technique du chemin de fer. Les ordres de marche sont signés par X... capitaine et Y... ingénieur.

L'élément militaire commande; mais il commande en connaissance de cause, parce qu'à chaque instant l'élément technique intervient et rectifie ce qui doit être rectifié. Avec une organisation semblable, on ne dirige pas vingt trains de cavalerie ou d'artillerie à la fois sur une gare du dernier ordre qui n'a qu'un quai. On ne multiplie par les expéditions sur une gare qui a encore cinquante trains à décharger, etc., etc.

Nous allons indiquer sommairement la composition et les attributions des commissions centrales de Berlin et de Vienne.

Il est inutile de faire observer que dans tout ce qui va suivre nous ne nous occupons que des chemins de fer; nous n'avons pas la prétention de traiter la question générale du mouvement des armées : l'emploi des chemins de fer est un des éléments de cette question, et c'est le seul que nous puissions considérer.

Pour le service général des étapes nous ne pouvons qu'indiquer un ouvrage fort complet sur la matière, *Studien über das Etappen Wesen; Nordlingen*, 1872.

Commission centrale de Berlin. — Le gouvernement allemand possédant un certain nombre de chemins de fer d'État qu'il administre et exploite directement, il a un grand nombre de fonctionnaires dépendant du ministère du commerce et des travaux publics, ayant l'expérience de l'exploitation. Il n'a donc pas à demander aux administrations des chemins de fer concédés des représentants techniques de l'industrie du chemin de fer.

La commission centrale comprend :

1 officier supérieur, président,
1 officier du département général de la guerre,
1 officier de l'état-major,
1 conseiller du département de l'économie militaire,
1 ou 2 conseillers du ministère du commerce et des travaux publics,
1 conseiller du ministère de l'intérieur.

En tout sept personnes. Elles sont désignées en temps de

paix, de manière à pouvoir étudier toutes les questions relatives aux transports en vue de l'exécution des plans militaires.

La commission siége à Berlin.

Commission exécutive spéciale. — Deux membres de la commission centrale, savoir, l'officier d'état-major et un des représentants du ministère des travaux publics, forment une *commission exécutive spéciale*.

D'accord avec les décisions de la commission centrale, dit le règlement prussien, d'*accord entre eux*, et, si c'est possible, *en commun*, ces deux hommes dicteront et dirigeront les mesures à exécuter pour les transports militaires.

Direction centrale des transports militaires par chemin de fer, à Vienne. — L'article 57 du règlement général austro-hongrois porte que « dans les circonstances extraordinaires, le ministère de la guerre de l'Empire pourra décréter, pour l'organisation et l'exécution de grands transports militaires, la création d'autorités spéciales militaires chargées de diriger les transports par chemin de fer. Ces autorités seront :

1° La direction centrale des transports militaires par chemins de fer ;

2° La direction des transports de campagne par les chemins de fer ;

3° Les commissions de lignes ;

4° Les commissions d'étapes.

Ces deux dernières commissions sont adjointes, à titre d'organe auxiliaire, aux deux premières directions.

Mais l'article 64 du même règlement ajoute ceci :

« Afin que la direction centrale puisse se réunir, *à toute époque*, suivant les circonstances, au complet ou partiellement, pour délibérer sur les transports militaires ou pour les faire mettre à exécution, il y aura lieu de choisir *à l'avance, en temps de paix*, et de désigner, etc. »

A Vienne comme à Berlin, l'institution d'une commission

ou d'une direction centrale est considérée comme une chose normale, aussi bien en temps de paix qu'en temps de guerre.

La direction centrale comprend :

1 officier de l'état-major général ayant les attributions de commissaire militaire ;

1 délégué de chacun des deux ministères de la défense du pays ;

1 délégué de l'inspection générale des chemins de fer autrichiens ;

1 délégué de l'inspection générale des chemins de fer et de la navigation du royaume de Hongrie ;

1 fondé de pouvoirs de chacune des administrations intéressées aux transports.

Seront adjoints au commissaire militaire :

1 officier de l'état-major général, chargé de le suppléer, et des capitaines de l'état-major en nombre suffisant ;

5 officiers ;

5 sous-officiers pour les écritures ;

6 soldats pour le service d'ordonnances.

La direction centrale a son siége à Vienne ; elle tient ses séances à l'hôtel du ministère de la guerre.

Attributions. — Les attributions de la direction centrale sont soigneusement énumérées dans le règlement autrichien ; elles sont considérables. Après en avoir donné la longue énumération, le règlement s'exprime ainsi :

« Art. 72. — Enfin, la direction centrale aura à surveiller l'exécution régulière des transports militaires, à écarter les difficultés éventuelles, en un mot, à prendre toutes les mesures en vue d'assurer le meilleur emploi des chemins de fer pour les transports militaires et d'arriver au but important que cet emploi permet d'atteindre.

« Art. 75. — La direction centrale est le seul intermédiaire pour toutes les mesures, communications ou modifications se rattachant aux transports militaires : *nulle autre autorité que le ministère de la guerre de l'Empire ne peut s'immiscer dans son fonctionnement.* »

Direction des transports de campagne par les chemins de fer.
— Nous avons vu, à Berlin, une commission exécutive composée de deux membres, *un militaire et un ingénieur*, résumant les travaux de la commission centrale et passant de la délibération à l'action.

A Vienne, nous retrouvons une disposition à peu près semblable ; seulement la commission exécutive de Vienne n'est pas une émanation de la commission centrale : c'est une institution spéciale subordonnée à la direction centrale, et portant le nom de *Direction des transports de campagne par chemin de fer*.

Nommée souvent avant la guerre, cette direction ne fonctionne que lorsque les troupes sont arrivées sur le théâtre des opérations. A partir de ce moment, elle entre en relations de service régulier avec la direction centrale, qui doit toujours conserver une influence prépondérante.

La direction des transports de campagne comprend :

1° Un officier de l'état-major général faisant fonctions de commissaire militaire, président ;

2° Un délégué de chacune des landwehrs de l'Empire ;

3° Un délégué de l'inspection générale des chemins de fer autrichiens ou de l'inspection générale des chemins de fer hongrois ;

4° Un délégué des sociétés de chemins de fer.

La résidence de la direction des transports de campagne est fixée par le commandant en chef de l'armée : elle devra être aussi près que possible du quartier général.

Attributions. — Le règlement autrichien énumère très-longuement les attributions de la direction des transports de campagne. A celle-ci incombe :

L'obligation de visiter les chemins de fer, de diriger et de contrôler le service de l'exploitation aux points de vue militaire et technique, de pourvoir aux transports militaires et de choisir les moyens pour le meilleur emploi des chemins de fer, au point de vue stratégique, ainsi que pour la protection des voies et du matériel contre l'occupation et la destruction par l'ennemi. Elle devra faire toutes propositions pour l'établissement de sections nouvelles, pour la mise hors d'usage des voies existantes, ainsi que pour l'utilisation éventuelle des lignes ennemies. A cet effet, la direction des transports de campagne pourra requérir le concours des sections de campagne..... Dans le chapitre consacré aux travaux, nous parlerons de ces sections de campagne.

Commissions de lignes. — Nous trouvons à la fois, à Berlin et à Vienne, un même degré d'organisation secondaire, et les règlements s'expriment à ce sujet d'une manière presque identique : nous voulons parler des *commissions de lignes*.

Les transports importants de troupes ayant presque toujours lieu simultanément sur plusieurs lignes, dit le règlement prussien, la commission exécutive ne saurait suffire à la direction de toutes ces lignes, et il y a lieu de créer une commission de lignes pour chaque section de transports.

La commission de lignes se compose d'un officier d'état-major et d'un agent de chemin de fer.

L'annexe n° 16 du règlement autrichien donne la répartition de toutes les lignes de l'Empire en commissions de lignes, le lieu de résidence de chacune de ces commissions, le nom des stations d'étapes, le but militaire auquel doit satisfaire chacune de ces stations, réunion de troupes ou repas à donner aux hommes.

Une commission de lignes embrasse un réseau dont la longueur varie de 500 à 1500 kilomètres. En Austro-Hongrie, la longueur moyenne des sept commissions de lignes est de 784 kilomètres.

Attributions. — Les commissions de lignes ont à visiter les chemins de fer avant le commencement des transports : elles veillent à l'existence des moyens de chargement et de déchargement, à l'approvisionnement des denrées nécessaires aux troupes.

Elles s'occupent, sous l'impulsion de la commission ou de la direction centrale, de la rédaction des tableaux de marche des trains. (Fahrt-Dispositionnen.)

Puis, le mouvement commencé, les commissions de lignes s'assurent de la composition, de la vitesse, de la succession des trains. Si des soldats ont perdu leurs corps, elles leur donnent une prompte direction; en un mot, elles surveillent et agissent à la fois.

Principes généraux relatifs au tracé des trains militaires. — Désignation des lignes. — Toute l'organisation militaire allemande repose sur le principe de la mobilisation rapide et complète de corps d'armée distribués par régions. Il faut que chaque homme sache ce qu'il a à faire en cas d'appel, et des lieux de réunion lui sont à cet égard désignés. A partir de ces lieux de réunion commence le transport par chemin de fer. Il faut nécessairement alors désigner chacune des lignes suivant lesquelles s'effectuera une portion du mouvement. Cette première désignation constitue ce que l'on appelle la réquisition *simultanée*, *proportionnelle* et *permanente* des chemins de fer d'une région.

Va-et-vient des trains militaires. — Le transport des troupes, chevaux et matériel, se fait autant que possible sans changement de train jusqu'à destination.

En général, les trains vides retournent immédiatement aux points d'embarquement, mais en subissant en route, dans une gare de manœuvre et au point de vue de leur composition, les modifications que comporte le chargement qu'ils doivent prendre la seconde fois. Ils doivent arriver ainsi tout formés aux gares d'expédition.

Sur un parcours de 300 kilomètres, les wagons chargés le premier jour doivent être rechargés le troisième.

Sur un parcours de 300 à 600 kilomètres, les wagons

chargés le premier jour doivent être rechargés le quatrième.

Sur un parcours de 600 à 900 kilomètres, les wagons chargés le premier jour doivent être rechargés le cinquième.

Cela constitue ce que l'on appelle le va-et-vient de trois, quatre ou cinq jours.

NUMÉROTAGE DES TRAINS. — Les trains militaires journaliers reçoivent des numéros en chiffres romains, I à XII ; les trains en retour portent la même désignation accompagnée de la lettre R : I R à XII R.

Dans une même opération, tous les trains reçoivent des numéros qui se suivent, de manière à faciliter le règlement des décomptes et les autres recherches.

NOMBRE DE TRAINS PAR JOUR. — On doit expédier journellement dans les deux directions :

8 trains en moyenne sur les lignes à voie unique,
12 — sur les lignes à double voie,
sans compter quelques trains réservés au service du chemin de fer, au service postal et au ravitaillement.

En supprimant tout service de marchandises et en réduisant au minimum le nombre des trains destinés au service des voyageurs, ou en comprenant ces derniers dans les trains militaires, on peut expédier journellement jusqu'à :

10 trains sur les lignes à voie unique ;
14 — sur les lignes à double voie.

Il est bon de réserver entre les trains un intervalle de une heure et demie, de manière à faire disparaître les irrégularités qui auraient pu se produire.

Suivant les circonstances, on pourra expédier un plus grand nombre de trains, mais pendant quelques jours seulement, *quand on aura eu le temps nécessaire aux préparatifs* et quand il ne s'agira que d'un service exceptionnel et de courte durée, particulièrement lorsque le retour du matériel vide pourra s'effectuer par une ligne autre que celle employée au parcours des trains à charge.

Après l'achèvement du transport d'un grand corps d'armée, soit après quinze jours, il est accordé aux gares un ou deux jours de repos pour réparer les irrégularités qui auraient pu se produire dans le service.

Quelle différence entre cette organisation calme et tranquille et l'organisation fiévreuse des chemins français ! On pourra, dit le règlement allemand, faire jusqu'à dix trains sur la ligne à simple voie et quatorze sur les lignes à double voie. Pour arriver à Metz et à Strasbourg, nous avions une ligne à simple voie et deux à deux voies : nous avons fait dans une journée soixante-quatorze trains ; — les Allemands prévoyaient la possibilité d'en faire trente-huit.

Vitesse des trains. — La vitesse des trains militaires est en moyenne de 22 à 26 kilomètres à l'heure, y compris les temps d'arrêt qui doivent être très-courts.

Le personnel des mécaniciens ne doit être employé que sur les parcours que ceux-ci desservent en temps de paix. Si l'on prévoit qu'ils doivent être employés sur d'autres parcours, il faut leur faire faire au préalable des voyages d'essai.

Arrêt des trains. — Après une durée de huit à neuf heures, il y a lieu de faire, dans une localité appelée *station principale d'arrêt*, un arrêt de une à deux heures destiné à l'alimentation des hommes et des chevaux.

Le nombre des principaux points d'arrêt dépend de la longueur de la ligne et des ressources que présentent les localités.

Dans chaque station d'arrêt, il doit y avoir :

Un bâtiment couvert sous lequel les troupes peuvent s'abriter ;

Une petite ambulance pour les hommes qui ne peuvent continuer leur voyage ;

Des appareils pour puiser de l'eau ;

Des lieux d'aisance, situés à une distance convenable.

Composition des trains. — Un train militaire enlève en général :

Tableau de voyage et de marche pour le corps d'armée

DIVISION.	NUMÉROS.	CORPS DE TROUPES.	EFFECTIF.					NOMBRE D'ESSIEUX NÉCESSAIRES.	SERA MOBILISÉ et prêt à marcher	
			OFFICIERS.	SOLDATS.	CHEVAUX.	VÉHICULES.		à	le (jour)
	1	Commandement en chef et ses branches.	48	155	251	12	120	Posen	......
	2	État-major de la 9ᵉ division et ses branches; états-majors des 17ᵉ et 18ᵉ brigades d'infanterie.	30	75	114	8	61	Glogau	......
	3	2ᵉ Régiment 1ᵉʳ bataillon. . .	30	1046	51	5	82	dᵒ	......
	4	d'infanterie 2ᵉ — . . .	26	1027	55	4	74	Schweidseitz	......
	5	de Posen n° 19. 3ᵉ — (fusiliers).	26	1027	36	7	80	Franstadt	......
	6	5ᵉ Régiment 1ᵉʳ bataillon. . .	28	1014	46	5	79	Gœrlitz	......
	7	d'infanterie 2ᵉ — . . .	26	1028	36	4	74	Freistadt	......
9ᵉ DIVISION d'infanterie.	8	de Posen n° 58. 3ᵉ — . . .	26	1028	36	4	74	Glogau	......
	9	Régiment royal 1ᵉʳ bataillon. . .	30	1046	51	5	82	Glogau	......
	10	des grenadiers n° 10 2ᵉ — . . .	26	1027	55	4	74	Liegnitz	......
	11	(2ᵉ Ouest-Prussien). 3ᵉ — . . .	26	1027	36	7	80	Glogau	......
	12	2ᵉ Régiment 1ᵉʳ bataillon. . .	28	1034	46	5	79	Janer	......
	13	d'infanterie de la 2ᵉ — . . .	26	1028	36	4	74	Hirschberg	......
	14	Basse-Silésie n° 47. 3ᵉ — . . .	26	1028	36	4	74	Lœwenberg	......
	15	1ᵉʳ bataillon de chasseurs de Silésie n° 5.	26	1030	40	10	87	Gœrlitz	......
	16	1ᵉʳ escadron. . .	11	178	190	3	76	Lüben	......
	17	1ᵉʳ Régiment 2ᵉ — . . .	6	159	174	2	67	dᵒ	......
	18	de dragons 3ᵉ — . . .	5	159	174	1	65	dᵒ	......
	19	de Silésie n° 4. 4ᵉ — . . .	5	158	174	1	65	dᵒ	......
	20	Une batterie de pièces de 12. . . . . et un état-major de détachement. .	5 2	205 4	176 11	22 1	111 6	Glogau	......
	21	Une batterie de pièces de 12.	5	205	176	22	111	dᵒ	......
	22	Une batterie d'obusiers.	5	205	160	22	105	dᵒ	......

OBSERVATION.

Le nom de la gare de destination doit être indiqué à l'encr d'une couleur quelconque.

n°....., afin de se concentrer à **Francfort-sur-le-Mein**.

				JUILLET 1859.						
14	15	16	17	18	19	20	21	22	23	
......	......	......	......	......	......	......	......	......	Francfort	1
......	......	......	Francfort	......	......	......	......	......	......	2
Liegnitz Glogau	Francfort	......	......	......	......	......	......	......	......	3 4 5
......	......	......	......	......	Gœrlitz	Francfort	......	......	......	6 7 8
......	Francfort	Francfort	......	......	......	......	......	......	......	9 10 11
......	......	......	......	......	......	Gœrlitz	Francfort	......	......	12 13 14
......	......	......	Francfort	......	......	......	......	......	......	15
Liegnitz	Francfort	......	......	......	......	......	......	......	......	16 17
......	Liegnitz	Francfort	......	......	......	......	......	......	......	18 19
......	Francfort	......	......	......	......	......	......	......	......	20
......	......	Francfort	......	......	......	......	......	......	......	21 22

La commission de lignes est composée de :
MM. X..., capitaine ;
Y..., ingénieur.

Son siège est à Gœrlitz, dans la gare.

Tableau de la marche des trains militaires.

POUR LES TRANSPORTS.   HEURE DE LA GARE.

N° DES TRAINS.	BRESLAU.		LIEGNITZ.		GŒRLITZ.		DR SDEN.		LEIPZIG.		HOF.		NEUENMARK.		BAMBERG.		WURZBURG.		ASCHAFFEN-BURG.		FRANCFORT-SUR-LE-MEIN.
	ARRIVÉE.	DÉPART.	ARRIVÉE.	DÉPART.	ARRIVÉE.	DÉPART.	ARRIVÉE.	DÉPART.	ARRIVÉE.	DÉPART.	ARRIVÉE.	DÉPART.	ARRIVÉE.	DÉPART.	ARRIVÉE.	DÉPART.	ARRIVÉE.	DÉPART.	ARRIVÉE.	DÉPART.	ARRIVÉE.
	h. m.	h. m.	h. m.	h. m.	h. m.	h. m.	h. m.	h. m.	h. m.	h. m.	h. m.	h. m.	h. m.	m.	h. m.	h. m.	h. m.	h. m.	h. m	h. m.	
I.	...	...	...	8 55	12 55	2 55	7 10	7 40	12 10	2 10	10 10	1 10	3 50	4 40	7 50	8 50	1 »	2 »	5 40	5 50	7 30 matin.
II.	...	9 45	11 45	11 55	3 45	5 45	10 »	10 30	3 »	5 »	1 »	4 »	6 40	7 20	10 50	11 30	3 40	4 40	8 20	8 40	10 45 —
III.	...	...	...	2 15	6 15	8 15	12 30	1 »	5 50	7 20	3 20	6 40	9 20	10 »	1 10	2 10	6 25	7 25	11 »	11 20	Midi 50.
IV.	...	...	...	7 45	11 45	1 45	6 »	6 0	11 »	1 »	9 »	12 »	2 40	3 20	6 30	7 20	11 20	12 20	4 »	4 20	6 soir.
V.	...	...	...	10 25	2 25	4 25	8 40	9 40	1 40	3 40	11 40	2 40	5 20	6 »	9 10	10 10	2 10	3 »	6 40	7 20	8 50 soir.
VI.	...	...	...	1 15	5 15	7 15	11 30	12 »	4 30	6 20	2 20	5 20	8 »	8 40	11 40	12 45	5 10	6 25	10 10	10 50	Minuit.
VII.	...	...	...	3 45	7 45	9 45	2 »	2 50	7 »	9 »	5 »	8 »	10 40	11 20	2 30	3 30	7 40	8 40	12 20	12 40	2 10 matin.
VIII.	...	...	...	6 15	10 15	12 15	4 30	5 »	9 30	11 30	7 30	10 40	1 20	2 »	5 10	6 10	10 20	11 20	3 »	3 20	5 » —

Nota. — La marche des trains en sens inverse, ainsi que celle de tout autre train, s'établit de la même façon.

La Commission de lignes,

Signé : X...   Signé : Y...
Capitaine.   Ingénieur.

Un bataillon de mille hommes,

ou

Un escadron de cent cinquante chevaux,

ou

Une batterie de six pièces,

ou

Trois quarts d'une colonne de munitions,

chaque corps étant pourvu de ses accessoires de campagne, de façon que le train soit composé d'au moins soixante essieux, et de cent au plus.

Spécimen des tableaux dressés pour le transport d'un corps d'armée. — L'ordre dans lequel sont expédiées les troupes et la marche des trains sont réglés par les trois pièces ci-après :

1° Un tableau de voyage et de marche pour chaque corps d'armée — feuille n° 1 ;

2° Un tableau de la marche des trains militaires — feuille n° 2 ;

3° Un règlement de marche pour chaque ligne — feuille n° 3.

Nous donnons comme spécimen le tableau de marche d'un corps d'armée de trois divisions se rendant de Posen à Francfort.

Véritablement, tout semble prévu dans ces trois feuilles. En les consultant, le chef d'un corps d'armée peut savoir, à chaque heure du jour, où se trouve la moindre fraction de ses troupes.

Les tableaux de voyage et de marche sont dressés par les délégués de l'état-major général. On doit toujours avoir en vue l'accélération la plus grande possible, en tenant compte des moyens d'exploitation dont disposent les chemins de fer.

La commission centrale présente directement les tableaux de voyage et de marche au ministère de la guerre, qui les communique ensuite aux généraux commandant les corps d'armée. Une fois ces tableaux approuvés par le ministre de la guerre, *il est interdit d'y apporter aucune modification.*

RÈGLEMENT DE MARCHE

POUR LE TRANSPORT DES TROUPES DU CORPS D'ARMÉE N°... ENTRE POSEN ET FRANCFORT-SUR-LE-MEIN.

Principaux points d'arrêt : **Goerlitz**, 2 heures, — **Leipzig**, 2 heures, — **Hof**, 3 heures, **Bamberg**, 1 heure, — **Wurzbourg**, 2 heures.
Arrêt de 1/2 heure à : **Glogau, Dresde, Altenbourg, Neumarkt;** 20 minutes à **Aschaffenbourg**.
Durée du trajet, au départ de **Gorlitz** : 40 heures 1/2 en moyenne.

1	2	3	4	5 DÉPART						6 POINTS DE RAVITAILLEMENT				7 Arrivée à destination Francfort-sur-Mein		8
Numéro	Désignation des corps de troupes	LIEU d'embarquement	DATES	a du lieu d'embarqu^t.			b de Goerlitz.			a Pour la nourriture chaude		b Pour le café				OBSERVATIONS
Du train	Du wagon				jour	heure	minutes	jour	heure	minutes	Lieu	Heures	Lieu	Heures	heures	minutes	
1		2e Régiment d'infanterie de Posen, n° 19, 1er bataillon.	Glogau	VII		1	2 15 matin.	1	9 45 matin		Leipzig et Bamberg	7-9 soir	Goerlitz et Hof.	7 3/4-9 3/4 matin 5 à 8 matin	2	10 matin	
2		Régiment des grenadiers, n° 7, 1er bataillon.	Liegnitz	VIII		1	6 15 matin.	1	12 15 midi		Goerlitz et Bamberg	11 1/2-3 1/2 (jour). 5-6 soir	Hof.	8-10 1/2	5		
3		Régiment de dragons, n° 4, 1er escadron.	Liegnitz			1	8 55 matin.	1	2 55 soir.		Goerlitz et Hof.	1 1/2-3 1/4 10-1	Leipzig	12-2	7	30	

Sont chargés des fonctions de commandants d'étapes : M. V... major à Glogau ; M. X... major à Leipzig ; M. Y... capitaine à Hof ; M. Z... major à Liegnitz, etc...
(Cette Note doit, éventuellement, être remplie ultérieurement dans le cas où, lors de l'établissement du présent règlement, la Commission d'étapes n'aurait pas eu lieu.)

La commission de lignes,
Signé : X...   Signé : Y...
Capitaine.   Ingénieur.

Les tableaux et règlements de marche indiquent :

a. Le lieu de la mobilisation ;

b. Le jour de l'entrée en campagne ;

c. L'importance du transport de chaque troupe ;

d. Le jour de l'embarquement ;

e. Le lieu et le jour du débarquement.

Les règlements entrent dans les plus petits détails, jusqu'à la couleur de l'encre qui varie si le transport à faire doit emprunter plusieurs lignes.

Permanence des mesures prises pour les trains militaires. — Ce n'est pas au moment où des transports militaires doivent être exécutés que les administrations de chemin de fer peuvent étudier les mesures nécessaires. Toutes ces mesures doivent être prises à l'avance et d'une manière permanente.

Le règlement autrichien comprend à cet égard les prescriptions les plus précises ; nous indiquons les principales :

ÉTABLISSEMENT DE MARCHES. — Les administrations de tous les chemins de fer exploités au moyen de locomotives sont tenues de faire figurer, soit dans leurs livrets de marche des trains ordinaires, soit dans un supplément, un certain nombre de trains militaires. Ce nombre devra, dans chaque direction et pour chaque ligne, être en rapport avec les besoins de l'autorité militaire dans les temps ordinaires.

ENTENTE AVEC L'ÉTAT-MAJOR GÉNÉRAL. — Les heures de départ, la durée du trajet, les arrêts des trains militaires devront être établis d'accord avec l'état-major général, chargé d'arrêter pour ces trains les conditions qui se prêtent le mieux aux exigences militaires.

COMMUNICATION NORMALE DES MARCHES AUX AUTORITÉS MILITAIRES. — Toutes les fois que des modifications importantes seront apportées à la marche de leurs trains, les administrations de chemins de fer devront adresser, en temps utile, deux exemplaires de leur livret :

Au ministre de la guerre,

A l'état-major général,

Aux commandants de corps d'armée,

Aux commandants militaires dans la circonscription desquels se trouvent les chemins respectifs.

PRÉPARATION DE MARCHES DE TRAINS EN VUE DES TEMPS DE GUERRE. — Les administrations de chemins de fer devront en outre, sur les données fournies par l'état-major général et d'accord avec lui, élaborer, comme mesures préparatoires, des marches complètes de trains militaires, de manière à pouvoir faire face à toutes les exigences qui pourraient se produire à l'improviste.

Calculées sur le maximum des moyens d'exploitation de chaque chemin, ces marches contiendront le plus grand nombre possible de trains militaires et de trains de retour sur toute la longueur de la ligne principale et des chemins auxquels elle se raccorde. Elles seront établies dans trois hypothèses :

Suppression complète de l'exploitation ordinaire ;

Maintien des seuls trains-poste ;

Suppression d'une partie seulement des trains de marchandises.

Enfin, les administrations de chemins de fer auront à pourvoir à tous les travaux préparatoires de nature à permettre, le cas échéant, *la transformation immédiate et sans inconvénients de l'exploitation ordinaire en exploitation militaire.*

Travaux à faire en vue du prompt chargement des troupes. — Dans toutes les stations principales et aux bifurcations, il devra y avoir des rampes solidement établies de 40 à 50 toises de longueur, d'accès facile et permettant de charger simultanément plusieurs wagons de front et sur les côtés.

Les administrations de chemins de fer seront tenues de faire établir, dans le plus bref délai possible, à première réquisition des autorités militaires, et sans pouvoir de ce chef réclamer aucune indemnité, des appareils provisoires de chargement, dans toutes les stations dépourvues d'appareils fixes de cette nature.

Distinction à faire entre les gares et les localités assignées comme gîtes. — Les règlements allemands prévoient une mesure d'une extrême importance : les troupes ne séjournent pas dans les villes qui contiennent soit les gares d'arrivée, soit les gares de départ. Elles ne doivent arriver en gare que pour s'embarquer, et aussitôt débarquées elles se remettent en route.

Jamais, en un mot, *une tête d'étape ne doit être un gîte de séjour*.

Les magasins de l'intendance doivent également être placés dans les petites stations, et non point dans les grandes gares dont l'encombrement, en empêchant toute régularité dans le service des trains, exerce la plus fâcheuse influence sur l'ensemble des mouvements militaires.

§ 3. — Commandements d'étapes.

Caractère général de l'institution. — Nous n'hésitons pas à regarder l'institution des commandements ou des commissions d'étapes comme une des plus importantes parties de l'organisation des transports militaires. Cette institution existe pour l'Allemagne et pour l'Austro-Hongrie dans des termes à peu près identiques.

Les commandants d'étapes sont des chefs de gare militaires, c'est-à-dire des fonctionnaires militaires au courant du service des gares, ayant qualité pour commander aux troupes de passage et pour veiller à ce que les règlements militaires, aussi bien que les règlements du chemin de fer, soient également respectés.

Le paragraphe 51 du règlement prussien subordonne le commandant d'étapes à l'officier d'état-major faisant partie de la commission de lignes ; mais en même temps il établit que les commandants d'étapes ont la faculté de donner aux officiers même d'un rang élevé, qui commandent des troupes, des ordres relatifs à la conduite de ces troupes avant et pendant l'embarquement.

En France, nous n'avons que trop souffert, pendant la dernière guerre, de l'absence de toute autorité militaire dans les gares, et nous savions les services rendus par les commandements d'étapes. Nous en avions demandé la création au gouvernement de Bordeaux, et, malgré la disette d'officiers, il allait donner suite à notre proposition lorsque parvint la nouvelle de l'armistice du 26 janvier 1871.

Analyse du règlement autrichien. — Nous reproduisons presque *in-extenso* une partie du règlement autrichien sur les commissions d'étapes. Les détails relatifs à cette institution ne sauraient être trop vulgarisés en France.

Désignation des localités à pourvoir de commissions d'étapes. — Les commissions d'étapes sont établies aux stations de chargement, de déchargement, de distribution des vivres et de repos, ainsi qu'aux stations de raccordement. Elles assurent l'exécution des mesures de détail, la régularité des transports ; elles veillent à la distribution convenable des vivres et des logements, ainsi qu'aux soins à donner aux malades.

On doit assurer les distributions de vivres pour chaque période d'environ huit heures, les logements pour chaque période de vingt-quatre à quarante-huit heures.

La création des commissions d'étapes a lieu par arrêtés du ministre de la guerre ou du commandant en chef.

Composition des commissions. — Une commission d'étapes comprend :

Un capitaine ou un officier subalterne, faisant fonctions de commandant ;

Un officier subalterne chargé de suppléer le commandant et de veiller aux détails du service ;

Un agent des chemins de fer, auquel sera adjoint un suppléant.

Lorsqu'il y aura à faire des distributions de vivres ou de logements dans une large proportion, il pourra être adjoint au commandant, plusieurs suppléants, un fonctionnaire de l'intendance et un officier d'ordinaire.

Si une halte pour les malades est établie dans une station d'étape, elle est également placée sous les ordres du commandant, auquel sera adjoint le personnel médical nécessaire.

Dans les gares très-importantes, et notamment à l'étranger, le commandant d'étapes pourra être choisi dans le corps de l'état-major.

Les officiers d'étapes sont choisis parmi les officiers en retraite, dans la réserve, dans la landwehr, enfin à défaut dans la ligne.

Connaissances exigées des officiers. — Tout officier d'étapes doit connaître :

a. Pour les questions relatives aux chemins de fer, les instructions sur les transports militaires, le règlement d'exploitation et les instructions réglant le service des gares.

b. Pour les questions de vivres, logements, comptabilité, etc., etc., les instructions publiées par les autorités compétentes.

Les officiers faisant partie d'une commission d'étapes devront être *bien versés dans la langue du pays*.

Attributions et obligations. — Dans une gare de départ, la commission doit surveiller :

L'embarquement, le chargement et le départ ;

Le conditionnement du matériel roulant, qui doit être pourvu de tous les accessoires prévus par le règlement ;

L'utilisation complète du matériel ;

L'état et le nombre des appareils de chargement ;

L'éclairage et l'accès des rampes de chargement.

Dans une gare d'arrivée, la commission veille à ce que le déchargement soit fait rapidement et à ce que le matériel vide soit immédiatement renvoyé à son point de départ, conformément aux instructions relatives au va-et-vient des trains.

Les dispositions doivent être prises pour que le matériel soit préparé de manière à n'opposer aucun obstacle à l'entrée en gare et au déchargement des trains attendus.

Dans les gares de jonction, la commission assure au mieux la réunion ou la division des trains.

Aux gares de distribution de vivres ou de rafraîchissements, la commission doit assurer pour l'affectation aux repas des emplacements couverts et convenables ; elle veille à l'installation des cuisines et à celle des latrines ; elle fait préparer d'avance des approvisionnements d'eau, des gobelets et des seaux.

A toutes les stations d'étapes, le commandant ou son suppléant doit se trouver présent à l'arrivée et au départ des trains.

Mesures spéciales à l'alimentation des troupes. — Vis-à-vis des troupes, les obligations des commandants d'étapes sont également très-étroites. S'ils ont à veiller au respect dû aux règlements militaires, ils doivent par contre ne rien négliger de ce qui peut assurer le bien-être du soldat : la qualité, la préparation, la distribution des vivres, sont l'objet de recommandations minutieuses.

Nous trouvons notamment dans le règlement prussien, aux pièces annexes pour les commissaires de vivres adjoints aux commandants d'étapes, une instruction qui doit être citée comme un modèle de prévision. Cette instruction indique :

Les quantités de vivres à emporter au départ ;

Les quantités et la nature des *aliments chauds* à donner aux hommes une fois par jour : viandes, légumes et sel, café, sucre et lait ;

La manière de préparer ces aliments ;

Les lieux où ces aliments doivent être demandés à l'avance : magasins de l'État ou dépôts particuliers, créés par des fournisseurs spéciaux.

Tout cela forme l'objet de prescriptions minutieuses et dont l'exécution a sur le bien-être du soldat les plus heureuses conséquences.

Les soins à donner aux malades sont également l'objet de règles nombreuses et précises, et il n'y a pour ainsi dire point d'article qui ne doive être cité et reproduit dans les règlements que la France, nous l'espérons bien, saura à son tour faire d'abord et appliquer ensuite.

Protection militaire des gares. — Les commandants d'étapes ont enfin à remplir une mission qui, en cas de guerre sur le territoire, a une importance extraordinaire. C'est la sécurité militaire de la gare. Ils ont, à cet effet, qualité pour requérir des troupes de secours.

Questions diverses. — Nous ne suivrons pas les règlements allemands dans leurs prescriptions relatives à l'installation des commissions d'étapes, au nombre de soldats qui leur sont attribués pour secrétaires ou pour ordonnances, à l'habillement, aux relations que les commandants doivent avoir avec les autorités militaires et civiles, avec les troupes de passage, avec les commandants voisins, à l'usage du télégraphe, à la solde, etc. Tout semble prévu et muni d'instructions aussi complètes. Un commandant d'étapes est en mesure de rendre à son pays les meilleurs services.

En temps de paix, les officiers désignés par le ministre de la guerre pour remplir les fonctions de commandants d'étapes sont appelés dans les gares, et y restent un certain nombre de jours pour étudier les détails du service des chemins de fer et les divers règlements civils et militaires dont ils auront à surveiller l'application.

Mesures au sujet des soldats isolés. — Les règlements allemands parlent peu des soldats isolés; ils semblent ne pas connaître cette plaie des corps français. Dans la troisième partie de ce travail, nous verrons comment les régiments français ne partaient qu'avec la moitié de leur effectif et comment ils devaient être rejoints par des soldats voyageant isolément. Ces isolés encombraient nos gares, n'obéissaient à personne, et ils constituaient une masse flottante que rien ne pouvait discipliner.

Si, dans chaque gare importante, il y avait eu un commandant d'étapes vigoureux, ce représentant de l'autorité militaire eût promptement ramené ces hommes isolés; il eût donné à chacun une destination prompte et définitive, et les chemins de fer eussent été débarrassés d'un élément de désordre, dont quelques gares du centre de la France, comme Moulins, Saincaize, Lyon, ont eu à souffrir pendant toute la durée de la guerre.

Sur les chemins de fer allemands, les commandants d'étapes veillent au rapatriement des isolés. Sur les routes ordinaires les isolés trouvent également dans des localités désignées à l'avance (Ordonnanzhaus) les renseignements ou les ordres dont ils peuvent avoir besoin.

Recrutement en France des commandants d'étapes. — Il serait facile de constituer en France des commandements d'étapes. On trouverait dans les cadres des officiers de réserve, des officiers en retraite, dans les fonctionnaires du service du contrôle des chemins de fer, presque tous aujourd'hui anciens militaires, dans les officiers de recrutement, dans les officiers d'administration, tous les éléments propres à la constitution, dans chaque gare importante, d'un commandement ou d'une *commandature*, un mot que nos concitoyens des départements de l'Est n'ont que trop appris.

Ce commandement, en temps de paix, fonctionnerait parfaitement aux époques du tirage au sort, de l'appel des réserves, des changements de garnison, et les soldats s'habitueraient à observer dans les gares une discipline qu'ils y ont trop souvent oubliée.

Nous trouvons dans la *Revue militaire de l'étranger*, numéro du 5 mai 1872, relativement au personnel des commandants d'étapes, un passage que nous ne pouvons que reproduire, parce qu'il nous paraît résumer parfaitement toutes les conditions du problème du recrutement. Voici ce passage :

« La question du personnel est de la plus grande importance; le choix des individus, chefs et subalternes, réclame un soin très-attentif, si on veut obtenir des résultats sûrs et sérieux. Un personnel impropre et défectueux sera plus nuisible qu'utile à l'armée. Il faut des officiers et des fonctionnaires qui aient fait preuve d'intelligence, de connaissance des langues, d'aptitudes spéciales, ou qui offrent toutes les garanties à cet égard. Il faut des gens actifs, énergiques, instruits et solides, pouvant suffire à une responsabilité et à un travail énormes, susceptibles d'imposer et de représenter, surtout en pays ennemi, et non pas des hommes plus ou moins vieux, incapables ou impotents, n'ayant ni les forces physiques, ni les qualités morales et intellectuelles pour assurer un service pénible et maîtriser des circonstances difficiles et souvent anormales. Des nominations préalables peuvent seules permettre de répondre à ces exigences. Les ressources sont insuffisantes, quand la campagne est entamée. »

§ 4. — Analyse des règlements spéciaux relatifs au transport des troupes.

Règlement prussien. — Le règlement prussien intitulé *Instructions concernant le transport des troupes et du matériel de guerre par chemins de fer*, porte la date du 1er mai 1861 et la signature du ministre de la guerre et de la marine, von Roon. Il est divisé en six chapitres.

Après les *observations générales*, le chapitre Ier traite de l'emploi du matériel. Il indique la nature de wagons propres à chaque genre de transport, les aménagements à faire à ces véhicules, les accessoires dont ils doivent être munis, et il fournit des bases pour calculer le nombre de wagons nécessaires au transport d'un effectif donné de troupes. — Le chapitre II décrit les installations que doivent contenir les gares pour l'embarquement des chevaux et du matériel, telles que quais, rampes, etc., et donne les règles relatives à la composition des trains. Le chapitre III traite de l'organisation d'un transport de troupes, de la détermination de l'ordre de marche et de l'alimentation des hommes et des chevaux pendant le voyage. — Le chapitre IV décrit l'arrivée de la troupe à la gare de départ, l'embarquement des chevaux et celui du matériel de guerre. — Le chapitre V renferme les règles concernant l'embarquement des hommes et le trajet proprement dit, en particulier les haltes. Enfin, le chapitre VI s'occupe du débarquement.

Deux *annexes* terminent ce règlement. La première contient des prescriptions particulières pour le chargement et le transport de l'artillerie et du matériel de *siége*. Ces règles, tout à fait spéciales, concernent presque exclusivement les militaires et n'offrent pas grand intérêt. Nous ne nous en occuperons pas. La deuxième *annexe* traite de l'utilisation des chemins de fer pour le transport des *malades* et des *blessés* et fera l'objet d'une étude particulière.

On voit que, contrairement à ce qui existe en France, le règlement est unique et renferme les prescriptions relatives au transport des troupes des trois armes. C'est là, d'ailleurs, sa principale différence avec le règlement français. Une simple lecture permet en effet de constater que ses prescriptions présentent, à part quelques exceptions peu importantes, de très-grandes ressemblances avec celles de notre règlement. Les *instructions prussiennes* ont certainement été inspirées par le règlement français, et on peut même dire qu'elles ne sont qu'une adaptation de ce dernier aux usages allemands. La nécessité de l'accord à établir entre les autorités militaires et les autorités du chemin de fer est plus fréquemment indiquée dans le règlement allemand que dans le nôtre.

OBSERVATIONS GÉNÉRALES — Dans l'exécution des transports militaires par chemins de fer, la troupe et les agents de chemins de fer doivent se prêter aide et assistance ; mais chacun ne reçoit d'ordre que de ses chefs respectifs, qui se mettent en rapport entre eux.

Les transports importants et ceux qui s'effectuent en temps de guerre sont réglés conformément à l'*organisation* spéciale que nous avons fait connaître : commission centrale, commissions de lignes, etc., etc. Pour les petits transports, l'autorité militaire prévient directement les administrations de chemins de fer en temps utile pour que celles-ci puissent réunir le matériel nécessaire.

Les compagnies de chemins de fer sont tenues de passer gratuitement toutes les dépêches du gouvernement.

Les commissions créées par l'*organisation* étant des autorités simplement exécutives et nullement disciplinaires, les plaintes doivent être adressées aux autorités compétentes par voie d'instance ordinaire.

DÉNOMINATION ET EMPLOI DU MATÉRIEL. — Les officiers voyagent en première et deuxième classes. Les soldats en troisième ou en quatrième classe, ou dans des wagons à marchandises fermés ; — les chevaux, dans des wagons à marchandises fermés, ou dans des wagons à bestiaux, ou dans des wagons à marchandises non fermés, avec parois latérales élevées ; — les bouches à feu et équipages militaires de toute espèce dans des wagons à marchandises non fermés et dans des wagons plates-formes.

AMÉNAGEMENT DES WAGONS POUR LA TROUPE. — Les voitures de première, deuxième et troisième classes ne subissent aucun changement ; mais les voitures de quatrième classe et les wagons à marchandises doivent être pourvus de bancs en planches rabotées, munis de dossiers, mobiles si cela est nécessaire pour faciliter l'embarquement. La construction de ces bancs est minutieusement décrite dans le règlement, avec planches à l'appui. Les portes des wagons doivent être munies de barres, afin qu'on puisse les laisser ouvertes. Dans les gares, il faut des marchepieds ou escabeaux pour permettre aux hommes de monter et de descendre de wagon ; pour cela les planches des bancs peuvent être avantageusement utilisées en les garnissant de lattes sur leur surface inférieure. Tous les wagons affectés au transport des hommes doivent être pourvus de lanternes bien closes. S'il fait froid, l'autorité militaire fournit de la paille pour garnir les wagons et voitures à voyageurs.

Aménagement des wagons pour les chevaux. — Les wagons destinés au transport des chevaux doivent satisfaire à certaines conditions, telles qu'épaisseur du plancher, dimensions intérieures, hauteur des portes, et, pour les wagons découverts, la hauteur des parois latérales. — Il faut avoir soin de placer quelques-uns de ces derniers wagons dans tous les trains, pour transporter les chevaux d'une taille exceptionnelle et ceux qui refuseraient d'entrer dans les wagons couverts.

Dans les wagons à bestiaux et dans les wagons découverts, les chevaux sont placés en travers et attachés à des anneaux. Dans les wagons à marchandises fermés, ils sont ordinairement placés en long et attachés à des barres que l'on fixe des deux côtés des portes. Il y a aussi des barres de fermeture aux portes, comme pour la troupe. Si le trajet est long, on donne aux palefreniers des sièges qui sont dans les wagons découverts, des strapontins semblables aux nôtres, et, dans les wagons fermés, des tabourets. L'administration du chemin de fer fournit des chevalets pour supporter les selles ; on peut les remplacer par des bottillons cylindriques en paille. Dans les stations, l'administration du chemin de fer a soin de faire préparer des seaux pour abreuver les chevaux.

Wagons pour le matériel de guerre. — Les wagons employés pour le transport des véhicules militaires doivent avoir une épaisseur de planchers déterminée.

En principe, tous les aménagements du matériel et les accessoires nécessaires à l'embarquement sont exécutés par les soins de l'administration du chemin de fer.

Capacité des véhicules pour les hommes, les chevaux et le matériel. — Les hommes occupent en largeur dix-huit pouces ou vingt et un pouces, selon qu'ils ne sont pas ou qu'ils sont équipés. On peut donc placer cinq hommes sur une banquette transversale dans le premier cas, et quatre dans le second.

Dans les wagons à chevaux, on place un palefrenier pour deux ou trois chevaux. Un artilleur est embarqué sur chaque wagon chargé de caissons d'artillerie.

Le nombre de chevaux que peuvent contenir les wagons découverts varie avec les dimensions des véhicules, la grosseur des chevaux, et selon que le voyage se fait avec ou sans selles. Dans les wagons couverts, on met en général trois chevaux en long, de chaque côté des portes.

On charge dans les fourgons, ou dans des wagons spéciaux, les selles des chevaux des wagons découverts.

Le règlement indique en détail le nombre de véhicules que l'on peut placer sur les wagons suivant leur grandeur. Ces nombres sont très-différents, en raison des grandes variations que présentent les dimensions des véhicules à deux, trois ou quatre essieux. Les plus petites plates-formes peuvent porter une voiture d'artillerie complète à quatre roues; les plus grandes, trois voitures semblables.

Nombre des essieux. — Trains spéciaux. — (Les Allemands ne comptent pas par *véhicules*, mais par *essieux*.) De ce qui précède il résulte qu'un essieu peut porter environ seize hommes équipés, ou trois ou quatre chevaux avec un ou deux palefreniers, ou 1/2 à 2/3 de véhicule militaire.

Un train spécial doit contenir au moins soixante essieux et pas plus de cent. — Il peut donc porter un bataillon de mille hommes, ou un escadron de cent cinquante chevaux, ou 3/4 de batterie d'artillerie, ou 3/4 d'une colonne de munitions ou autres approvisionnements.

Préparatifs pour l'embarquement. — Chevaux et matériel. —

Les chevaux sont embarqués au moyen des rampes ou des quais, reliés au plancher des wagons avec des passerelles.

La manière la plus commode de charger le matériel consiste à l'embarquer au moyen d'une rampe par la tête du wagon. Si les rebords des petits côtés peuvent s'abaisser, on raccorde plusieurs wagons avec des madriers de manière à former un plancher continu. Les rampes d'accès peuvent être construites avec des rails et des traverses, ou avec les matériaux, — planches et poutrelles — portés sur les haquets.

Les haquets d'équipages de pont présentant une grande longueur, on sépare, si le matériel de chemin de fer n'est pas de dimensions suffisantes, les wagons par des flèches comme pour le chargement des grands bois, ou on intercale des wagons vides entre les wagons chargés.

Tous les véhicules destinés au transport des hommes et des chevaux doivent être munis d'une étiquette extérieure apparente et indiquant le nombre d'hommes ou de chevaux qu'ils peuvent contenir.

Composition des trains. — La disposition des gares, le nombre de wagons à frein nécessaires pouvant exiger telle ou telle composition, les règles données à ce sujet ne sont pas absolues, et les administrations des chemins de fer sont autorisées à les modifier suivant les cas.

Afin d'éviter les manœuvres dans les gares de rebroussement, on aura soin de placer les wagons chargés de munitions, de manière qu'ils soient toujours précédés et suivis de quatre autres wagons au moins.

L'ordre des véhicules, à partir de la machine, doit être en général le suivant :

1° Fourgons à bagages ;
2° Voitures pour les officiers et les hommes ;
3° Wagons de selles et harnachements ;
4° Wagons à chevaux ;
5° Wagons chargés de matériel (canons, caissons, etc.);

6° Quatre wagons non chargés de munitions.

Lorsqu'un même train transportera deux détachements distincts, on fera en sorte que chacun d'eux occupe une moitié du train.

ORGANISATION DES TRANSPORTS. — ORDRE DE MARCHE. — Tous les détails concernant l'exécution du transport d'un détachement de troupes sont réglés entre le commandant du détachement ou un officier délégué et un agent du chemin de fer. Ils rédigent un ordre de service d'embarquement et de marche dont l'observation est obligatoire pour les deux parties. On en extrait, pour le communiquer aux troupes, un ordre de marche rappelant les prescriptions du présent règlement.

Pour les transports importants de troupes, ces questions sont étudiées par les commissions de lignes, qui établissent les *Fahrt-Dispositionnen*.

EMBARQUEMENT. — ARRIVÉE DES TROUPES A LA GARE. — Le temps nécessaire à l'embarquement varie suivant l'importance des transports et suivant les dispositions de la gare. Les heures d'arrivée à la gare avant le départ sont ainsi fixées: une heure pour l'infanterie, — deux pour ses bagages, pour la cavalerie et l'artillerie, — trois pour les colonnes et trains d'équipages militaires.

DISPOSITIONS A PRENDRE DANS LES GARES. — A leur arrivée à la gare, les détachements sont formés le plus près possible du quai, et les voitures amenées dans l'ordre d'embarquement à côté des rampes. L'infanterie forme les faisceaux et dépose les sacs ; les troupes à cheval mettent pied à terre. La garde place des factionnaires et les ouvriers militaires sont mis à la disposition de la gare pour : 1° Amener les wagons à quai et en former le train après chargement : 2° charger les bagages et les voitures militaires ; 3° aider les troupes à cheval à desseller les chevaux, à charger les selles et à embarquer les chevaux.

Le commandant ou un officier délégué visite le train et vérifie les aménagements que les wagons ont dû recevoir.

GARDE. — Il est formé avec un sous-officier, un clairon ou

trompette et quelques hommes, une garde qui prend place au train dans une voiture voisine de celle du commandant, et qui a pour mission de maintenir l'ordre et de fournir des factionnaires au départ et aux arrêts.

Chargement du matériel de guerre. — Dans le chargement des véhicules militaires, les principales précautions à prendre sont les suivantes :

1° Les caissons et bouches à feu sont séparés de leurs avant-trains pour être chargés. On a soin de ne laisser aucun objet inflammable, tel que sacs de foin, couche de paille, etc., sur les wagons chargés de véhicules portant des munitions, à moins que ceux-ci ne soient garantis par des bâches incombustibles.

2° La charge est convenablement répartie sur la surface de chaque plate-forme.

3° Les timons et les roues de rechange sont démontés, s'ils dépassent les tampons.

4° Les roues des véhicules sont calées et biellées, ainsi que les timons et les roues de rechange démontés.

5° Afin de diminuer le nombre des wagons chargés de munitions, et pour lesquels il faut prendre des précautions particulières, on réunit sur le même wagon les avant-trains de plusieurs pièces.

6° Aussitôt le chargement d'un wagon terminé, un officier désigné à cet effet le vérifie et fait ensuite son rapport au commandant.

Embarquement des chevaux et des selles. — Tout ce qui concerne l'embarquement des chevaux et le chargement des selles est décrit dans le règlement avec des détails fort minutieux ; nous nous bornerons à indiquer les règles principales, qui sont les suivantes :

Les chevaux sont placés dans les wagons, ainsi que nous l'avons dit à propos de l'emploi du matériel. Pour les faire entrer dans les wagons, on se sert de rampes convenablement disposées, selon le mode d'embarquement, par le bout ou par le côté du wagon. Dans les wagons fermés, il est préférable pour la santé des chevaux de les placer en long[1].

Si le trajet ne dépasse pas six heures, il vaut mieux laisser les chevaux sellés. On pourrait encore, avec avantage, les laisser sellés pour de plus longs trajets, en n'enlevant que les portemanteaux que les cavaliers conserveraient avec eux. Si on les desselle, les selles se placent dans l'espace libre entre les portes des wagons, lorsque les chevaux sont embarqués dans des wagons fermés, et, dans des fourgons spéciaux, lorsque les chevaux voyagent dans des wagons découverts. Dans ce cas, un sous-officier aidé de quatre hommes effectue ce chargement. On met cinq ou six selles les unes sur les autres. Les lances de uhlans se placent dans l'intervalle des rangées de selles.

EMBARQUEMENT DES HOMMES. — Les hommes ne s'embarquent qu'après complet achèvement du chargement des bagages, des chevaux et des voitures. A ce sujet, les troupes de toutes armes se conforment aux règles de l'infanterie, qui sont les suivantes :

Le commandant donne ses instructions aux capitaines, qui les transmettent aux troupes pour éviter tout retard et tout désordre. Les hommes, tenant les armes et les sacs à la main, se forment sur deux rangs. Puis la troupe est divisée, sans distinction de compagnie, en pelotons et en sections correspondant aux wagons et aux compartiments qu'elle doit occuper. Chaque section, commandée par un sous-officier ou un caporal, se rend devant son compartiment, se forme sur un rang, retourne les baïonnettes, et remplace sa coiffure par la casquette. Les tambours, clairons et musiciens portent leurs instruments dans un fourgon ; ils sont ensuite sectionnés et conduits, avec les hommes de garde et ceux mis aux arrêts, au wagon qu'ils doivent occuper.

Un clairon ou un trompette ayant sonné l'*appel*, les hommes

[1] Cette question de savoir s'il convient de placer les chevaux parallèlement à la voie ou transversalement est fort controversée.

montent en voiture, placent les sacs sous les banquettes et s'asseoient en tenant leurs armes entre leurs jambes, la crosse du fusil ou le fourreau du sabre posé sur le plancher. Les casques se tiennent à la main. Le ceinturon peut être débouclé, mais non enlevé.

Après qu'un officier s'est assuré que les compartiments sont complets, les portières sont fermées par les employés du chemin de fer. Les wagons sont numérotés à la craie sur les marchepieds et les numéros sont indiqués aux hommes qu'ils renferment.

Le commandant passe l'inspection du train.

Trajet. — Haltes. — Pendant le trajet, il est interdit aux hommes de quitter leurs places, de passer la tête ou les bras hors des portières, de faire du bruit et de sortir des wagons aux stations avant le signal. La permission de fumer peut être accordée, si le wagon ne contient que des militaires, et s'il n'a pas été garni de paille.

Les palefreniers embarqués avec les chevaux les font manger pendant le trajet. On convient, en cas d'accident, d'un signal que devront faire les palefreniers et les hommes embarqués sur les wagons chargés de véhicules militaires.

Un arrêt de quinze minutes a lieu toutes les deux à trois heures. Si le trajet est long, après huit à neuf heures de route il faut un arrêt de une à deux heures pour l'alimentation des hommes, l'abreuvage des chevaux et l'inspection du train. Aux stations, le clairon donne le signal de descendre de voiture sur l'ordre d'un officier, et, lorsque la garde a placé des factionnaires partout où cela est nécessaire, notamment dans l'entrevoie, les hommes descendent alors du côté du quai, laissant les sacs et les armes dans les voitures. Les gardes d'écurie descendent par dessus la paroi des wagons du côté de la tête des chevaux. Si ce côté est celui de l'entrevoie, ils reviennent immédiatement sur le quai; mais il doit toujours rester au moins un palefrenier par deux wagons de chevaux.

On vérifie aux haltes le chargement des trucks.

L'ordre de remonter en voiture est donné cinq minutes avant le départ.

Dans les gares où s'arrêtent les trains, l'administration des chemins de fer doit faire préparer de l'eau fraiche et des verres.

On profite des haltes pour relever les gardes d'écurie et les hommes embarqués sur les trucks.

A la dernière halte avant l'arrivée, l'ordre est donné de brider les chevaux, de réunir en bottes le fourrage restant, de remettre la tenue en ordre et de préparer les sacs.

DÉBARQUEMENT DES HOMMES, DES CHEVAUX ET DU MATÉRIEL. — Le commandant descend le premier, avec les officiers, reconnait le terrain et donne le signal du débarquement. Les hommes sont réunis par les officiers sur l'emplacement désigné.

Les officiers, les sous-officiers et les hommes qui ont effectué l'embarquement des chevaux, des selles et du matériel, sont chargés de même du débarquement. Cette opération se fait par l'exécution des mouvements inverses de ceux employés pour l'embarquement. Les voitures sont attelées d'abord avec les chevaux de derrière et du milieu, et conduites sur le terrain de formation où les attelages sont complétés.

Autant que possible, le déchargement du matériel s'effectue en même temps que le débarquement des chevaux. On le facilite en replaçant les timons pour faire sortir les véhicules des wagons.

La troupe évacue la gare le plus tôt possible, mais seulement lorsque le déchargement du matériel est entièrement terminé et que le commandant a fait la remise du train à l'administration des chemins de fer.

Règlement austro-hongrois. — On retrouve dans le règlement austro-hongrois une grande partie des prescriptions contenues dans les règlements semblables déjà étudiés. Nous nous contenterons de faire ressortir les différences que ce règlement présente avec le nôtre et avec celui de l'Allemagne du Nord.

Observations générales. — Les transports de troupes se font, suivant leur importance, par les trains de voyageurs (*sauf les express*), mixtes ou de marchandises, ou par les trains militaires prévus dans le service ordinaire des compagnies, ou par des trains spéciaux, lesquels peuvent être intercalés parmi ceux du service public, ou créés après suppression complète de ce service.

Un train spécial pourra être requis, si l'effectif à transporter atteint quatre cents hommes; dans le décompte, un cheval équivaut à quatre hommes, une voiture ou une pièce sur affût à huit hommes, et cinq quintaux de bagages à un homme.

Les trains spéciaux militaires sont tracés à une vitesse de deux et demie à trois lieues à l'heure, y compris les petits arrêts ne dépassant pas cinq minutes. La charge en est limitée par la puissance des machines. Après vingt-quatre à trente-six heures de route, un arrêt suffisant doit être ménagé à une station pour la distribution de vivres chauds (s'il s'agit de transports importants de troupes, un quartier-maître et des cuisiniers sont envoyés en avant pour préparer les repas). Après un trajet de trente-six à quarante-huit heures, on fait débarquer les chevaux pour les laisser reposer pendant douze à vingt-quatre heures ; on renouvelle pendant ce temps les subsistances. Dans le tracé de ces marches, on fait en sorte d'éviter l'obligation de transborder les voitures, canons, etc.

En temps de guerre, si la sécurité de la ligne à parcourir risque d'être troublée, les commandants de troupes prendront les mesures qu'ils jugeront nécessaires pour se garantir contre les attaques de l'ennemi. Ils feront occuper militairement les gares, donneront une escorte d'infanterie aux trains de cavalerie et d'artillerie, feront emporter dans ces derniers trains des rampes mobiles pour débarquer en pleine voie, etc.

Il peut être fait usage du télégraphe de l'État pour donner avis des transports de troupes.

MATÉRIEL A EMPLOYER ET SES ACCESSOIRES. — 1° *Wagons pour les hommes.* On emploie pour les officiers ou assimilés les voitures de première et deuxième classes, et pour les hommes les voitures de troisième ou quatrième classe, ou les wagons dits *militaires,* ou, à défaut, des wagons à marchandises couverts, garnis de bancs à dossiers, de barres d'appuis en travers des portes, de lanternes, etc. Ces accessoires sont fournis sans indemnité par les compagnies de chemins de fer, qui sont tenues d'en avoir toujours en approvisionnement la quantité correspondant au dixième de leur matériel roulant. En cas d'urgence, les compagnies peuvent requérir des militaires pour la fabrication de ces objets. Le nombre d'hommes armés et équipés pouvant prendre place dans les voitures ou wagons est fixé en détail par un tableau contenant ces indications pour le matériel roulant de tout l'empire Austro-Hongrois. Les wagons à marchandises doivent porter une étiquette apparente indiquant ce nombre. Pendant l'hiver, on donne des couvertures aux hommes, à raison de une couverture pour deux hommes ; elles sont fournies par l'État aux compagnies de chemins de fer, qui en distribuent aux troupes au moment du départ.

2° *Wagons pour les chevaux.* On réserve de préférence les wagons-écuries pour les chevaux des officiers. Pour ceux de la troupe, on emploie des wagons à marchandises couverts, où les chevaux sont placés parallèlement aux rails, la tête au milieu du wagon. Un tableau indique le nombre de chevaux à placer dans tous les wagons de chemins de fer autrichiens, en général six chevaux par wagon. Il doit y avoir dans chaque wagon deux barres transversales pour attacher les chevaux et deux autres en travers des portes. — Pendant l'hiver, l'administration militaire fournit trois livres de paille par cheval, pour litière.

3° *Wagons pour le matériel.* On emploie des wagons plates-formes et des wagons découverts à rebords peu élevés. Les cales, cordages, etc., nécessaires pour assujettir le chargement, sont fournis gratuitement par les administrations de chemins de fer. Un tableau semblable aux précédents et accompagné de planches explicatives indique les diverses combinaisons de chargement que peuvent recevoir les wagons plats suivant leurs dimensions.

Aménagements pour le chargement et le déchargement. — Pour l'embarquement et le débarquement des hommes, il faut des quais ou des marchepieds en bois ; pour les chevaux et voitures, des ponts mobiles dans les petites stations, et, dans les grandes, des quais ou ponts fixes de quarante à cinquante toises. Dans les stations où ces installations font défaut, les compagnies sont tenues de faire établir des quais provisoires à leurs frais et dans le plus bref délai, sur toute réquisition. — De plus, elles fourniront de petits ponts pour raccorder le quai avec les wagons ou les wagons entre eux.

Mesures a prendre avant le départ. — Lorsque des mouvements de troupes d'une certaine importance doivent avoir lieu par chemins de fer, deux officiers sont délégués, l'un à la surveillance des transports, l'autre à celle des chargements. Le premier veille à l'expédition des cuisiniers en avant des troupes, s'occupe de la préparation du train, des engins de chargement, détermine la place pour former la troupe aux abords de la gare, fixe tous les détails d'exécution, tels que l'heure d'arrivée à la gare des détachements et des bagages, voitures et chevaux de main qui précèdent, choisit les stations où les hommes prendront leur repas et feront boire les chevaux, etc.; il examine les engins de déchargement à l'arrivée et la place pour former les troupes après le débarquement. — L'officier préposé au chargement inspecte le matériel et son installation, fait numéroter les véhicules à la craie, détermine leur capacité, ordonne et surveille le chargement des chevaux, voitures et bagages précédant le corps, fait connaître à la caisse du chemin de fer l'effectif exact en hommes, chevaux, voitures, etc. Pour les transports peu importants, le commandant du détachement remplit lui-même les fonctions de ces deux officiers.

Composition des trains. — L'ordre dans lequel doivent être

attelés les véhicules des trains d'infanterie, de cavalerie et d'artillerie, se trouve indiqué dans un tableau dont les prescriptions ne diffèrent pas sensiblement de celles des autres règlements sur ce sujet.

Pour la cavalerie, l'artillerie et le train des équipages, le train n'est complétement formé d'avance que lorsqu'on peut le charger dans cette position. Si cela n'est pas possible, les sections du train sont préparées devant les différents quais ou à leurs abords, de manière à pouvoir être facilement raccordées. Quand le train doit traverser des gares à rebroussement, on a soin de placer convenablement les véhicules contenant des substances inflammables laissées à découvert, afin de n'avoir pas de manœuvres à faire dans ces gares. On couvrira, s'il le faut, ces véhicules avec des bâches goudronnées, fournies par les compagnies.

Instruction des militaires. — Les militaires sont instruits dans les écoles régimentaires des mesures d'ordre à observer en route, et, selon les armes, des règles concernant l'embarquement des hommes, des chevaux et des voitures.

Arrivée a la gare et embarquement. — Toutes les règles concernant l'arrivée à la gare, la formation en ligne, le fractionnement, la désignation des chefs de wagon et de compartiment, le poste de police, etc., sont les mêmes que dans les autres règlements. Il en est de même des prescriptions concernant l'embarquement des hommes. Toutefois, il y a quelques différences dans la manière d'embarquer les chevaux et les selles. Lorsque la durée du trajet n'excède pas douze heures, les chevaux restent sellés et tous les hommes voyagent dans les wagons-écuries. Pour les trajets plus longs, le commandant décide sous sa responsabilité s'il y a lieu de desseller les chevaux; mais on ne laisse dans les écuries qu'un homme par deux chevaux, et le reste des cavaliers s'embarque dans des voitures à voyageurs. Dans tous les cas, les chevaux, sauf ceux qui sont vicieux, ne sont dessellés qu'une fois installés dans les wagons ; cependant, si le départ a lieu pendant la nuit, cette opération pourra être faite avant l'embarquement. Les selles, les harnais et une quantité de fourrage suffisante pour deux jours restent dans les wagons contenant les chevaux. Ces objets ne sont chargés dans des fourgons spéciaux que lorsque, *par exception*, les chevaux voyagent dans des wagons découverts. Les gardes d'écurie conservent leurs armes avec eux ; ils font manger les chevaux à la main pendant le trajet.

Les règles concernant le chargement des voitures et la manière de les assujettir solidement sur les trucks sont à peu près les mêmes que dans les règlements français et prussien. Afin d'utiliser aussi bien que possible la capacité du matériel de chemin de fer, on recommande de démonter les voitures vides avant l'arrivée à la gare, et d'en charger les pièces sur les autres voitures, qui sont placées avec ce chargement sur les wagons plats. Cependant, cet expédient ne doit être employé que si l'on pense pouvoir disposer, à l'arrivée, du temps nécessaire au remontage de ces voitures. Pour le même motif on doit mettre, autant que possible, les bagages dans les voitures militaires voyageant avec le corps.

ARRÊTS ET DÉBARQUEMENT. — Les agents de chemin de fer ont le droit de réduire les arrêts du tiers de leur valeur, si les besoins du service l'exigent.

Aux stations où l'arrêt ne dépasse pas cinq minutes, personne ne descend. Si l'arrêt est de cinq à dix minutes, les chefs de wagon pourront accorder la permission de descendre à quelques hommes seulement. Aux grandes haltes, les officiers descendent ; l'officier d'inspection place des factionnaires avec la garde, et on donne le signal à l'aide d'une batterie ou d'une sonnerie qui diffère suivant qu'il s'agit d'une station de repos ou d'une station d'étape (distribution de vivres). A ces dernières, on relève les factionnaires et les gardes d'écurie, afin qu'ils puissent prendre leur repas. S'il y a dans le train des hommes embarqués dans des wagons-écuries et d'autres dans des voitures à voyageurs, on leur fait faire une permutation vers le milieu du trajet.

A la dernière station avant d'arriver, on prévient les hommes de remettre leur tenue en ordre, de brider leur chevaux et de remettre les selles si on les avait enlevées. A cet effet, les hommes des voitures à voyageurs montent, si cela est possible, dans les wagons de chevaux pendant la dernière partie du trajet, pour aider leurs camarades. Le harnachement peut ne se faire qu'après le débarquement lorsque le train arrive à destination pendant la nuit, ou lorsqu'il y a des chevaux vicieux.

Lorsque le débarquement a lieu de nuit, le commandant décide si le matériel doit être déchargé de suite ou s'il y a lieu d'attendre le jour. Si le commandant juge à propos de faire partir immédiatement la troupe, on laisse à la gare les hommes nécessaires pour le déchargement des bagages, et, lorsqu'il s'agit d'infanterie et de cavalerie, pour le débarquement des voitures.

ALIMENTATION DES TROUPES PENDANT LE VOYAGE. — Les hommes emportent le pain pour toute la durée de la route, et du fourrage pour quatre jours au plus. En temps ordinaire, on leur fournit un repas chaud après un trajet de vingt-quatre à trente-six heures. Si, par suite de mouvements importants de troupes, des commandants d'étapes ont été installés dans les gares, des repas sont distribués non-seulement aux stations d'étape principales, mais encore aux stations d'étape intermédiaires, et alors on ménage dans ce but des arrêts de une heure à deux heures, le matin et le soir. Ces repas sont préparés, soit par des cuisiniers envoyés à l'avance, soit par les communes, soit par des entrepreneurs. Si en cas d'urgence, ou pour tout autre motif, il est impossible de fournir aux hommes ces repas réglementaires, l'autorité militaire leur fait distribuer de la viande cuite avant le départ ; on fait préparer aux stations des comestibles que les hommes achètent avec l'argent qu'on leur donne à cet effet.

Des locaux couverts sont installés dans les stations où les troupes s'arrêtent pour prendre leurs repas. On a soin, pour éviter les pertes de temps, de préparer les portions avant l'arrivée des trains, ainsi que l'eau pour abreuver les chevaux. Les compagnies doivent fournir des seaux à raison de un seau pour deux chevaux.

Règlement belge. — L'administration des chemins de fer de l'État belge a publié, à la date du 6 décembre 1869, un règlement pour le transport des troupes par chemin de fer. Ce travail présente les plus grandes analogies avec le règlement français de 1855 et avec le règlement prussien de 1861. — Une nouvelle analyse ne nous conduirait qu'à des redites.

La question du déchargement des trains en pleine voie est cependant traitée avec plus de détails dans le règlement belge que dans ceux des autres États, et des précautions minutieuses sont indiquées à ce sujet. Ainsi, tout train militaire doit emmener avec lui, non-seulement les engins nécessaires à un déchargement en pleine voie, mais une brigade de quatre hommes et un contre-maître chargés de la manœuvre de ces engins, manœuvre dans laquelle ils doivent être aidés par les militaires transportés dans le train.

Résumé général de la deuxième partie. — Après avoir étudié une pareille organisation, on ne peut se défendre d'un certain sentiment d'admiration. Il semble que tout ce que la prudence humaine peut prévoir a été prévu.

Le grand principe de Descartes, *Faire partout des dénombrements si entiers et des revues si générales que je fusse assuré de ne rien omettre*, n'a jamais reçu une plus large et plus complète application. Nous avions oublié cette règle fondamentale de la *Méthode*, nos ennemis l'ont longuement méditée.

Pendant la paix, chaque chemin de fer est étudié, examiné au point de vue des services qu'il peut rendre. Le grand état-major général imprime à ces études une direction unique. Des officiers d'état-major assistés, *doublés*, si nous pouvons nous servir de ce mot, d'un agent de chemins de fer, sont exercés à dresser dans le plus court délai des tableaux de mobilisation des troupes et des marches de trains.

La guerre commencée, chacun se trouve à son poste avec des attributions, *des obligations*, dit le règlement allemand, parfaitement définies : chacun sait ce qu'il a à faire et le fait.

Une commission exécutive ou une direction des transports de campagne suit le commandant en chef au quartier général ; des commissions de lignes sont chargées de la répartition du travail à exécuter par les chemins de fer ; enfin, aux points importants, des commandants d'étapes, véritables chefs de gare militaires, assurent l'ordre.

Qu'avions-nous à opposer à cela en France ? Rien, absolument rien. Tout le monde commandait, les compagnies recevaient les ordres les plus contradictoires, chaque arrêt d'un train militaire dans une gare était une occasion de désordre que l'autorité morale d'un chef de gare était impuissante à réprimer.

On comprend les appréhensions qu'une telle différence entre l'organisation des deux peuples inspirait aux personnes qui, en trop petit nombre en France, avaient étudié ces questions et voyaient la guerre déclarée d'une manière si imprudente et d'un cœur si léger.

III

EMPLOI DES CHEMINS DE FER PAR LES ARMÉES FRANÇAISES PENDANT LA GUERRE DE 1870-1871.

§ 1ᵉʳ. — Depuis la déclaration de guerre jusqu'à la perte des batailles de Frœschwiller et de Forbach.

Réquisitions adressées au chemin de fer de l'Est et aux autres compagnies françaises. — Le 15 juillet 1870, dans la journée, la compagnie de l'Est reçut du ministre des travaux publics un arrêté aux termes duquel elle était requise « de mettre tous ses moyens de transport à la disposition du ministre de la guerre. Les trains de voyageurs et de marchandises pouvaient être suspendus sur toute l'étendue du réseau. »

Des arrêtés semblables furent notifiés aux compagnies du Nord et de Paris-Lyon-Méditerranée.

Les compagnies de l'Ouest et d'Orléans furent invitées seulement à concourir par des prêts de matériel à l'accomplissement des transports qui allaient être demandés aux trois autres compagnies.

Le même jour 15 juillet 1870, les directeurs de l'exploitation de l'Est, de Paris-Lyon-Méditerranée et du Nord recevaient de

MM. les généraux Le Brun et Jarras les indications relatives aux premiers transports militaires à effectuer.

Plus d'une année après, le 30 juillet 1871 seulement, un nouvel arrêté ministériel faisait cesser le régime exceptionnel imposé aux compagnies françaises.

Travaux préparatoires exécutés par la compagnie de l'Est. — La succession des événements qui s'accomplissaient depuis plusieurs semaines n'avait pas permis à la compagnie de l'Est de rester inattentive, et elle s'attendait à la tâche qui allait lui incomber. Son personnel était prêt, et toutes les marches de trains préparées.

Aussitôt les premiers ordres reçus et dans la nuit du 15 au 16 elle prescrivait :

a. La suppression de tout nouveau train de marchandises ;

b. Le déchargement immédiat de tous les wagons fermés ou plats qui se trouvaient dans les gares ;

c. Le doublement du personnel chargé du service télégraphique dans les grandes gares ;

d. La réduction à un, deux ou trois par jour, dans chaque sens, des trains affectés au service des voyageurs sur chaque ligne ou embranchement, ces trains devant avant toutes choses assurer le service postal ;

e. L'approvisionnement, dans les gares où devaient séjourner les troupes, de tuyaux s'appliquant aux locomotives pour le chauffage de l'eau destinée à faire le café de la troupe, — de tonneaux et de seaux pour l'abreuvage des chevaux, — d'appareils d'éclairage supplémentaires ;

f. Enfin, la distribution des ordres de service et des tableaux de marche relatifs aux trains militaires.

Analyse des tableaux de marche des trains. — Les tableaux de marche des trains, tableaux accompagnés des graphiques familiers à tous nos agents, avaient été conçus d'après les idées émises par la commission centrale de 1869.

Tous les trains avaient, en passant sur une section déterminée, la même vitesse ; ils avaient les arrêts prévus par la commission du maréchal Niel, soit pour procurer aux hommes quelques instants de repos, soit pour le repas à prendre au milieu du voyage.

Les arrêts étaient échelonnés dans les gares de manière à donner aux agents de ces gares le temps de tout nettoyer et de tout remettre en état après le séjour d'un train.

On avait pris pour objectifs Strasbourg et Metz. — Les troupes pouvaient atteindre ces deux gares par trois itinéraires :

1° La ligne de Paris à Strasbourg avec l'embranchement de Frouard à Metz ;

2° La ligne de Paris à Mulhouse, Colmar et Strasbourg ;

3° La ligne de Paris à Soissons, Reims, Charleville et Thionville.

Les tableaux de marche et les tracés graphiques prévoyaient :
Sur la première ligne   24 trains de troupes ;
Sur la deuxième   —   18   —
Sur la troisième   —   18   —

Un nombre égal de marches en sens contraire était tracé pour le retour du matériel vide sur les mêmes lignes.

Enfin, le personnel était prévenu que les trains pourraient être doublés par des numéros *bis* sur les lignes à double voie.

Le service postal était maintenu à ses anciennes heures; mais le nombre des officiers ou des voyageurs civils qui se présentèrent pour prendre les trains du soir fut si considérable que l'on dut maintenir, sur la ligne de Paris à Strasbourg, le train express du matin et souvent faire un second train le soir.

Premiers transports effectués. — Ces mesures préparatoires furent promptement réalisées, et le lendemain de la remise de la réquisition, c'est-à-dire le 16 juillet 1870, les transports commençaient à cinq heures quarante-cinq minutes du soir.

Dans la première soirée nous fîmes quinze trains, et le lendemain 17 juillet quarante-neuf, dont :

34 sur la ligne principale;

17 au départ de Paris;

17 au départ de Châlons.

Il fallut ainsi, dès le second jour, recourir aux numéros *bis* du tableau de la marche des trains.

Les chiffres ci-après indiquent avec quelle ardeur les trains se succédaient :

Le 18 juillet, on en mit en marche 54
    19   —   —   62
    20   —   —   50
    21   —   —   55
    22   —   —   74

Dans cette journée du 22, il y eut :

25 trains au départ de Paris ;

22 — au départ des gares du réseau ;

27 — au départ des gares du Nord.

Les personnes qui connaissent le service de l'exploitation apprécieront l'énergie des efforts qui durent être faits afin d'assurer, dans les gares où l'on change de machines, les effectifs suffisants pour faire face à une pareille circulation. Il fallait en outre ne mettre sur les machines que des hommes connaissant les sections qu'ils avaient à parcourir.

Désordre dans les premiers départs. — Les premiers départs présentèrent un grand désordre. Le premier régiment, qui ne devait partir qu'à cinq heures quarante-cinq minutes du soir, était à la gare de Paris avant deux heures, parce que des distributions de couvertures restaient à faire dans la cour du chemin de fer. A notre avis, il eût été bien préférable de faire de semblables distributions au quartier et de ne pas arriver en gare trois heures trop tôt.

Dans le but d'éviter toute confusion, on avait indiqué aux autorités militaires plusieurs points de départ pour les troupes. Celles-ci devaient arriver alternativement :

1° A Paris, dans la cour de Strasbourg et dans la gare de Mulhouse;

2° A La Villette, dans les cours des expéditions, de l'arrivée. et dans la gare extérieure.

En outre, la gare de Pantin était affectée à la cavalerie et à l'artillerie.

Le second régiment, qui devait partir de La Villette dans la soirée, arrivait avant trois heures à la gare de Paris, et il fut très-difficile de lui faire rebrousser chemin.

Les troupes étaient accompagnées d'une foule immense poussant les cris : La *Marseillaise!...* la *Marseillaise!...* A Berlin!... à Berlin !... et qui se précipitait dans nos cours et jusque sur nos quais.

Malgré les efforts des officiers, les soldats, qui avaient à attendre pendant de longues heures le moment du départ, étaient entraînés dans les cabarets du voisinage, et plusieurs ne regagnaient les rangs que dans un état d'ivresse des plus regrettables.

Les officiers eurent même à constater des cas d'ivresse furieuse, dépassant tout ce qu'ils avaient jamais pu voir dans les circonstances les plus fâcheuses, et ils exprimèrent à plusieurs reprises l'opinion que des boissons spéciales avaient été versées à leurs hommes. Nous eûmes également la preuve que les munitions avaient été dérobées aux soldats dans ces scènes de fraternisation repoussante, et nous dûmes signaler le fait à l'autorité militaire et à l'autorité civile. — Les tristes événements qui se sont déroulés à Paris et dont la Commune a été le dénouement expliquent ces vols de munitions.

On parvint cependant à mettre de l'ordre dans le chargement des troupes, en supprimant tout séjour inutile en gare et en faisant arriver les hommes devant les trains dans lesquels ils avaient à monter.

L'artillerie à Pantin, la garde impériale et beaucoup de régiments de ligne à La Villette et à Paris, s'embarquèrent sans bruit, avec un calme et une dignité qui remplissaient le cœur d'espérance, tandis qu'on était bien douloureusement ému en contemplant quelques régiments de ligne transformés en bandes indisciplinées.

Nous eûmes à combattre à ce sujet la prétention émise par quelques officiers qui affirmaient ne pas avoir à s'occuper de l'embarquement des hommes; ce soin incombait, disaient-ils, aux agents du chemin de fer, au besoin à quelques sous-officiers.

Effectifs incomplets et transport des isolés. — Ici, nous touchons à des faits un peu en dehors des chemins de fer; mais nous avons été si intimement mêlés aux opérations préliminaires de la guerre qu'on nous excusera d'émettre une opinion sur une question purement militaire. Nous voulons parler des effectifs incomplets et du transport des soldats isolés, ou, en langage militaire, des *isolés;* et nous n'hésitons pas à dire que cette question a eu sur le résultat de la campagne la plus fâcheuse influence.

La commission du maréchal Niel avait arrêté la composition de chaque train militaire. Le détail en a été donné; nous en rappelons le résumé pour l'infanterie seulement.

Pour un régiment comprenant :

70 officiers,

2890 hommes de troupe,

39 chevaux,

14 voitures,

il fallait trois trains, dont la composition était soigneusement arrêtée, et dont chacun représentait une unité tactique semblable à celle admise dans un train allemand.

Il y avait à cet égard une identité presque parfaite entre le règlement allemand et les prévisions de la commission française. Tandis que le train allemand devait avoir et a eu 25 officiers, 827 hommes, 56 chevaux, 11 voitures,

Un train français devait recevoir 23 officiers, 943 hommes, 11 chevaux, 4 voitures qu'il n'a pas eus.

Les compagnies françaises s'attendaient à trouver, pour chaque train, les effectifs qui leur avaient été indiqués en 1869. Grande fut leur surprise de ne voir arriver que des effectifs incomplets, ainsi que le prouve l'extrait suivant des transports d'une journée :

(Nous supprimons à dessein les numéros des régiments.)

État-major et 3 bataillons du * régiment d'infanterie.	45 officiers.	950 hommes.	9 chevaux.
— — —	22 —	550 —	3 —
— — —	65 —	1.450 —	11 —
— — —	64 —	1,600 —	11 —
— — —	65 —	1,400 —	9 —
— — —	65 —	1,350 —	11 —
— — —	62 —	1,420 —	8 —
— — —	65 —	1,600 —	11 —
— — —	65 —	1,500 —	11 —
— — —	60 —	1,500 —	7 —

Entre le régiment le plus nombreux et l'effectif normal, il y avait une différence en moins de :

5 officiers,

1,290 hommes,

28 chevaux,

3 voitures.

Au point de vue des chemins de fer, cet état de choses était déjà extrêmement regrettable.

Il fallait ou partir avec des charges incomplètes, ou mélanger les soldats de deux corps, ce qui présentait les plus grands inconvénients, quel que fût d'ailleurs le parti auquel on s'arrêtât.

Mais, au point de vue militaire, la chose était bien plus grave : il fallait compléter les régiments, et en langage d'intendance, *officiers, chevaux et bagages rejoignaient* ou tentaient de rejoindre.

Dès le troisième ou le quatrième jour, nos gares et toutes les gares du réseau français ont été successivement encombrées de soldats isolés, appartenant à tous les régiments de l'armée, groupés par les intendants sous les ordres de quelques sous-officiers. Ces derniers, sans autorité sur les détachements d'hommes inconnus qui leur étaient confiés, partaient en laissant tout le long du chemin une partie de leurs hommes plus ou moins égarés.

Les soldats isolés ont constitué de suite une masse flottante, errant sur les chemins, vivant dans les buffets improvisés dans les gares par les soins et aux frais de personnes bienveillantes, et ne retrouvant jamais leurs corps.

A la fin du mois d'août, la gare de Reims a eu à défendre ses wagons contre les tentatives de pillage faites par une bande de quatre à cinq mille de ces hommes, fléau des armées et de leur pays, et qui, après avoir de bonne foi cherché leurs régiments, s'étaient facilement habitués à l'idée de ne pas les retrouver.

Confusion entre la concentration et la marche en avant. — Les faits que nous venons d'indiquer se rattachent à une idée fausse. On a confondu la concentration des troupes avec la marche en avant, et on a voulu faire les deux opérations à la fois. — Nous pensons qu'il eût beaucoup mieux valu former les régiments d'une manière complète, loin du théâtre de la guerre, et ne les lancer en avant qu'après les avoir pourvus de tout ce qu'ils avaient à attendre d'hommes, de chevaux et de voitures.

Sur les chemins de fer, la confusion a encore été augmentée par l'appel des hommes de la garde mobile, appel qui eut lieu le 19 juillet et qui prescrivait des réunions aux chefs-lieux de canton, réunions pour lesquelles les autorités locales réclamaient impérieusement des wagons, bien qu'il n'y eût souvent que quelques kilomètres à faire. A ce moment, il fallut mettre des bancs dans les wagons à bestiaux. Cette opération se fit sur la plus large échelle et très-rapidement. L'emploi de ces wagons, en été, n'exposait les hommes à aucune souffrance sérieuse.

Résultats obtenus dans les dix premiers jours. — La compagnie de l'Est avait commencé le mouvement le 16 juillet à cinq heures quarante-cinq minutes du soir. — Le 26 à minuit, dix jours après, elle avait fait cinq cent quatre-vingt-quatorze trains et transporté à la frontière :

186,620 hommes,
32,410 chevaux,
3,162 canons ou voitures,
995 wagons de munitions.

Si, le 27 ou le 28, cette armée eût franchi la frontière, elle n'eût rencontré devant elle aucun obstacle sérieux (nous donnerons la preuve de cette assertion en racontant ce qui s'est fait sur les chemins allemands) ; elle coupait les chemins de fer à l'aide desquels l'armée allemande opérait ses mouvements de concentration et son ravitaillement, et la campagne commençait pour nos armes dans des conditions bien différentes de celles qui se sont si tristement réalisées. Nous n'osons pas dire que le succès final nous était assuré, parce que l'Allemagne avait une organisation militaire supérieure à la nôtre et une supériorité du nombre écrasante ; mais nous aurions toujours eu, avec les avantages de l'offensive, du temps pour remédier à notre organisation défectueuse et augmenter dans une certaine mesure nos moyens d'action.

Encombrement de la gare de Metz. — L'encombrement des gares a été signalé par quelques écrivains comme une des causes de l'insuccès de nos opérations militaires. Il importe donc à un très-haut degré de rechercher les causes de ces encombrements, bien moins pour dégager la responsabilité de chacun que pour chercher à éviter le retour de faits semblables. Nous sommes loin de dire que les compagnies de chemins de fer ont atteint la perfection dans la direction donnée à la tâche fort lourde qui leur incombait ; mais nous pensons que la vraie cause des encombrements des gares tient au défaut d'unité dans le commandement militaire. Depuis le chef de l'état-major général jusqu'au sous-officier qui vient chercher les bagages de son bataillon, depuis l'intendant général jusqu'au dernier garde-magasin, chacun se croit le droit de donner des ordres à un chef de gare, de désigner des emplacements, etc., etc. — Le récit de ce qui s'est passé à Metz, la première gare encombrée, nous semble donc devoir comporter un intérêt particulier.

Au plus fort des opérations qui se sont effectuées à Metz, l'intendance militaire a cru devoir adresser à la compagnie de l'Est des reproches violents. « *Rien ne se fait!* » a-t-il été télégraphié à Paris, le 4 août. — Nous nous contenterons de dire ce qui a été fait, sans formuler des récriminations qui seraient déplacées. Il n'est pas besoin d'ajouter que nous ne critiquons pas les hommes. Les fonctionnaires de l'intendance française sont des hommes de la plus parfaite honorabilité, au courant de leurs fonctions et de leurs attributions; mais nous croyons qu'ils sont les premières victimes d'une organisation, selon nous, détestable. Chacun est enfermé dans un cercle d'attributions souvent fort restreint. Un intendant expédie sans savoir, et sans pouvoir savoir si un autre intendant est en état de recevoir. Un officier d'administration vient chercher des avoines, tandis qu'un autre réclame des effets de campement. Chacun affirme que ses ordres sont de la plus extrême urgence et que de leur exécution dépend le succès de la campagne. Ajoutons à la confusion qu'engendre déjà une telle multiplicité dans les ordres les exigences de l'artillerie qui désigne les voies dont elle seule pourra se servir, qui entend convertir les gares en arsenaux, comme l'intendance veut les convertir en magasins et en magasins roulants.

Mais laissons parler les faits.

La compagnie de l'Est reçut, le 15 juillet, la réquisition dont nous avons donné le texte. Le même jour, son inspecteur principal à la résidence de Nancy recevait l'ordre de s'installer à Metz. Il y était à six heures du soir, et il se concertait avec le directeur des ateliers de Montigny pour renforcer le personnel des gares à l'aide des hommes des ateliers. Cet ingénieur promit pour le lendemain matin et donna cinquante ouvriers pour la gare de Saint-Avold, cent cinquante pour Metz et cinquante pour Thionville.

Comme installations, la compagnie de l'Est avait à Metz des établissements considérables :

La gare proprement dite, à la porte Serpenoise ;

Les ateliers de Montigny-lès-Metz ;

La gare de Devant-les-Ponts, à l'autre extrémité de la ville de Metz.

On organisa, pour les marchandises de la guerre, huit grands chantiers de déchargement :

1° Aux estacades à houille, avec cinq glissoirs pour les farines, les avoines et les fourrages pressés ;

2° A la halle aux arrivages ;

3° Au quai des bestiaux ;

4° Au quai des bois ;

5° Au chantier des houilles ;

6° Sur les glacis de la place à l'aide d'une voie nouvelle permettant le déchargement simultané de quatre-vingts wagons ;

7° A la grande sablière du Sablon, où l'on pouvait encore décharger à la fois quatre-vingts wagons ;

8° Enfin, à Devant-les-Ponts.

L'administration de la guerre ayant donné aux ateliers de Montigny divers travaux à exécuter, le nombre des hommes disponibles à fournir aux gares fut réduit à cent ; mais la compagnie demanda aux forges d'Ars-sur-Moselle de lui donner des hommes, ce qui fut accordé sans aucune difficulté par les chefs de ces grands établissements. Tous les jours, un train spécial allait prendre à Ars trois cent cinquante ou quatre cents hommes et les ramenait le soir.

Enfin, l'entrepreneur du camionnage fit plus que doubler ses moyens d'action : au lieu de vingt camions, il en eut cinquante-trois. Aux termes du traité général passé entre le ministre de la guerre et les compagnies de chemins de fer, le tonnage maximum que les compagnies étaient tenues de camionner chaque jour à Metz était de. . . . 100 tonnes.

On fit approximativement. . . . 630 —

Les voies de garage avaient un développement total de 6,550 mètres; on pouvait mettre en déchargement, à la fois, trois cent dix wagons sur une longueur de 2,170 mètres, divisée, nous l'avons dit, en huit chantiers.

La compagnie de l'Est était donc en mesure de faire face à un énorme trafic. En ne déchargeant que trois wagons par vingt-quatre heures devant le même quai, on pouvait enlever neuf cent trente wagons par jour. Du 16 juillet au 15 août, la moyenne journalière n'a été que de sept cent soixante-quinze.

Mais tout cela supposait que la marchandise serait enlevée immédiatement, au moins dans un délai moyen de huit à dix heures après son arrivée. Lorsque l'on songe qu'un grand nombre de wagons étaient chargés de canons, de voitures, dont l'enlèvement n'exige que quelques minutes, une telle moyenne était plus que suffisante.

Or, voici comment les choses se passèrent.

Lorsque les premiers trains d'infanterie arrivèrent à Metz, aucun ordre n'était donné pour leur lieu de destination, et la troupe dut attendre plusieurs heures à la gare. Les hommes mettaient pied à terre; mais les quatre ou cinq wagons chargés des voitures régimentaires et des bagages des officiers n'étaient pas déchargés. Les trains se succédaient avec la rapidité que nous avons fait connaître. Il fallait les garer, bien que chacun d'eux contint quatre ou cinq wagons non déchargés, et ces mouvements donnaient lieu aux plus vives récriminations de la part des hommes préposés aux bagages, qui avaient la prétention de laisser leurs wagons immobiles.

La cavalerie, l'artillerie, ne furent pas mieux partagées. Souvent les régiments restèrent quatre ou cinq heures en gare, encombrant les cours et les abords de la gare.

Vinrent ensuite les trains de matériel et de vivres, et on se heurta de suite à une immense difficulté. Il y avait à Metz deux groupes d'intendance : l'intendance territoriale et l'intendance divisionnaire, ou plutôt les intendances divisionnaires qui arrivaient avec les corps d'armée.

Cette première division du service était fatale. L'intendance territoriale, chargée en temps ordinaire du service général, *n'avait reçu aucune instruction pour la réception des vivres qui avaient Metz pour destination ;* elle ne pouvait donc répondre aux demandes que la gare ne cessait de lui adresser. C'étaient les intendances divisionnaires qui devaient disposer de ces marchandises ; mais celles-ci, à leur tour, ne sachant pas si les corps s'arrêteraient à Metz ou iraient plus loin, n'osaient pas faire décharger les wagons.

La plus grande confusion ne tarda pas à régner dans la gare. Les agents de la compagnie passaient leur temps à faire plusieurs fois par jour les relevés des arrivages qu'on transmettait aux bureaux de l'intendance en ville, à l'artillerie, au génie, à l'arsenal, et chacun désignait ce qui répondait aux besoins du moment, besoins qui variaient à chaque instant. Il fallait livrer, et cela tout de suite, du café à l'un, du riz à l'autre, des farines à un troisième, etc.

Souvent, les camions de la compagnie portèrent à de très-grandes distances de la gare des marchandises qui, mises à terre, étaient rechargées et reconduites à la gare pour être réexpédiées par chemin de fer à une gare au delà.

On déchargeait en gare du foin pour le conduire aux magasins de la ville, et à la même heure les mêmes magasins envoyaient du foin en gare pour faire des expéditions.

Chaque service considérait la gare comme sa chose. — Un des ordres les plus bizarres qu'elle ait reçus fut celui d'avoir à conserver *douze cents voitures régimentaires* et d'en faire la livraison partielle aux divers régiments.

Les moyens de transport en ville ne faisaient pas défaut. Des masses de voitures de réquisition stationnaient à vide une partie de la journée sur les places de Metz ; mais on ne leur donnait pas d'ordres, ou, si ces ordres étaient donnés, les voituriers les éludaient en restant plusieurs heures aux portes de la ville, où régna un encombrement permanent.

Une autre difficulté considérable fut imposée à la compagnie. Il lui fut demandé de conserver à Metz le matériel nécessaire à l'embarquement immédiat d'un corps d'armée de trente mille hommes. Pour cela il fallait immobiliser environ quarante trains; ils furent répartis dans les gares voisines, de Frouard à Thionville. Une nuit, l'ordre fut donné de faire cette expédition : les machines allumées, les agents des trains à leur poste, en quatre heures tout fut prêt. Personne ne se présenta, il y avait eu contre-ordre. — Deux fois on exécuta le même tour de force, deux fois inutilement. Deux fois par conséquent on suspendit les opérations de l'intendance sans aucune nécessité.

En présence de si grands retards dans l'enlèvement des marchandises, tous les garages furent garnis de wagons : on convertit en garage la voie des machines allant de la gare aux ateliers ; on allait affecter au même usage les voies principales : c'était comme une sorte de cristallisation en masse de toute la gare.

La compagnie dut prendre un grand parti, celui de mettre les marchandises à terre et de dégager le matériel roulant ; elle n'y parvint pas entièrement, et ce déchargement ne fut terminé que bien des jours après l'investissement.

L'armée enfermée à Metz trouva dans ces approvisionnements mis à terre une ressource qui lui aurait complétement fait défaut, si les wagons eussent été refoulés quand ils étaient encore chargés.

Faible nombre d'accidents arrivés pendant la période des transports militaires. — Sur un mouvement qui, dans l'espace de vingt-deux jours, a comporté le transport d'environ

500,000 hommes (non compris les isolés),
 64,700 chevaux,
  6,600 canons et voitures,
  4,400 wagons de subsistances ou de munitions,
nous n'avons eu que deux collisions de trains : la première à Toul, la seconde à Nançois-le-Petit. La seconde a eu lieu entre deux trains de matériel vide et il n'y a eu que des wagons de détruits. — Dans la première nous avons eu :

 2 militaires blessés grièvement,
35   —   — légèrement,
26   —   contusionnés.

En dehors de ces deux faits imputables au chemin de fer, il y a eu quarante-deux accidents de personnes, tous dus à l'imprudence des victimes.

Malgré les ordres les plus formels, les hommes sortaient des compartiments et effectuaient une partie du voyage couchés sur le toit des voitures, quelquefois même sur les marche-pieds.

Des soldats couraient sur les voitures d'une extrémité à l'autre du train. Plusieurs ont été atteints au passage des ouvrages d'art, d'autres tombaient du train en marche et on les trouvait dans les fossés, quelquefois sans blessure.

Sur ces quarante-deux accidents, il n'y a eu que sept morts immédiates.

On aurait effectué le transport de trois cent mille hommes par les routes de terre, qu'il y aurait eu bien d'autres pertes que celles qui résultent des chiffres précédents.

Fourniture de fourgons de factage pour le service télégraphique de l'armée. — Nous n'aurions pas à parler du service télégraphique de l'armée sans un incident qui se produisit dès le début de la campagne, et dont les chemins de fer diminuèrent la gravité.

Le 19 juillet, il fut demandé à la compagnie de l'Est de fournir pour le service télégraphique quarante des fourgons avec lesquels elle fait dans Paris le service du factage des articles de grande vitesse; le 21, ce nombre fut porté à cinquante.

Cette fourniture fut assurée par le concours des cinq grandes compagnies, et les voitures furent appropriées dans les ateliers de ces dernières au nouveau service auquel elles étaient destinées.

Évacuation des malades des hôpitaux de la frontière. — Le 3 août 1870, l'évacuation sur Paris des malades qui se trouvaient dans les hôpitaux des villes de la frontière fut décidée. Il fallait faire de la place aux prochaines victimes des combats.

Cette mesure était excellente, mais rien n'était prévu pour son exécution.

On demanda à la compagnie de l'Est de fournir de la paille, des hamacs pour suspendre les hommes gravement atteints; on lui demanda de préparer dans ses gares des boissons et des aliments. Les médecins du chemin de fer se tinrent au passage des trains. Enfin, à l'arrivée, nos hommes durent fréquemment remplir les fonctions d'infirmiers.

Disons encore, au sujet des soins à donner aux blessés, que la compagnie de l'Est fut chargée d'approvisionner de bouillon Liebig toutes les stations devant lesquelles on prévoyait l'arrêt des trains de blessés.

Bâches réquisitionnées par l'intendance. — Dès le début de la guerre, les compagnies ont dû répondre aux besoins les plus divers. Nous venons de voir leurs fourgons pris pour la télégraphie, leurs hommes transformés en infirmiers; sur plusieurs points, on réquisitionna leurs bâches pour abriter les marchandises reçues par les intendants.

Situation des transports commerciaux. — L'activité imprimée aux transports militaires, comprenant en moyenne cinquante-cinq trains par jour dans chaque sens, laissait peu de place pour les transports commerciaux, qui avaient dû être interrompus au moins sur les grandes artères. Malgré cela, l'administration à Paris, et ses nombreux représentants en province, adressaient à la compagnie de l'Est des réquisitions qui étaient fort embarrassantes et qui attestaient le défaut d'unité dans le commandement et dans l'emploi utile que l'on attendait des chemins de fer. — Nous citerons les principales réquisitions.

18 juillet. — *Intendant militaire :*

Invitation de faire droit, dans la région de l'Est, à toutes les demandes qui seront adressées pour le transport des denrées de toute sorte destinées à l'administration de la guerre.

18 juillet. — *Directeur des lignes télégraphiques :*

Invitation d'accepter sur tous les points du réseau les colis télégraphiques et de les diriger sans retard à destination.

19 juillet. — *Maire de Strasbourg :*

La ville de Strasbourg va manquer de sel ; invitation de lui en expédier six wagons par semaine.

21 juillet. — *Ministre de la marine :*

Invitation d'accepter et de presser les envois de draps à remettre par la gare de Pierrepont.

21 juillet. — *Ministre des travaux publics :*

Invitation d'accepter les sacoches de la Banque de France.

Réquisition d'accepter les colis que les fournisseurs civils d'armes et autres objets adressent aux officiers et aux corps de troupes.

23 juillet. — *Intendant militaire :*

Invitation d'expédier d'extrême urgence sur Metz et environs les farines.

24 juillet. — *État-major général et intendant militaire :*

Invitation de donner au commerce les facilités dont il a besoin pour transporter à Metz les choses essentielles à la vie. Les wagons pourront être joints aux convois militaires.

24 juillet :

Autorisation de porter la chaux nécessaire aux travaux de la place de Langres.

24 juillet. — *Ministre de la marine :*

Invitation de porter des fromages de Bâle à Brest et à Cherbourg.

24 juillet. — *Ministre de la marine :*

Invitation de porter des meules à aiguiser de Lutzelbourg à Châtillon et à Montluçon.

26 juillet. — *Ministre de la guerre :*

Invitation de fournir trois wagons par jour pour des transports de meulières destinées aux fortifications de Paris.

27 juillet. — *Ministre des travaux publics :*

Invitation de faire connaître les transports suspendus et les transports autorisés, et de concilier, dans une juste mesure, les services de l'armée et les besoins du commerce.

Arrêtons cette triste nomenclature. — Elle était de sinistre présage et pouvait inspirer les craintes les plus vives sur la manière dont les choses de la guerre avaient été prévues et conduites, puisque dès la première semaine on voyait Strasbourg manquer de sel et Metz de farine.

Suspension des règlements relatifs à la composition des trains et au transport des poudres. — Dans la première partie, nous avons dit que les transports militaires avaient fait l'objet de deux règlements ministériels relatifs, l'un au nombre des voitures, l'autre aux mesures à prendre pour le transport des poudres.

Ces deux règlements furent complètement supprimés pendant la guerre, le premier en fait, le second en vertu de décisions ministérielles.

La question de la composition des trains a été traitée dans le paragraphe relatif aux travaux de la commission nommée par le maréchal Niel ; nous n'avons pas à y revenir.

En ce qui concerne le règlement des poudres, on a fait pour la guerre avec l'Allemagne ce qui s'était fait lors des guerres de Crimée et d'Italie. A mesure que les transports devenaient importants, on supprimait les restrictions et les précautions jugées indispensables et dont l'omission expose les agents des chemins de fer à des peines sévères. Puis, la guerre terminée, on a repris pour de faibles quantités de poudre une réglementation dont on se passait quand les masses à transporter étaient considérables. Nous analyserons successivement les décisions ministérielles.

GUERRE DE CRIMÉE.

20 mars 1854. — Autorisation de porter momentanément à huit le nombre de wagons de poudre dans un même train.

16 mai 1854. — Autorisation de porter à vingt le nombre de wagons de poudre dans un même train.

22 juillet 1856. — Autorisation d'employer des wagons ordinaires, au lieu de wagons spéciaux.

Puis, la guerre finie :

30 mars 1857. — Invitation de se conformer aux stipulations du règlement de 1852.

25 août 1857. — Interdiction d'employer les wagons ordinaires, et retour obligatoire aux wagons spéciaux.

GUERRE D'ITALIE.

1ᵉʳ mai 1859. — Remise en vigueur des mesures exceptionnelles prises au moment de la guerre de Crimée.

13 mai 1859. — Autorisation d'expédier les fusées de Metz à Lyon par les trains de voyageurs.

21 mai 1860. — Autorisation de supprimer l'escorte pour les expéditions de capsules.

GUERRE AVEC L'ALLEMAGNE.

16 juillet 1870. — Autorisation de transporter les cartouches pour revolvers par les trains de voyageurs.

19 août 1870. — Les transports de poudres et de munitions sont autorisés sans limite de charge des trains.

24 août 1870. — Invitation aux compagnies de transporter la poudre et les munitions par trains de grande vitesse *contenant ou non des voyageurs*.

Puis, la guerre finie :

10 février 1871. — Abrogation de la décision précédente, à la suite de l'accident de Toulon.

25 février 1871. — Extension de la décision du 10 février aussi bien aux trains de troupes qu'aux trains de voyageurs.

20 octobre 1871. — Retrait de la décision relative aux cartouches pour revolvers.

Une telle élasticité dans la réglementation nous paraît regrettable. Les agents ne savent plus quand un règlement doit être respecté ou méconnu.

Transports exécutés sur le chemin de l'Est dans la première période de la guerre. — Nous avons dit quels avaient été les transports effectués sur le chemin de l'Est, du 16 juillet au 4 août 1870 :

300,000 hommes (non compris les isolés marchant dans toutes les directions),

64,700 chevaux,

6,600 canons et voitures,

4,400 wagons de subsistances et de munitions.

Il n'en faudrait pas conclure que la France pouvait, le jour des batailles de Forbach et de Reichshoffen, mettre en ligne trois cent mille hommes bien armés. Des régiments ont été embarqués plusieurs fois et figurent par conséquent dans nos statistiques deux, trois et quatre fois. — Autour de Metz, il y a eu de nombreux mouvements de troupes que le chemin de fer ne pouvait qu'exécuter, sans songer à en discuter le but ou l'opportunité.

§ 2. — Depuis la perte des batailles de Frœschwiller et de Forbach jusqu'à l'investissement de Paris.

Dans cette seconde période de la guerre, l'histoire des opérations effectuées par les chemins de fer ne présente plus qu'un douloureux récit. Chaque jour la situation s'assombrit; les autorités locales sont sans instructions; d'heure en heure les dépêches se succèdent plus mauvaises les unes que les autres; souvent elles sont contradictoires, et ce n'est qu'à force de dévouement que les agents du chemin de fer peuvent donner satisfaction aux demandes qui leur sont adressées. Quand le dernier soldat français a quitté une gare, les agents s'éloignent à leur tour, et sur bien des points la dernière machine reçoit des coups de fusil des soldats allemands.

Dans les courts récits qui vont suivre nous chercherons à grouper les faits les plus saillants et à en dégager les conséquences se rapportant à l'étude que nous avons entreprise, *l'emploi des chemins de fer en temps de guerre.*

Transport des soldats débandés après la bataille de Frœschwiller. — Le 8 août 1870, la compagnie de l'Est reçut du ministre de la guerre l'ordre de recueillir entre Lutzelbourg et Sarrebourg cinq à six mille soldats éclopés et débandés provenant des corps d'armée Mac-Mahon et de Failly, et de les transporter à Toul.

La compagnie répondit qu'elle donnait immédiatement les ordres nécessaires, mais elle insistait sur l'avantage que présenterait à tous les points de vue la remise de tels ordres aux agents locaux. Elle avait à cet égard organisé une direction du service à Nancy, et ses représentants voisins du théâtre de la guerre avaient tout pouvoir pour réaliser les désirs de l'administration de la guerre, dans un délai beaucoup plus court que celui nécessaire à l'exécution d'ordres partis de Paris.

En fait, les choses se passèrent ainsi, et ce furent des trains organisés par les agents locaux qui recueillirent les malades et les blessés. Le dernier train de Sarrebourg partit le 11 août.

Perte de la ligne des Vosges. — Dans la dernière partie de ce travail, nous ferons connaître par quelle fatale succession de malheurs les souterrains des Vosges ne furent pas détruits. Aujourd'hui, nous indiquerons seulement deux dates qui montrent l'hésitation que les troupes allemandes mirent à s'engager dans les défilés des Vosges.

Le 7 août à cinq heures un quart du soir, la voie fut coupée dans la gare de Brumath, au pied des Vosges du côté de l'Alsace.

Trois jours après seulement, le 10 août à deux heures du soir, les Allemands entraient dans la gare de Vasselonne, toujours sur le même versant alsacien.

Pendant cet intervalle, ils acquéraient la certitude que tous les passages des Vosges étaient libres et que rien n'arrêterait plus leur marche en avant.

Les trains partis de Paris ne dépassaient plus :

Sarrebourg le 8 août ;
Lunéville le 11 —
Nancy le 12 —

L'abandon de Lunéville et de Nancy entraînait la perte des bifurcations des lignes de Saint Dié et d'Épinal.

Conséquences de la perte de la bataille de Forbach. — Au point de vue du chemin de fer, la perte de la bataille de Forbach avait pour conséquence de nous priver de toute la ligne de la frontière de Forbach à Haguenau, et de tout le matériel échelonné dans les gares, sauf celui qui put s'abriter sous le canon de la petite place de Bitche.

On avait espéré que les corps échelonnés sur cette ligne de

fer, de Forbach à Niederbronn, pourraient se porter un mutuel concours : l'autorité militaire ne sut pas tirer parti d'une circonstance si exceptionnelle et si favorable.

Pendant la seconde bataille de Saint-Quentin, les Allemands firent arriver pendant toute la journée des troupes fraîches, dont quelques-unes partaient de Paris, et ce fut l'arrivée incessante de ces renforts qui détermina la retraite du général Faidherbe.

On fut moins heureux à Reichshoffen, et les troupes qui étaient échelonnées sur la ligne de Sarreguemines à Niederbronn ne furent pas conduites sur le champ de bataille. Ni les machines ni les wagons ne faisaient défaut, puisqu'après la bataille tout ce matériel s'abrita sous le canon de Bitche.

Sur l'embranchement de Forbach à Metz, les chefs de gare se replièrent rapidement sur Metz, en emportant leurs livres, leurs caisses et leurs appareils télégraphiques, et en sauvant, avec la caisse de l'armée, trois cents wagons de vivres et de munitions qui se trouvaient dans les gares de Forbach, de Béning-Merlebach et de Saint-Avold.

Transports militaires entre le camp de Châlons et Metz. — Emploi regrettable du chemin de fer. — Dès les premiers jours de la guerre, on avait exécuté au départ du camp de Châlons le transport d'un certain nombre de troupes, et ce transport n'avait donné lieu à aucun incident. On avait, l'année précédente, construit au camp de Châlons quatre nouveaux quais pour l'embarquement des troupes : un près de la gare de Mourmelon, un à la gare de Saint-Hilaire-au-Temple, un à la gare de Suippes, le dernier à celle de Cuperly. En répartissant ainsi, sur quatre points très-distincts, le mouvement des troupes, on pouvait faire face à de grandes opérations simultanées.

Après la perte de la bataille de Forbach, la compagnie de l'Est eut à faire, au départ du camp de Châlons, deux transports dans des conditions exceptionnelles.

Une première fois, quinze mille hommes d'infanterie furent

dirigés de Mourmelon sur Metz ; ils étaient répartis dans treize trains :

10 partirent dans la journée du 7 août,
3 — du 8 —

mais il y eut contre-ordre et les troupes revinrent au camp.

Ce mouvement rétrograde fut assez difficile à improviser au milieu des grands transports qui se continuaient sur Metz. L'ordre de rebrousser chemin parvint aux trains en divers points de leurs parcours. Officiers et soldats murmuraient un peu contre de semblables marches et contre-marches. Enfin, le retour s'accomplit heureusement.

Mais à peine ce retour était-il achevé, qu'à Metz on jugea indispensable de faire venir au moins une partie des troupes de Châlons, et celles-ci durent se remettre en route une troisième fois. Ce troisième ordre fut donné à la compagnie de l'Est le 9 au matin. La compagnie prit immédiatement ses mesures, et le départ de Mourmelon s'effectua de la manière suivante :

9 août,	6 trains pour	6,600 hommes.	146 chevaux.	4 voitures.
10 —	6 —	3,200 —	565 —	68 —
11 —	12 —	12,400 —	155 —	64 —
12 —	8 —	4,550 —	715 —	65 —
13 —	8 —	4,365 —	715 —	54 —
Ensemble..	40 —	31,115 —	2,296 —	255 —

Sur les 40 trains :

25 — portaient de l'infanterie ;
15 — — de l'artillerie.

Il n'était pas difficile de partir de Mourmelon, le difficile était d'arriver à Metz. Nous savions presque heure par heure[1] la mar-

---

[1] Les agents des chemins de fer ont été, sur bien des points, informés avant l'autorité militaire de la marche de l'ennemi. M. le général Vinoy raconte, dans son livre sur le siège de Paris, qu'en arrivant à Mézières, dans la nuit du 30 au 31 août, l'intendance militaire croyait à un succès dans le combat de Beaumont, mais que les informations reçues par l'inspecteur du chemin de fer, homme de beaucoup de jugement et d'intelligence, étaient absolument contradictoires et, malheureusement, plus conformes à la vérité. Nous pourrions citer de nombreux exemples de faits semblables.

che de l'ennemi, et nous nous demandions avec la plus grande anxiété si nos voies ne seraient pas coupées entre Metz et Frouard, vers Pont-à-Mousson.

Le représentant de la compagnie de l'Est à Metz, M. Durbach, sous-directeur de l'exploitation, qui dans cette triste campagne a fait preuve d'un dévouement au-dessus de tout éloge, suppliait qu'on gardât du côté de Nancy le point de Pont-à-Mousson, et du côté de Thionville le gué de Hauconcourt. Il ne put rien obtenir. Aussi, dès le 11 août, les uhlans apparaissaient à la gare de Pont-à-Mousson et ils y coupaient les fils du télégraphe. Les trains se pressaient sur la voie à la file les uns des autres. Quelques troupes mirent pied à terre, firent le coup de fusil, et la plupart des trains purent arriver à Metz. Mais dans la nuit du 11 au 12 la voie était occupée par les Allemands, et le train express sorti le 12 au matin de Metz était obligé de rebrousser chemin.

Une partie des trains embarqués le 11 à Mourmelon, ceux embarqués le 12 et le 13 durent rebrousser chemin une quatrième fois ; une partie s'arrêta en route pour gagner Metz par Saint-Mihiel.

Nous avons donné tous les détails relatifs à cette opération parce qu'ils nous paraissent comporter un enseignement qui ne doit pas être perdu de vue.

Dans notre pensée, c'était par terre que le corps d'armée demandé à Châlons au maréchal Canrobert devait être dirigé, et non sur un chemin de fer exposé à être coupé.

Du camp de Châlons à Metz il y a quatre ou cinq étapes, selon l'itinéraire adopté.

En mettant sur le chemin de fer de Châlons à Verdun l'artillerie, les bagages, les *impedimenta*, on était largement soulagé pour les deux premières étapes ; il en restait deux à faire pour gagner Metz, une seule pour arriver à Mars-la-Tour, en face de Gravelotte.

Averti le 9 août, le maréchal Canrobert pouvait, en suivant

la route de terre, se trouver le 12 ou le 13, avec ses trente-mille hommes et son artillerie, sur les plaines où devait s'engager la bataille de Gravelotte deux ou trois jours après ; tandis qu'en se servant du chemin de fer on a éparpillé infanterie et artillerie, et dispersé comme à l'envi un corps homogène, bien constitué et bien commandé.

Loin d'assurer un avantage, l'emploi du chemin de fer a causé un véritable trouble, et il aurait fallu avoir le courage de ne pas s'en servir. Il semble que dans les premiers temps de la campagne les troupes françaises avaient oublié les grandes opérations faites à pied par nos pères et de notre temps par nos ennemis.

Les chemins de fer sont un admirable instrument ; mais une fois sur le théâtre des opérations militaires, il faut ne l'employer qu'en arrière de ces opérations.

Évacuation de la gare de Nancy. — Le 10 août 1871, le maréchal Mac-Mahon prévint, par dépêche télégraphique, le général commandant la Meurthe que le premier et le cinquième corps quitteraient Lunéville le 11 au matin pour se diriger sur Bar-le-Duc par Bayon et Colombey, en évitant ainsi Nancy et Toul, et qu'il fallait dès lors faire évacuer sur Châlons toutes les troupes qui se trouvaient à Lunéville ou à Nancy. La dépêche ajoutait :

« Les hommes de ces deux corps et tous les convois qui seraient envoyés à leur destination devront rétrograder sur Châlons d'où on les rappellera au besoin.

« Les employés du télégraphe devront continuer leur service jusqu'à l'arrivée de l'ennemi ; alors seulement ils devront emporter ou briser leurs appareils. »

En présence de cette dépêche qui leur fut communiquée, les agents supérieurs de la compagnie de l'Est à Nancy jugèrent qu'il n'y avait qu'une chose à faire, c'était de sauver le matériel roulant épars sur les embranchements de Saint-Dié et d'Épinal et sur la ligne principale. Rien qu'à Nancy, il y avait plus de cent machines locomotives et un nombre immense de voitures et de wagons. L'autorité militaire quitta Nancy le 11 au matin. La compagnie de l'Est ne pouvait songer à rester plus longtemps, et à partir du 11, huit heures du matin, les trains d'évacuation se succédèrent sans interruption. Cette opération dura environ quarante-huit heures. Le 13, tout le matériel était sauvé et on ne laissa aux Allemands, qui entrèrent le même jour à Nancy, qu'une machine de gare dont ils ne purent tirer parti que pour fournir de la vapeur aux chaudières dans lesquelles ils préparaient à Lunéville la nourriture des soldats.

Mouvement tournant exécuté pour le transport des corps d'armée Mac-Mahon, de Failly et Douai. — Pendant que l'armée allemande s'avançait vers Nancy, le maréchal Mac-Mahon rétablissait ses troupes tout en marchant vers le sud-ouest, en passant par Sarrebourg, Blâmont et Neufchâteau. De cette dernière ville il adressait un télégramme à la compagnie de l'Est, à Paris, et lui demandait du matériel pour porter sur Châlons, par Saint-Dizier et Blesme :

22,000 hommes d'infanterie ;

3,500 chevaux ;

500 pièces ou voitures.

La distance à parcourir, de Neufchâteau à Châlons, était de 170 kilomètres, dont la presque totalité en voie unique. La ligne de Neufchâteau à Bologne était en outre un embranchement à fortes rampes, sur lequel il était difficile de faire arriver rapidement tout le matériel nécessaire. Nous demandâmes à M. le maréchal de vouloir bien diviser l'embarquement de ses troupes et de diriger une partie de la cavalerie et de l'artillerie sur les gares de Donjeux et de Joinville, ce qui diminuait la distance à parcourir par voie de fer de 50 kilomètres, et avait en outre l'avantage de supprimer une bifurcation, celle de Bologne. Il fut immédiatement fait droit à notre demande. Dès le 14 au soir, le service des trains était assuré ; il était terminé le 17, et les Allemands n'arrivaient sur l'embranchement de Neufchâteau que vingt-quatre heures après le passage du dernier train.

La marche du corps d'armée de Mac-Mahon fut un instant compromise, parce qu'on avait vu le 16 des éclaireurs ennemis à Blesme, à la bifurcation avec la grande ligne de Paris à Strasbourg.

Nous conjurâmes l'administration de la guerre de faire occuper fortement cette bifurcation, et à l'abri de la protection qui nous fut donnée nous pûmes faire passer, non-seulement le corps d'armée du maréchal Mac-Mahon, mais encore la plus grande partie de celui du général de Failly (5ᵉ corps). L'embarquement des troupes de ce corps d'armée fut réparti entre les gares de Langres, Chaumont et Bar-sur-Aube : il fut commencé le 17 et terminé le 19 ; le soir du même jour, les Allemands occupaient la gare de Saint-Dizier[1].

Restait le corps d'armée du général Douai qui, après avoir abandonné Mulhouse dans la journée du 7 août, était échelonné autour de Belfort et de Montbéliard. D'accord avec la compagnie de Paris-Lyon-Méditerranée et sur l'invitation verbale qui nous fut donnée par M. le ministre de la guerre de nous concerter avec cette compagnie, nous dirigeâmes tout le corps d'armée sur Paris, mais sans l'arrêter un instant dans cette ville et en le faisant rebrousser immédiatement chemin sur Châlons.

A Belfort, l'embarquement des troupes fut réparti sur les deux lignes de Lyon et de l'Est. Une partie suivit la ligne Belfort-Besançon-Dijon ; elle traversa Paris par le chemin de fer de Ceinture, entre les gares de Bercy et de La Villette, où les trains ne séjournèrent que le temps de changer de machine. L'autre partie

---

[1] L'ouvrage de M. le général de Wimpfen, intitulé *Sedan*, renferme dans les pièces justificatives un rapport de M. le général baron Nicolas, qui contient sur la défense de la bifurcation de Blesme des détails militaires très-intéressants. Sans cette défense, qui fut vivement sollicitée par la compagnie de l'Est, la voie de Blesme à Chaumont était coupée par les éclaireurs ennemis, les trains chargés de troupes du général de Failly eussent dû rebrousser chemin sur des lignes à voie unique, en compromettant la marche des trains chargés des troupes du corps d'armée du général Douai.

suivit la ligne Belfort-Chaumont-Troyes, et à Noisy-le-Sec elle passa de la ligne de Mulhouse sur celle de Strasbourg.

Le 21 août au matin, on eut au ministère de la guerre avis de l'abandon du camp de Châlons, et à partir de 11 heures les trains furent dirigés sur Reims par Soissons. Quinze trains furent aussi réunis au chemin de fer du Nord dans la journée du 21. Six autres trains suivirent le même itinéraire dans les journées du 22 et du 24.

Commencée le 18, l'expédition du corps d'armée du général Douai était terminée le 20, à onze heures vingt minutes du matin, et la gare de Belfort nous télégraphiait simplement : « Nous reprenons le service des voyageurs. »

Ce grand mouvement tournant s'effectua avec une régularité inespérée, et les trois corps d'armée furent concentrés entre Châlons et Reims, sans avoir eu un seul accident à déplorer.

L'effectif transporté dans ces conditions exceptionnelles comprenait environ :

50,000 hommes ;

12,000 chevaux ;

1,500 canons et voitures.

Nous disons environ, parce qu'on faisait le chargement dans un grand nombre de gares à la fois, sans trop s'inquiéter des règles de comptabilité et de vérification du chargement des wagons. Les trains, au nombre de cent huit, furent composés à cinquante et soixante véhicules, et ils marchèrent lentement, mais avec une grande régularité. Le dernier jour, ils se succédèrent dans la gare de La Villette presque coup sur coup, mais sans le moindre désordre et en quelque sorte silencieusement.

Nous eûmes un immense soulagement d'esprit après le passage du dernier train.

L'armée allemande poursuivait les corps d'armée Mac-Mahon et de Failly avec une grande énergie. Le premier mot adressé à nos agents par les chefs des éclaireurs ennemis était : Où est

Mac-Mahon?... Sans le mouvement rapide exécuté à l'aide du chemin de fer, les troupes françaises eussent été infailliblement rejointes par l'ennemi, et elles auraient eu à combattre dans des conditions bien défavorables de fatigue et d'éparpillement.

Dans un journal technique allemand, ce transport par chemin de fer de l'armée de Mac-Mahon, ainsi que celui effectué avant et après la bataille de Sedan pour le transport du corps d'armée du général Vinoy, mouvement que nous allons mentionner ci-après, ont été signalés comme dépassant tout ce qui avait été fait sur les chemins de fer allemands.

Pendant que nous exécutions au milieu des plus vives préoccupations ce grand mouvement tournant, le 17 août, c'est-à-dire le jour même où l'apparition des éclaireurs allemands près de la bifurcation de Blesme pouvait tout compromettre, le même jour nous recevions à Paris, des bureaux du ministère de la guerre, une dépêche dans laquelle on nous invitait à donner toutes facilités pour le transport entre Mézières et Givet de 40,000 kilogrammes de fer au bois destiné à la fabrication de la tôle qui devait servir à faire des gamelles de troupes.

Une telle dépêche, dans un tel moment, montre quelle absence d'organisation il y avait au ministère de la guerre au sujet de l'emploi des chemins de fer. Tandis que le ministre suivait personnellement les efforts que les compagnies de l'Est et de Lyon faisaient pour envoyer aux généraux Mac-Mahon, de Failly et Douai tout le matériel dont on pouvait disposer, les bureaux de la guerre prescrivaient d'employer des wagons pour porter une tôle spéciale destinée à la fabrication des gamelles, comme si la tôle au coke n'était pas bonne pour faire des gamelles. Nous n'examinons pas la question de savoir s'il n'eût pas mieux valu s'assurer avant la guerre d'un approvisionnement de gamelles suffisant.

Transport du corps d'armée du général Vinoy. — M. le général Vinoy, dans l'ouvrage extrêmement intéressant qu'il a publié sur le siége de Paris, *Opérations du treizième corps et de la troisième armée*, a critiqué d'une manière assez vive le service fait par les compagnies de chemins de fer pour les transports militaires. Il s'exprime ainsi pages 23 et 24 :

« Le départ des troupes, par le moyen des voies ferrées, a présenté de grandes et de nombreuses difficultés pendant la dernière guerre. Si, dans l'armée, cette partie de l'instruction militaire est encore bien incomplète, il faut convenir que pour ce qui regarde le personnel des grandes compagnies elle n'est pas moins entièrement à faire. D'ailleurs l'appropriation même des gares de nos chemins de fer, telle qu'elle existe actuellement, contribue à augmenter encore les inconvénients qui résultent de part et d'autre de ce manque d'habitude. Elles sont convenablement aménagées pour les besoins du commerce ; mais elles deviennent, même à Paris, exiguës et insuffisantes aussitôt qu'il s'agit de les utiliser pour les nécessités du transport des troupes. Les quais, trop restreints, sont bien vite encombrés par les chevaux et les voitures ; les voies, où les wagons sont outre mesure accumulés, ne peuvent plus recevoir ni les trains vides qui viennent pour se remplir, ni les trains déjà remplis et chargés qui se présentent pour le départ. Les manœuvres sont éternelles, les retards considérables. Le personnel, qui est resté le même que pour les situations ordinaires, est rapidement débordé, et dès lors il n'y a plus ni régularité dans les départs, ni sécurité dans la marche, ni certitude pour les heures d'arrivée. Cette longue et interminable attente dans les gares fatigue tout le monde, surmène et épuise le soldat et produit en général un mauvais effet sur la troupe. »

Nous demandons au vaillant général Vinoy la permission de relever, dans le passage que nous venons de reproduire, un point qui nous paraît inexact ou au moins n'incomber en rien aux compagnies de chemins de fer : « *Les quais, trop restreints, sont bien vite encombrés par les chevaux et les voitures.* » Cela est vrai, mais seulement vrai *parce que l'autorité militaire a souvent transformé les quais en lieux de distribution, de dépôt, de campement même.*

Sur le grand quai de Pantin, qui a trois cent six mètres de longueur et qui est bordé d'une voie de chaque côté, nous faisions en moins d'une heure, sur une des voies, le chargement d'un train d'artillerie, tandis qu'on préparait sur l'autre voie le train de l'heure suivante.

Cela s'est fait avec la plus grande régularité pendant plusieurs semaines ; mais lorsque les batteries attendues à midi arrivaient à quatre heures, lorsqu'à la place d'un escadron de cavalerie, pour lequel on avait préparé des écuries, il se présentait un bataillon d'infanterie, il fallait tout modifier dans la gare.

Du reste, ce n'est pas au départ qu'ont eu lieu les plus grandes difficultés, c'est à l'arrivée, parce que là personne ne se présentait pour dégager les trains. Des troupes restaient plusieurs heures dans les wagons, parce qu'aucun endroit n'était à l'avance assigné à leur campement et que c'était au chef de gare qu'un colonel demandait où il devait conduire sa troupe.

L'intendance ne déchargeait pas les wagons, et cela systématiquement, pour avoir des magasins flottants.

« Le personnel, dit M. le général Vinoy, est rapidement débordé parce qu'il est resté le même que pour les opérations ordinaires..... » On peut répondre que les opérations commerciales étant suspendues, le personnel qui suffit à ces dernières suffit largement aux transports militaires.

Enfin, nous trouvons dans le livre même du général Vinoy la réfutation de ses propres critiques.

Les chemins de fer ont été impuissants, nous le reconnaissons, mais pour des opérations dont ils n'auraient jamais dû être chargés. Si au lieu de diriger lui-même *par les routes de terre* la retraite du treizième corps d'une manière qui illustrera à jamais son nom, le général Vinoy se fût contenté de rédiger à Charleville une dépêche portant ordre au chemin de fer de ramener le treizième corps à Paris, le chemin de fer eût obéi ; mais le treizième corps tout entier eût été fait prisonnier dans quelque gare obscure, à Launois, à Rimogne ou à Hirson, et on eût pu dire que l'instruction du personnel des grandes compagnies était entièrement à faire.

Ces réserves faites, nous indiquerons comment les transports du treizième corps ont été effectués.

Le point de départ était Paris, l'objectif Mézières-Charleville. Pour aller de Paris à Mézières, il y a trois itinéraires :

1° Paris, Soissons, Reims, Charleville, longueur   248 kilom.
2° Paris, Soissons, Laon, Vervins, Hirson, Charleville.   —   271   —
3° Paris, Creil, Tergnier, Aulnoye, Hirson, Charleville.   —   315   —

La première ligne est à deux voies sur tout son parcours. Elle présentait les plus grands avantages ; mais dans les premiers jours du mois d'août cette voie n'était plus sûre ; elle avait été momentanément gardée, puis abandonnée. Les uhlans s'étaient montrés entre Rethel et Charleville. On dut se résigner à prendre la seconde ligne qui, à partir de Soissons, était en voie unique sur tout le parcours jusqu'à Charleville. En outre, d'Hirson à Charleville le profil est extrêmement accidenté ; il faut ou dédoubler les trains, ou doubler, tripler même les moyens de traction.

La ligne d'Hirson à Charleville dépend du réseau de l'Est, le surplus du réseau du Nord ; mais cette circonstance n'augmentait point les difficultés, les deux compagnies ayant marché avec l'accord le plus complet.

L'effectif du treizième corps, non compris la division d'Exéa partie le 26 août pour Reims, se composait de :

26,000 hommes d'infanterie ;
   2 régiments de cavalerie ;
  14 batteries d'artillerie.

L'état-major général et l'infanterie furent embarqués à la gare de Paris (Nord) ;

La cavalerie, à Versailles ;

L'artillerie à la gare de Pantin, appartenant au chemin de fer de l'Est.

En divisant les points d'embarquement, les compagnies avaient rendu le départ très-facile.

Le nombre des trains expédiés fut :

Dans la journée du 30 août, de. . . . 20
— du 31 — de. . . . 11
— du 1ᵉʳ septembre de. . 21
— du 2 — de. . 6

Total. . . . 58

Huit autres trains, chargés à Reims et à Laon, furent intercalés dans le mouvement le 31 août et le 1ᵉʳ septembre, ce qui portait à soixante-six le nombre total des trains.

Entre Paris et Hirson, la marche fut bonne. Le général Vinoy s'exprime ainsi : « Jusqu'à Hirson, la marche des trains fut « lente, mais régulière. » Le train qui portait le quartier général arriva vers six heures du soir, ayant parcouru 215 kilomètres en sept heures environ, soit 30 kilomètres de vitesse effective.

A partir d'Hirson, les choses se gâtèrent. La marche devint très-lente, et il fallut six heures pour franchir 56 kilomètres.

Le service, déjà très-difficile sur cette section qui présente une succession de rampes et de contre-rampes de 15 millimètres, était retardé par les manœuvres à faire à Charleville. Il était impossible de garder un corps d'armée dans cette gare et on dut diriger une partie de l'artillerie sur celle de Mohon. La gare de Charleville se dégageait donc assez lentement et les trains s'échelonnaient sur les gares en arrière.

Les nouvelles qui se succédaient à Charleville décidèrent le général Vinoy à battre en retraite ; mais, ainsi que nous l'avons dit, il dirigea son mouvement par terre. Toutes les troupes qui avaient été débarquées furent concentrées à Charleville ; elles partirent dans la nuit du 1ᵉʳ au 2 septembre et gagnèrent Laon le 5, après avoir passé par Saulces, Novion-Porcien, Chaumont-Porcien, Montcornet et Marle. Les fuyards de Sedan furent dirigés par Hirson. Enfin, le chemin de fer reçut ordre de faire rebrousser sur Laon tous les trains qui n'étaient pas encore arrivés.

Pour effectuer ce mouvement rétrograde, toujours dangereux sur des lignes à voie unique déjà encombrées, on divisa le travail : les trains engagés entre Laon et Hirson refoulèrent directement sur Laon ; les trains engagés entre Charleville et Hirson furent dirigés par Aulnoye et Tergnier.

La révolution accomplie à Paris le 4 septembre modifia encore la marche du 13ᵉ corps, qui reçut l'ordre de quitter Laon et de revenir à Paris. En même temps, les fuyards de Sedan arrivaient à Hirson, Avesnes, Landrecies, Valenciennes, Douai et même à Albert. Ces hommes étaient exténués et demandaient à être embarqués ; leur nombre augmentait à chaque instant.

La compagnie du Nord put faire face à ces grands besoins, et elle dirigea sur les points qui lui étaient désignés cent seize trains de matériel vide. Dans les quatre journées des 5, 6, 7 et 8 septembre, elle expédia sur Paris cent trente-cinq trains spéciaux, c'est-à-dire trente-quatre trains en moyenne par jour. Ces trains transportèrent :

43,068 hommes ;

13,567 chevaux ;

273 voitures ou canons.

Un semblable mouvement, fait dans des conditions si difficiles, nous paraît répondre victorieusement aux critiques formulées par le général Vinoy.

Période du 19 août au 12 septembre. — Cette période fut une des plus douloureuses à traverser.

Au point de vue du chemin de fer et à part les deux grands mouvements que nous avons décrits, nous ne saurions rien démêler dans les opérations confuses qui se produisirent alors, suite fatale de l'hésitation dans les idées et dans le commandement. Ainsi :

Concentration d'hommes et de vivres au camp de Châlons ;
Retour de la garde mobile à Paris ;
Évacuation du camp de Châlons ;
Défense de la bifurcation d'Épernay ;
Abandon de cette bifurcation, entraînant la perte de toute la ligne jusqu'à Paris et la nécessité de faire passer par Soissons les transports expédiés à l'armée ;
Encombrement de Reims ;
Encombrement de Rethel, où le 26 août un fonctionnaire de l'intendance faisait arrêter les trains sur la voie principale afin de trier dans les wagons les marchandises dont il avait besoin, sans comprendre qu'il arrêtait les trains de troupes et de ravitaillement que l'on expédiait à l'armée de Mac-Mahon.

Tous les mouvements étaient demandés et prescrits par dépêche, et cependant nous fûmes assez heureux pour n'avoir aucun malheur à déplorer.

Retour à Paris de la garde mobile de la Seine. — Un débat historique très-vif s'étant élevé au sujet du retour des gardes mobiles du camp de Châlons à Paris, il nous a paru intéressant d'indiquer la part que le chemin de fer prit à cette affaire.

La garde mobile de la Seine fut dirigée sur le camp de Châlons dans les journées du 30 juillet, 1er, 2, 9 et 11 août. Trois bataillons reçurent d'abord, nous ne savons pourquoi, une autre direction : le 11e fut envoyé à Langres, le 10e et le 12e à Besançon ; mais après un séjour de vingt-quatre ou de quarante-huit heures dans ces deux villes, ils furent ramenés au camp de Châlons, où le 12 août les dix-huit bataillons étaient réunis au camp.

Des actes d'indiscipline ont été reprochés à la garde mobile pendant son court séjour au camp. On a dit pour les excuser que l'intendance avait manqué de prévoyance, qu'à leur arrivée au camp ces jeunes soldats se sont trouvés sans vivres et sans abri. Nous n'étions pas à Châlons à ce moment, mais nous pouvons attester deux choses : la première, c'est que l'embarquement a été fort bruyant à Paris et à La Villette, et que le débarquement a dû ressembler au départ ; la seconde, c'est que chaque homme emportait au moins pour vingt-quatre heures de vivres. Il a dû arriver ceci, que les vivres ont été gaspillés à la première heure et que le lendemain ils ont fait cruellement défaut.

Dans tous les cas, le ministre de la guerre décida que la garde mobile quitterait le camp de Châlons, et le 16 août la compagnie de l'Est reçut l'ordre suivant :

« Les dix-huit bataillons de la garde mobile de la Seine vont être dirigés sur :

« Douai,	« Abbeville et Montreuil,
« Arras,	« Péronne et Ham,
« Béthune,	« Calais,
« Boulogne et Hesdin,	« Saint-Venant et Aire,
« Gravelines et Bergues,	« Avesnes et Le Quesnoy,
« Lille,	« Condé,
« Valenciennes,	« Givet,
« Cambrai,	« Mézières,
« Maubeuge et Landrecies,	« Rocroi.

« Le mouvement commencera immédiatement. Chaque bataillon est fort d'environ neuf cents hommes. »

Seulement, comme on prévoyait que les mobiles se refuseraient à monter dans les wagons si ces destinations leur étaient connues à l'avance, on avait le projet de diriger les trains sur Paris et de les faire rebrousser de suite sur le nord.

Le 17 août, le ministre de la guerre écrivait à la compagnie qu'il était essentiel *d'éviter que les hommes descendissent des wagons*, et on lui adressait des ordres qui devaient être mis sous les yeux des commandants de bataillon.

Il est probable que ces ordres eussent été méconnus, et qu'une fois arrivés à Paris, les mobiles se seraient précipités hors des voitures. Le projet d'envoyer ces troupes dans le nord avait été divulgué à Châlons, et dès le 17 la compagnie de l'Est était informée par ses agents que ce mouvement vers le nord ne s'exécuterait pas.

Le 17, à une heure cinquante-quatre minutes du soir, nous recevions la dépêche suivante :

« Les mobiles qui, suivant votre lettre numéro 8857, devaient être dirigés sur le nord, se rendent au camp de Saint-Maur, suivant ordre de l'autorité militaire. »

Le 18, une seconde dépêche disait :

« La garde mobile se rend à Reims par trois fractions de deux mille quatre cents hommes chacune et sera embarquée à cette gare pour se rendre à Paris. La première fraction arrive à Reims le matin vers onze heures, la deuxième midi, la troisième une heure. Le reste, environ cinq mille cinq cents hommes, partiront le 19 aussi pour Paris et de la même façon. Toute les mesures sont prises. »

Ainsi, tandis qu'à Paris on donnait l'ordre formel de diriger la troupe sur les places du nord, *l'autorité militaire* à Châlons donnait le même jour l'ordre de ramener les mobiles à Paris.

Le 18, le ministre de la guerre, reconnaissant qu'il était impossible de s'opposer à ce retour, annulait les ordres qu'il avait donnés, et la compagnie de l'Est était invitée à considérer comme non avenues les instructions qu'elle avait précédemment reçues et à renvoyer au ministre les ordres qui devaient être mis sous les yeux des chefs de bataillon.

Le retour des mobiles à Paris nous causait, au point de vue de l'ordre, une vive préoccupation, et le 17 au soir nous crûmes devoir en aviser M. le général Malroy, chef de l'état-major général de la première division militaire. Il ignorait absolument ce retour qu'il considérait comme un événement des plus regrettables.

Pour diminuer les inconvénients que devait offrir le trajet entre La Villette et Saint-Maur de troupes qui se débanderaient certainement en traversant Paris, le général Malroy écrivit le 18 au matin à la compagnie de l'Est pour demander si le débarquement ne pourrait pas être effectué à Pantin, au lieu de l'être à La Villette.

Nous répondîmes que rien ne s'opposait à ce changement, mais qu'il y avait un moyen bien plus simple d'éviter toute traversée dans Paris : c'était d'arrêter les trains à Noisy-le-Sec et de les faire rebrousser par la ligne de Mulhouse jusqu'à la gare de Nogent-sur-Marne, située à deux kilomètres du camp de Saint-Maur.

Cette solution, qui diminuait beaucoup la fatigue à imposer aux hommes, fut acceptée par l'autorité militaire et notifiée officiellement par une lettre du général Malroy.

En fait, l'avant-garde seule des mobiles de la Seine descendit à Pantin et se rendit à Saint-Maur en traversant une partie de la ville. Tous les trains furent arrêtés à Noisy et dirigés sur Nogent-sur-Marne.

Évacuation successive des gares. — Les dates ci-après indiquent d'une manière précise la marche de l'ennemi sur Paris, le service du chemin de fer n'ayant été arrêté qu'à la dernière limite; quelquefois même il a été repris dès que l'ennemi s'éloignait.

Le service des trains s'est arrêté à Toul, le 14 août ;
—   — à Commercy, le même jour ;
—   — à Bar-le-Duc, le 16 août.

On eut quelques jours de répit, mais le 25 août on dut abandonner toute la section entre Vitry et Épernay. On avait espéré que la petite place de Vitry, qui commande le chemin de fer, se défendrait et que la circulation serait assurée; mais cet espoir fut déçu.

Le 23, les estacades en charpente sur lesquelles était établi le chemin de fer de Châlons au camp et à Verdun furent brûlées.

Les troupes allemandes, qui avaient poursuivi jusque vers Troyes les corps d'armée du maréchal Mac-Mahon et du général de Failly, ayant appris que ces corps, grâce au grand mouvement tournant que nous avons fait connaître, étaient remontés vers le nord, rebroussèrent immédiatement[1] et traversèrent le chemin de fer, vers Châlons, en colonnes immenses se dirigeant à marches forcées vers le nord, en deçà de la forêt de l'Argonne qui devenait, comme les Vosges l'avaient été auparavant, une ligne de défense inutile pour nous.

Dès que le dernier soldat allemand eut traversé la voie, on reprit le service des trains jusqu'à Châlons . . . le 25 août.
Une panique le fit cesser . . . . le 26 —
Mais il reprit. . . . . le 27 —
et ne cessa que . . . . le 4 septembre, à minuit.

La bataille de Sedan avait anéanti nos dernières espérances et l'abandon de la ligne jusqu'à Paris fut rapide. Le génie militaire coupait successivement les ouvrages importants, et le service des trains s'arrêtait forcément à la station qui précédait la coupure.

Le souterrain de Nanteuil fut obstrué le 4 septembre.
Celui d'Armentières. . . . . le 5 —
Le pont de Trilport fut coupé . . . le 8 —
Celui d'Ile-lès-Villenoy. . . . . le 8 —

Le service des trains s'arrêtait :
A Château-Thierry. . . . . le 4 septembre.
A La Ferté-sous-Jouarre. . . . le 4 —
A Meaux. . . . . le 8 —
A Lagny. . . . . le 12 —

Le 12 au soir nous ne sortions plus de Paris.

Les Allemands ont dit que la rage de destruction dont les Français avaient fait preuve n'avait en rien arrêté la marche

---

[1] Les éclaireurs allemands arrivaient, le 26 août vers midi, à la station de Payns. Le train qui avait quitté Troyes à 11 heures dut rebrousser chemin après avoir reçu plusieurs coups de feu ; mais, dès le 27 au matin, les troupes allemandes partirent précipitamment vers le nord, sans même prendre le temps d'attendre les rations qui avaient été, la veille au soir, imposées aux communes.

victorieuse de leurs troupes. Cela peut être vrai dans certaines directions, les ponts sur les routes n'ayant pas été coupés comme l'ont été ceux des chemins de fer. Les troupes envahissantes n'ont pas rencontré d'obstacles dans leur marche; mais les approvisionnements, les munitions, les pièces de siége, ont été singulièrement retardés sur plusieurs points.

Toute l'Europe a su le nom du souterrain de Nanteuil. La destruction du grand viaduc de Dannemarie, à 20 kilomètres environ de Belfort, a bien contribué à la défense de la place, et pendant près de trois mois la ligne de Nancy à Gray par Épinal a été infranchissable aux trains.

Nous n'avons parlé que de la ligne principale, et, pour ne point fatiguer le lecteur, nous ne donnons pas les dates de la cessation du service sur les lignes secondaires. Sur chacune d'elles on a maintenu les trains jusqu'à la dernière extrémité, et la compagnie de l'Est a pu conserver des sections en exploitation jusqu'à la fin d'octobre. Un petit tronçon, celui partant de Givet dans la direction de Mézières, n'a même jamais été interrompu.

La règle donnée aux agents du chemin de fer a été la même partout : sauver le matériel roulant, les marchandises, les registres, la caisse et les appareils télégraphiques; et cette règle a été très-fidèlement observée. Quant aux employés eux-mêmes, liberté leur était donnée ou de quitter la gare avec leurs familles et leurs bagages, ou de rester dans les bâtiments en partageant le sort des habitants des villes occupées par l'ennemi. Le plus grand nombre a suivi ce dernier parti et est resté à son poste.

Solde payée au personnel pendant le siége de Paris. — Lorsque l'investissement de Paris a eu supprimé toute communication avec le siège central de la compagnie, notre plus vive préoccupation a été de faire vivre notre nombreux personnel. Au prix de grands efforts, nous avons pu faire parvenir à la presque totalité de nos agents le montant de leur demi-solde.

Après la reprise du service, le conseil de la compagnie de l'Est a décidé que le complément de la demi-solde serait payé à tous les agents restés soit à leur poste même, soit à un poste approuvé par les chefs dont ils dépendaient. C'était pour la compagnie de l'Est, privée de son exploitation pendant plus de six mois, un sacrifice très-considérable, mais qu'elle n'a pas hésité à faire en faveur d'agents qui avaient donné tant de preuves de dévouement.

Peu de jours se passent sans que l'on attaque les grandes compagnies de chemins de fer et la manière dont *elles oppriment leur personnel*. Il est permis de dire en réponse à ces critiques passionnées et injustes ce qui a été fait dans des circonstances difficiles. Bien peu d'industries, privées de tout travail pendant six mois, auraient pu payer intégralement leur personnel.

Emploi des wagons pour l'installation d'un hôpital sur l'Esplanade, à Metz. — Les batailles de Gravelotte et de Saint-Privat avaient donné un grand nombre de blessés. Tous les édifices publics, beaucoup de maisons particulières de Metz, étaient presque complétement remplis, et on voyait arriver le moment où il serait impossible d'abriter de nouveaux malades ou de nouveaux blessés. M. Dietz, ingénieur de la compagnie de l'Est, directeur des ateliers de Montigny, eut l'idée d'établir une ambulance sur la grande place de l'Esplanade, à l'aide des wagons couverts qui étaient restés à la gare de Metz.

Cette idée reçut l'agrément de M. le général Coffinières. Deux cent soixante-treize wagons couverts appartenant à toutes les compagnies françaises, ainsi qu'à diverses administrations allemandes, furent conduits sur la place de l'Esplanade et disposés en alignements présentant vingt rues. Au centre un espace avait été laissé libre pour les salles de pansement, cuisines et magasins.

Un inspecteur des ateliers fut nommé directeur de l'ambulance sous wagons et assisté de trois médecins, deux civils et un militaire; il géra ce grand établissement pendant toute la durée du siége.

Des ouvriers des ateliers furent transformés en infirmiers, cuisiniers, comptables, distributeurs, et tous remplirent ces fonctions avec le plus grand dévouement.

L'ambulance put fonctionner dès le 1er septembre. Une convention passée avec l'intendance française régla le fonctionnement de l'ambulance, ainsi que le mode de remboursement des dépenses nécessitées par l'installation et le traitement des militaires qui y étaient déjà ou devaient y être admis.

Les wagons, munis de hamacs superposés, pouvaient recevoir dix-huit cents malades. L'effectif journalier des hommes présents à l'ambulance a varié de neuf cents à douze cents; un jour il atteignit le chiffre de seize cents.

Du 1er septembre au 13 novembre, jour de la fermeture, l'ambulance reçut 3,861 blessés ayant passé ensemble 81,844 journées.

Dans la publication faite sur le blocus de Metz, le conseil municipal, après avoir signalé l'insuffisance de la plupart des ambulances, ajoute :

« Il faut en excepter l'hôpital sous wagons où les ouvriers et employés de la compagnie de l'Est formèrent immédiatement un service homogène, composé d'hommes d'une intelligence et d'une honnêteté éprouvées.

Du 1er septembre au 29 octobre, les dépenses de l'ambulance furent soldées par l'intendance française, du 29 octobre au 13 novembre par l'intendance allemande.

Cette installation, très-supérieure à ce qui aurait pu être obtenu avec des tentes ou des baraques, présentait sous le rapport de l'hygiène, de la propreté et de l'aération, des avantages considérables; et nous pensons que dans des circonstances analogues on ne saurait tirer meilleur parti de wagons inutilisés dans l'enceinte d'une ville forte.

Sur plusieurs autres points du réseau de l'Est, les wagons furent utilisés à loger des postes de quelques hommes, notamment à la bifurcation de Chalindrey, près de Langres; mais on n'avait là que quelques wagons, tandis qu'à Metz l'emploi de deux cent soixante-treize véhicules constituait presque une petite ville.

Transport des blessés de Sedan sur les places du Nord. — Après la bataille de Sedan, un armistice de huit jours, comptés à partir du 4 septembre, fut conclu entre les deux belligérants. Les conditions de cet armistice qui, de prolongation en prolongation, fut continué jusqu'au 20 octobre, étaient les suivantes :

Suspension des hostilités dans un rayon de vingt à vingt-cinq kilomètres ;

Neutralisation des lignes de Donchery à Charleville, de Charleville à Hirson et de Charleville à Givet pour le ravitaillement des prisonniers français campés ou plutôt parqués dans la presqu'île d'Iges, *le camp de la Misère*, et pour le transport des blessés de Sedan sur les places du nord et sur la Belgique.

Le premier train de blessés ne put avoir lieu que le 6 septembre et les trains se succédèrent assez lentement, trois au plus par jour dans les premiers temps, un tous les deux jours dans la dernière période.

Le nombre de blessés qui prirent place dans ces trains fut considérable; il s'est élevé à neuf mille six cent soixante et onze. Ils étaient transportés dans des voitures à voyageurs et dans des wagons à marchandises.

Arrivés à Charleville, tous les blessés étaient secourus dans les wagons, sur les quais et dans les salles d'attente de la gare converties en ambulances et en salles de pansement par les agents de la compagnie de l'Est.

Nous n'avions pas, pour le transport des blessés, une organisation qui puisse être un instant comparée à celle des Allemands. Nous avons tenu néanmoins à montrer les services que les chemins de fer de l'Est et du Nord rendirent à cette occasion. Les blessés, au lieu d'être entassés dans une ou deux villes, exposés à tous les dangers que produisent ces agglomérations, furent répartis dans un grand nombre de localités, ainsi que le prouve le tableau ci-après des destinations données aux neuf mille six cent soixante et onze blessés chargés dans nos trains à Donchery :

Charleville.	360	Lille.	318
Charleville à Givet.	477	Arras.	649
Charleville à Anor.	1,781	Amiens.	1,159
Bruxelles.	550	Saint-Omer.	416
Charleroi et Gand.	202	Saint-Quentin.	448
Avesnes.	416	Le Cateau.	70
Maubeuge.	509	Cambrai.	1,321
Landrecies.	49	Douai.	270
Valenciennes.	500	Dunkerque.	176

Approvisionnement de Paris. — La possibilité de l'investissement de Paris n'apparut que tardivement dans notre pays. Ce n'est que le 20 août que les chemins de fer reçurent du gouvernement une communication au sujet des transports à faire pour réunir, dans l'enceinte de Paris, un approvisionnement de bétail suffisant aux besoins de la consommation pendant un temps déterminé.

Les chemins de fer répondirent, nous ne craignons pas de le dire, avec leur énergie accoutumée, à ce nouveau besoin, et dans un espace de temps bien court ils accumulèrent dans Paris un approvisionnement dont l'immensité dépassa les prévisions les plus optimistes.

Transports exécutés par le chemin de fer de l'Ouest. — La région de l'Ouest, éloignée du théâtre de la guerre, prit une part active à cet approvisionnement.

Dans l'espace de trente-cinq jours, du 15 août au 19 septembre 1870, date de la cessation du service des lignes de Bretagne et de Normandie, la compagnie de l'Ouest a fait entrer dans Paris :

14,982 wagons chargés de 72,442 tonnes de farines, grains, fourrages, denrées coloniales, et 67,716 têtes de bétail.

Ce grand mouvement ne se fit pas sans difficultés et sans encombrement à l'arrivée. Quatre administrations publiques, la guerre, la marine, le ministère du commerce, la ville de Paris, donnaient des ordres souvent contradictoires ; et si l'on s'était préoccupé de faire arriver dans Paris des masses énormes de marchandises, on n'avait pas songé à ce que l'on en ferait une fois arrivées. Le jour de la cessation du service, le 19 septembre, la gare des Batignolles avait à livrer soixante-sept mille quatre-vingt-quatorze colis de denrées. Toutes les autres gares de Paris étaient à peu près dans le même état.

Pour les transports civils, nous retrouvons une imprévoyance semblable à celle que nous avons signalée et que nous signalerons encore pour les transports militaires. Un ordre une fois donné, on croit qu'il n'y a plus rien à faire, et quand les quais d'une gare sont encombrés de soixante-dix mille colis qui attendent une destination, on signale au pays l'impuissance des compagnies.

Nous avons relu la longue série des dépêches qui nous furent adressées dans les trois ou quatre semaines qui précédèrent l'investissement, et bien qu'elles ne nous paraissent pas comporter une analyse bien intéressante, nous citerons néanmoins les suivantes :

Choix à faire entre les approvisionnements de l'intendance ;

Acquisition de cent paires de meules à La Ferté-sous-Jouarre ;

Lits en fer à expédier de Clairvaux aux ambulances des villes du Nord ;

Wagons réclamés pour les bestiaux, les blés, les denrées de toute nature, les fourneaux en fonte, les fourrages, les sels, les tans ;

Transport des agents des domaines de la couronne, etc., etc. ;

Transport des agents forestiers, des douaniers, des agents des domaines de la couronne, etc., etc. ;

Transport des familles qui se réfugient à Paris, ou qui s'en éloignent, etc., etc.

Au milieu de toutes ces opérations, l'achat de cent paires de meules à La Ferté-sous-Jouarre mérite d'être signalé comme un des plus grands services qui furent rendus à la ville de Paris. Nous regrettons de ne pas savoir à qui en attribuer l'honneur.

§ 3. — Depuis l'investissement de Paris jusqu'à l'armistice de Versailles.

Services rendus par les chemins de fer dans l'intérieur de Paris. — Le rôle des chemins de fer dans Paris investi semblait devoir être nul, puisque, les relations avec l'extérieur étant supprimées, il ne restait que le chemin de fer de Ceinture tracé à l'intérieur des fortifications de l'enceinte. Mais la puissante organisation des compagnies subsistait, et elles purent rendre à la population de Paris des services considérables, tels que le camionnage des denrées, des munitions, des effets d'équipement, l'utilisation des ateliers pour les travaux d'armement, enfin la transformation d'une partie des gares en meuneries. Nous dirons un mot de chacun de ces services, qui montrent combien il est utile pour un pays de posséder des institutions qui aient une vie propre et indépendante.

Camionnage. — Le camionnage des marchandises est une opération accessoire des transports ; mais, dans la situation qui se préparait pour Paris, il acquérait une importance considérable. En temps ordinaire, les cinq grandes compagnies entretiennent à Paris un effectif d'environ deux mille cinq cents chevaux de première force. Cet effectif fut mis avec toutes les voitures à la disposition du gouvernement, et il participa dans une grande proportion aux transports ci-après :

Répartition dans Paris des marchandises accumulées dans les gares avant l'investissement;

Répartition dans les mairies des effets d'équipement et d'armement de la garde nationale ;

Distribution de denrées alimentaires ;

Transport de poudres, de boulets aux fortifications et dans les forts ;

Transport des grains aux meuneries établies dans les gares, et livraison des farines chez les boulangers ;

Transport des blessés du champ de bataille aux ambulances ;

Service des pièces d'artillerie, du télégraphe, des vivres, des équipages à la suite des armées.

A la fin de la guerre, l'effectif des chevaux avait été bien réduit ; mais il comportait encore mille deux cents ou mille cinq cents animaux, avec lesquels on put transporter dans Paris les premières denrées apportées par les trains de ravitaillement.

Ambulances dans les bâtiments des gares. — Le nombre des ambulances privées ouvertes dans Paris était considérable ; les compagnies de chemins de fer ne pouvaient manquer de prendre part à cette œuvre charitable. Dans les gares ou dans les bureaux des chemins de fer de Paris-Lyon-Méditerranée, d'Orléans, de l'Est, des salles furent converties en ambulances aux frais des compagnies et desservies par leur personnel médical, qui fit preuve d'un grand dévouement.

Ambulances en province. — Pendant toute la durée de la guerre, un grand nombre de gares furent transformées en ambulances, aussi bien pour les blessés que pour les malades. Nous avons vu à Lyon des salles pleines de soldats varioleux. Les villes rejetaient volontiers sur les compagnies de chemins de fer les soins à donner aux malheureux soldats ; dans plusieurs gares, ils furent soignés avec un grand zèle par les femmes, les filles et les sœurs de nos agents.

Utilisation des halles couvertes pour la construction des ballons. — Les grandes halles des gares d'Orléans et de l'Est furent converties en ateliers pour la fabrication des ballons, et plusieurs départs eurent lieu dans les cours des chemins de fer.

Emploi des ateliers. — Les ateliers de toutes les compagnies vinrent en aide aux arsenaux de l'État. Ils renfermaient un ou tillage considérable et perfectionné, un très-nombreux personnel d'ouvriers d'élite ; ils exécutèrent des réparations d'armes, fabriquèrent des canons, des batteries blindées et des affûts en grande quantité.

La prompte, nous dirons même la subite transformation des ateliers de l'industrie privée en arsenaux, nous paraît un argument irrésistible en faveur de l'opinion qui réclame la suppression de la plus grande partie des ateliers de l'État et l'exécution des commandes de la guerre et de la marine par l'industrie.

Il est impossible qu'un atelier d'État ait toujours de l'ouvrage ; ses ouvriers se disperseront ou s'endormiront dans une oisiveté réglementaire ; l'outillage vieillira et se trouvera insuffisant. L'industrie, au contraire, ne chôme jamais ; elle s'ingénie pour trouver de l'ouvrage ; sous peine de périr, elle améliore sans cesse son outillage et se trouve toujours prête. Aussi, en province comme à Paris, les ateliers de chemins de fer furent-ils d'un grand secours au gouvernement de la Défense nationale.

Même dans des gares où il n'y avait point d'ateliers, les mécaniciens des dépôts mirent rapidement en état des quantités de fusils venus d'Amérique et auxquels il restait un dernier ajustage à faire.

Travaux produits par quelques ateliers. — A Paris, la production des ateliers des compagnies fut énorme. Nous citerons les commandes qui furent exécutées dans des délais très-courts par les ateliers du chemin de fer de Paris à Lyon :

Organisation d'un atelier permanent pour la réparation des fusils, des sabres et des fourreaux ;

Construction de cent cinquante civières et de cent lits en fer ;

Construction de cent affûts de 12, de siége ;

Construction de trente affûts en fer, pour canons de 24 ;

Construction de soixante-dix canons en bronze rayés, de 7 ;

(La commande a été reçue le 12 octobre et le premier canon

a été livré le 17 novembre ; on avait dû faire un outillage spécial.)

Construction de soixante-quinze affûts, avec avant-trains et coffres pour canons de 7 ;

Construction de cent cinquante caissons à munitions, avec avant-trains pour canons de 7 ;

Construction de vingt-cinq affûts pour canons de marine de 19 centimètres ;

Construction de huit cent quatre-vingts pièces diverses pour le service de l'artillerie : essieux, roues, leviers, anspects, écouvillons.

(La commande a été faite le 5 octobre et le premier affût était livré le 28 du même mois.)

Construction de dix avant-trains pour pièces de 24 ;

Réparations à bord des canonnières ;

Tournage de projectiles pour les pièces de 7.

Dans les ateliers des chemins de fer de l'Est, du Nord, nous retrouvons des commandes semblables pour un nombre considérable d'affûts, avec ou sans avant-trains, pour pièces de campagne, pièces de siége, des réparations de fusils, de canons, de mitrailleuses, etc., etc.

Machines et wagons blindés. — Les ateliers des chemins de fer d'Orléans et de l'Ouest s'occupèrent également de la fabrication des armes à feu et des projectiles ; mais ils furent principalement chargés de la construction des machines et des wagons blindés. Ces engins redoutables ne rendirent pas tous les services que l'on pouvait en attendre, parce que les chemins de fer avaient été imprudemment coupés. Ils furent néanmoins utilisés aux affaires de Choisy-le-Roi, de Villiers, du Bourget, et nous pensons qu'il faut étudier pour l'avenir l'usage de ces machines nouvelles. Dans des cas déterminés, notamment sur les voies qui relieront les diverses parties d'un camp retranché, les machines blindées peuvent protéger longtemps les approches. Les fédérés de la Commune insurrectionnelle de Paris n'ont pas manqué de se servir des machines blindées si imprudemment laissées dans nos murs, et ils ont su les utiliser pour la défense du pont d'Asnières.

Il n'entre pas dans notre cadre de décrire les divers modèles de machines, de tenders, de wagons blindés qui ont été construits dans la dernière guerre ; nous devions seulement signaler les services rendus par les ateliers des compagnies.

Services rendus par les ateliers en province. — Non moins considérables ont été les services rendus par les ateliers de compagnies de chemins de fer en province.

A Oullins, près Lyon, les ateliers ont livré :

Vingt et un affûts complets avec avant-trains et coffres pour pièces rayées de 4 ;

Mille sept cents pièces diverses, telles que boites en bronze finies pour affûts de 12, lunettes de crosses, arrière-trains, etc ;

Douze canons rayés de 7 en acier fondu, livrés bruts par les forges de Firminy, et qui furent forés, tournés, rayés et ajustés à leurs culasses par les ateliers d'Oullins.

Sur les chemins de fer de l'Ouest, les ateliers de Sotteville et de Rennes fournirent à l'administration militaire :

Des affûts de pièces de campagne avec coffres et avant-trains ;

Des machines et des wagons blindés ;

Des cartouches pour fusils à tabatière et pour fusils chassepot, etc., etc....

La compagnie d'Orléans installa une cartoucherie à Viviers, et construisit à Périgueux trois batteries roulantes et blindées.

Fourniture d'eau à la ville de Paris. — Les Allemands ayant coupé les dérivations qui amènent l'eau à Paris, et les machines élévatoires de la ville devenant très-insuffisantes, les compagnies d'Orléans, de l'Ouest et de Lyon s'empressèrent d'offrir leur concours.

Au chemin de Lyon la fourniture de l'eau dura du 29 septembre au 20 janvier ; les machines travaillaient treize heures par jour et fournissaient de 85 à 87 mètres cubes à l'heure. Cette eau fut facturée à la Ville à raison de 0 fr. 057 le mètre cube, tandis que, lorsque la compagnie demande de l'eau à la Ville, celle-ci la lui fait payer 0 fr. 25.

Transformations des gares en moulins. — La question de savoir quelle était à tout instant la valeur exacte de l'approvisionnement en farines d'une ville comme Paris était fort difficile, et l'on conçoit que le comité des subsistances ait été trompé d'abord sur le nombre de meules à établir (il avait, le 10 septembre, réduit à cent le nombre de paires de meules que les ingénieurs voulaient porter de suite à trois cents), et plus tard, sur la proportion qui existait entre les quantités de farines et de grains.

Dans le milieu de novembre, on s'aperçut qu'il n'y avait de farines que pour vingt-trois jours. Paris ne pouvait plus compter que sur le produit journalier des moulins ; or, ceux-ci étaient en nombre insuffisant. Le comité des subsistances résolut, le 20 novembre, de doubler le nombre de ces moulins ; mais, à part l'usine Cail qui prit l'engagement d'augmenter de deux cents paires de petites meules son installation primitive, il était impossible de s'adresser de nouveau à l'industrie privée. Nous laissons ici la parole à M. Cheysson, ingénieur des ponts et chaussées, qui a pris une part considérable à la grande tâche de nourrir la population parisienne, et qui, dans son livre si intéressant *le Pain du siége*, a raconté tous les efforts qui ont été faits :

« La seule solution qui satisfît à toutes les conditions du problème était de faire appel aux compagnies de chemins de fer et de leur demander d'établir les nouveaux moulins dans leurs gares.

« Les halles à marchandises des gares offraient, en effet, de vastes emplacements pour installer les moulins et de larges accès bien disposés pour desservir l'exploitation. On y avait sous la main, dans les locomotives, des moteurs aussi puissants que commodes et prompts à mettre en place. Les ateliers de construction pouvaient prêter leurs ressources de toute nature pour les travaux d'établissement et d'entretien. Enfin, et surtout, le personnel supérieur des compagnies, en mettant son organisation, ses talents et son patriotisme à la disposition de l'entreprise, devait en assurer le succès. C'était donc de ce côté qu'il fallait porter ses efforts.

« Quelques heures après que le doublement des moulins venait d'être décidé (le samedi 20 novembre) par le comité des subsistances, le soir même, grâce à l'obligeant empressement de M. Sauvage, directeur de la compagnie de l'Est, cette compagnie et celle du Nord avaient déjà accepté la construction de deux moulins, l'un de vingt paires dans la gare de La Villette, l'autre de vingt-huit paires dans celle de La Chapelle. Le lendemain matin dimanche, on se mettait à l'œuvre pour la rédaction du projet définitif, et l'on signait, le 21, les traités officiels, sur la base du remboursement des dépenses. »

Des traités semblables furent passés avec les autres compagnies.

En moins de trois semaines, des batteries de meules furent improvisées dans les halles des grandes gares. Il y avait :

A l'Est.	34 paires de meules,
A Paris-Lyon	40 —
A Orléans	30 —
A l'Ouest.	20 —
Au Nord.	28 —
Ensemble. . . .	152

Plusieurs de ces meules ont fonctionné pendant près de trois mois; la force était donnée par des machines locomotives transformées en machines motrices.

Après avoir installé les moulins, les compagnies prirent encore part à leur exploitation : elles fournirent la force motrice, le graissage des transmissions, l'éclairage et le double camionnage des grains et des farines ; le travail de mouture proprement dite était dirigé par des personnes familières avec ce genre de travail.

Comme terme de comparaison entre les installations improvisées par les compagnies de chemins de fer et les établissements qui existent à Paris pour la mouture, nous dirons que, tandis que les gares avaient jusqu'à trente-quatre et quarante paires de meules, la manutention militaire n'en a que vingt-six paires, et le moulin de la rue Scipion (*Assistance publique*) que quatorze.

Les compagnies de l'Est, du Nord et de l'Ouest purent encore rendre à la ville un nouveau service, celui d'alimenter elles-mêmes leurs moulins de combustible.

Services rendus par le chemin de fer de Ceinture. — Le chemin de fer de Ceinture, tracé à l'intérieur de Paris, à une très-faible distance des fortifications, n'a pas rendu de grands services pendant le siége de Paris, parce qu'aucune action n'a eu lieu près des remparts. Avant l'investissement, au contraire, il avait donné passage à cinq cent quarante trains de troupes transitant d'un chemin sur l'autre.

Pendant toute la durée de la guerre, du 16 juillet 1870 au 17 mars 1871, le chemin de Ceinture a transporté près de huit cent mille hommes allant d'un poste à un autre, mais sans que l'on ait eu à effectuer un mouvement militaire spécial d'une certaine importance.

Nous ne parlons pas du second chemin de Ceinture construit sur la route militaire, et sur lequel il n'a pour ainsi dire été effectué aucun transport pendant toute la durée du siége.

Services rendus par le chemin de fer de Vincennes. — Très-faibles également ont été les services rendus par le chemin de fer de Vincennes : pendant la durée de la guerre, il a transporté vingt-sept mille ouvriers du génie militaire ou du génie civil.

Le jour de la bataille de Champigny, deux mille six cents marins ou gardes mobiles ont pris place dans les trains. Nous ne savons pas s'il eût été possible de tirer un plus grand parti du chemin de Ceinture et de celui de Vincennes, nous nous contentons de dire ce qui a été fait.

Mouvement de troupes dans la nuit du 20 au 21 décembre 1870. — Dans la nuit du 20 au 21 décembre 1870, une des plus froides de cet hiver exceptionnel, les chemins de fer de l'Ouest, de la Ceinture et de l'Est eurent à exécuter un transport de vingt mille hommes, avec cette condition inusitée dans la pratique des chemins de fer de n'allumer aucune lumière ni sur la voie, ni sur les machines.

Dix mille hommes partirent de la presqu'île de Gennevilliers et furent répartis en huit trains de six heures à neuf heures du soir.

Dix mille hommes, répartis également en huit trains, partirent de Nogent-sur-Marne pour Noisy-le-Sec, de minuit à six heures du matin.

Constitution de corps spéciaux pour la protection des gares. — La pensée de constituer des corps spéciaux pour la protection des gares répondait à un besoin supérieur, celui de conserver réunis les agents des chemins de fer, afin de les avoir sous la main au jour, nous dirons même à l'heure à laquelle il pouvait être utile de reprendre le service.

Il y avait, en outre, à sauvegarder dans les grandes villes les établissements considérables qui constituent aujourd'hui une grande gare de chemin de fer : remises, ateliers, dépôts, le matériel roulant, l'outillage, enfin les marchandises entassées sous les halles.

A ce double point de vue, les hommes furent constitués à Paris en corps francs de pompiers armés. Ces corps ne rendirent pas de grands services au point de vue de la défense de la place. Cependant ils firent bravement leur devoir à la garde des bastions, ils maintinrent surtout les cadres du personnel, et au point de vue du danger des incendies ils exercèrent une surveillance efficace.

Sur divers points du réseau de l'Est, à Belfort pendant le

siége de la ville, à Charleville et à Givet, des compagnies semblables furent organisées en vue des mêmes besoins : maintenir les cadres et veiller aux incendies.

Opérations dans le centre de la France. — Transports avant la bataille de Coulmiers. — Comme toutes les compagnies françaises, la compagnie d'Orléans a pris une grande part aux transports militaires. Pendant les luttes qui ont eu lieu dans les localités desservies par ses lignes, dans les plaines de la Beauce, entre Orléans, Châteaudun et Le Mans, elle a pu ravitailler par des trains spéciaux les troupes engagées contre l'ennemi, leur amener les renforts, les vivres, les munitions nécessaires, et maintenir jusqu'à la dernière heure ses machines et ses wagons à proximité des champs de bataille.

Trois mouvements considérables de troupes ont eu lieu sur le réseau d'Orléans : le premier avant la bataille de Coulmiers, les deux autres dirigés sur l'est. Nous ne parlerons ici que du premier.

Un corps d'armée de vingt-cinq mille hommes d'infanterie, seize batteries d'artillerie, deux régiments de cuirassiers, établi à Salbris après la première évacuation d'Orléans, a été dirigé le 27 octobre sur Mer et Vendôme par Vierzon et Tours. Commencé le même jour à sept heures du matin, l'embarquement de l'infanterie a été terminé le 28 à neuf heures quarante-cinq minutes du soir. Les premières batteries d'artillerie se sont présentées à Vierzon le 27 octobre à six heures du matin, et à partir de ce moment le mouvement a continué jour et nuit jusqu'au départ du dernier wagon, qui a eu lieu le 29 au matin.

Le 30 octobre, on a expédié de Vierzon le reste des approvisionnements du parc d'artillerie, le matériel du génie et l'équipage des ponts, ce qui a terminé l'expédition du corps d'armée de la Loire.

L'embarquement des troupes se faisait lentement et avec inexpérience. D'ailleurs le chargement des chevaux et du matériel de guerre, fait par la troupe, a été très-gêné par une pluie torrentielle.

Le nombre total de trains faits pour assurer le transport du corps d'armée de Salbris à Vierzon vers Mer et Vendôme a été de quarante-deux. Le premier a donc quitté Vierzon le 27 octobre à sept heures du matin ; le dernier est parti de la même gare le 29 octobre à huit heures du matin.

Dans ce même moment la compagnie avait, en outre, à assurer le transport à Vierzon et Salbris de dix mille hommes de troupes venant remplacer celles partant pour Mer et Vendôme.

Transport d'un corps d'armée de Chagny à Gien-sur-Loire. — Le transport d'un corps d'armée considérable de Chagny à Gien a été effectué dans les conditions les plus défavorables, parce qu'aucune entente préalable n'avait été préparée entre l'administration militaire et la compagnie de Lyon.

Dans la matinée du 16 novembre 1871 la direction de la compagnie de Lyon reçut à Clermont-Ferrand une dépêche partie la veille à minuit de Tours et prescrivant le transport de Chagny à Gien du corps d'armée du général Crouzat. Ce corps était composé de quarante mille hommes, cavalerie et infanterie ; le mouvement devait commencer le matin même et être terminé le lendemain soir.

Pour transporter un effectif semblable, il fallait au moins cinquante trains, et on ne donnait à la compagnie que trente-six heures ; une semblable opération était évidemment impossible.

Difficultés au départ. — Chagny est une gare de bifurcation située sur la section de Dijon à Châlon, avec un assez grand nombre de voies, mais peu ou point de quais ; elle était presque complétement dépourvue de matériel. Déjà évacuée une fois devant l'ennemi, la compagnie n'y entretenait que le matériel suffisant pour composer au plus deux ou trois trains. Or, pour faire cinquante trains à trente véhicules chacun, il fallait avoir quinze cents véhicules, cinquante machines, ou, en supposant que chaque train pût faire deux voyages, au minimum vingt-cinq machines et sept cent cinquante véhicules.

Un tel effectif ne s'improvise pas ; on devait le demander à Lyon, à Valence, à Saint-Étienne, à Clermont ou à Saincaize, c'est-à-dire à des gares éloignées de Chagny de 140, 251, 201, 173 kilomètres.

Il était donc facile de supposer que la première journée au moins serait perdue pour l'approvisionnement du matériel.

Parcours a effectuer. — Pour aller de Chagny à Gien, on pouvait gagner la ligne du Bourbonnais en deux points différents, Nevers ou Moulins, en suivant l'une ou l'autre des lignes qui de Chagny se dirigent sur ces grandes gares.

La compagnie de Lyon décida que les trains chargés suivraient la ligne la plus au nord (Chagny, Montchanin, Nevers), et que le matériel vide reviendrait par la ligne au sud (Moulins, Montchanin, Chagny). On s'assurait ainsi toutes les facilités d'une ligne à double voie, ce qui était un grand avantage. Les distances étaient les suivantes :

Chagny à Gien, viâ Nevers. . . 262 kilomètres.
Chagny à Gien, viâ Moulins. . 306 —

Effectif transporté. — L'effectif transporté était plus considérable que l'effectif annoncé ; il exigea l'emploi de quatre-vingt-huit trains au lieu de cinquante qui avaient été prévus. Le mouvement fut terminé le 19 au soir, c'est-à-dire à la fin du quatrième jour qui avait suivi la réception de l'ordre d'expédition. C'était donc une moyenne de vingt-deux trains par jour, et, comme la première journée avait été perdue en préparatifs indispensables, on peut compter que, dans chacun des trois derniers jours, il a été fait entre vingt-cinq et trente trains par vingt-quatre heures.

Nous avons vu les règlements allemands prévoir des mouvements de douze à quatorze trains par vingt-quatre heures ; les ingénieurs français avaient donc, dans les circonstances les plus difficiles, su réaliser le double au moins de ce que les Allemands jugeaient possible.

Sans doute on aurait pu faire encore mieux ; mais pour cela il eût fallu prévenir à l'avance la compagnie de Lyon qu'un mouvement allait se faire, lui donner ordre d'échelonner aux abords de Chagny sept ou huit cents véhicules, prescrire la construction à Chagny d'un nombre de quais suffisant au chargement simultané de cinq ou six trains ; il eût fallu, en un mot, prévoir les détails du transport au même titre qu'on se préoccupait de l'armement et de la nourriture des troupes.

Opérations dans le nord de la France. — Nous n'avons trouvé, dans le récit des faits militaires dans le nord de la France, aucune question relative à l'emploi exceptionnel des chemins de fer. Dans son livre de la campagne de l'armée du Nord, M. le général Faidherbe dit en parlant de la bataille de Saint-Quentin :

« Mais comment résister indéfiniment à des troupes fraîches amenées incessamment, même de Paris, sur le champ de bataille par le chemin de fer ? »

Et plus loin :

« . . . . . l'ennemi, dont le nombre augmentait à chaque instant par les renforts qu'il recevait de Rouen, d'Amiens, de Péronne, de Ham, de Laon, de La Fère, de Beauvais et de Paris. »

Emploi du chemin de fer par les Allemands à la bataille de Saint-Quentin. — MM. les ingénieurs de la compagnie du Nord ont bien voulu nous donner quelques détails sur les faits mentionnés par le général Faidherbe.

Des trains de troupes, infanterie et artillerie, se succédant d'heure en heure, n'ont cessé d'arriver à La Fère pendant les journées des 18 et 19 janvier. Ces trains venaient de Reims et de Soissons par Laon. Toutes ces troupes, débarquées à La Fère, prenaient la route de Saint-Quentin en faisant une étape de vingt-six kilomètres. On estime de quinze à vingt mille hommes le chiffre de ces renforts qui déterminèrent le succès de la journée.

Les troupes venues de Reims étaient très-propres, les troupes venues de Paris étaient couvertes de boue.

Des renforts arrivèrent aussi, par la route de Creil à Tergnier, dans des wagons de marchandises marchant parallèlement sur les deux voies à la fois.

Après la bataille de Saint-Quentin, les troupes françaises, qui avaient conservé intactes leurs quinze batteries de campagne, se retirèrent dans les places du Nord, où elles se reformèrent rapidement, et à ce sujet M. le général Faidherbe ajoute :

« L'administration du chemin de fer du Nord, ayant à sa tête M. de Saint-Didier, mit, dans ces circonstances, comme elle avait fait du reste pendant toute la guerre, le plus louable empressement à favoriser nos mouvements de troupes et de matériel. »

Un travail très-intéressant, publié par M. le baron Ernouf dans la *Revue de France* (31 mai 1872), montre quel a été le dévouement dont ont fait preuve pendant toute la durée de la guerre les agents de la compagnie du Nord, dévouement que nous retrouvons sur tous les points du territoire français.

Opérations dans l'ouest de la France. — Dans les derniers mois de la guerre, décembre 1870 et janvier 1871, la compagnie des chemins de fer de l'Ouest a eu à faire face à des difficultés inouïes causées par la rigueur de la saison, la marche des armées allemandes, mais surtout par la confusion dans les ordres qui lui ont été transmis. La compagnie de l'Ouest a bien voulu nous faire donner des notes très-détaillées sur les événements qui se sont succédé sur son réseau. De ces notes, rédigées par l'agent supérieur qui dirigeait en province le service du mouvement de la compagnie de l'Ouest, nous extrayons la conclusion qui suit :

« La part active qui nous est échue dans tout le cours de cette désastreuse campagne nous a donné la mesure de l'usage irréfléchi et à outrance qui a été fait des chemins de fer, et l'examen des faits innombrables qui se sont déroulés sous nos yeux a formé en nous cette pénible conviction, que l'administration militaire n'avait pas su tirer un bon parti de l'admirable instrument qu'elle avait entre les mains ; souvent même elle avait failli, par irréflexion ou par inexpérience, en compromettre le fonctionnement. »

Perte de la bataille du Mans. — La gare du Mans est une des plus importantes de l'ouest de la France. Cinq lignes y aboutissent :

Paris au Mans, par Chartres et Nogent-le-Rotrou ;
Tours au Mans ;
Angers au Mans ;
Brest au Mans, par Rennes et Laval ;
Cherbourg au Mans, par Argentan et Alençon.

On conçoit l'intérêt qui s'attachait à la possession de cette ville, de ce nœud de chemins de fer, pour employer la désignation allemande. Nous empruntons à la compagnie de l'Ouest le récit des faits dont la gare du Mans fut le théâtre du 14 décembre 1870 au 12 janvier 1871.

« Le 14 décembre 1870, la compagnie des chemins de fer de l'Ouest recevait du ministre de la guerre la dépêche suivante :

« A dater de ce jour, tout service public est supprimé à la
« gare du Mans. Cette gare doit être complétement réservée au
« service de la guerre, et tous les wagons du commerce immé-
« diatement évacués, à l'exception des subsistances militaires,
« d'équipement et d'habillement. Supprimez aussi tout service
« public sur les lignes du Mans à Alençon, à Laval et à Angers,
« qui seront également et exclusivement réservées à la guerre ;
« toutefois, vous pourrez affecter un train de guerre, matin et
« soir, au service de la poste. Mettez vos services sur ces lignes
« à la disposition complète du service de l'intendance pour les
« mouvements de guerre, les déchargements, etc., etc. »

« En conformité de cet ordre, le service des voyageurs et des marchandises fut immédiatement suspendu sur les diverses sections indiquées, comme il l'avait été déjà, sur l'initiative de la compagnie et par la force des événements, dans la direction du Mans à Nogent-le-Rotrou ; et les cinq directions convergeant à la gare du Mans, devenue gare militaire, furent exclusivement réservées aux transports de la guerre.

« Toutefois, en vue d'assurer l'arrivée au Mans des objets de consommation de première nécessité, quelques rares exceptions furent consenties, sur la demande des habitants, par le commandant en chef de l'armée de la Loire, dont le quartier général avait été transporté dans cette ville.

« Dès le 15 décembre, des transports plus considérables que jamais furent dirigés vers le Mans, où de nombreux groupes de wagons de subsistances furent constitués et immobilisés par l'intendance pour pourvoir aux besoins journaliers des troupes ; cette gare continuait à servir, en outre, de passage aux nombreux trains militaires transitant vers toutes les directions.

« Cependant les avant-postes se repliaient chaque jour vers le Mans ; le 7 janvier, la compagnie dut évacuer la gare de Nogent-le-Rotrou (située à 62 kilomètres en avant du Mans), point extrême de son exploitation militaire vers Paris. Cette gare avait cessé d'être exploitée commercialement dès le 22 novembre 1870.

« Le mouvement de retraite ramena les positions avancées de l'armée de la Loire au Theil (à 52 kilomètres du Mans), puis à Connerré (à 24 kilomètres), et enfin, le 9, tout service dans cette direction devint impossible.

« La compagnie de l'Ouest jugeait la situation de la gare du Mans fort critique, mais elle devait attendre la décision de l'autorité militaire. Dans la journée du 10, elle se contenta de diriger les wagons vides partie sur Rennes, partie sur Angers. Dans la matinée du 11, elle obtint l'autorisation d'évacuer sur Laval soixante wagons de munitions d'artillerie.

« Le 11 au soir, il y avait en gare du Mans :

Wagons d'intendance (approvisionnements)	558
Wagons chargés d'obus et munitions	70
Wagons chargés de matériel d'artillerie	70
Wagons chargés de marchandises du commerce	134
Wagons chargés du matériel de la gare et de l'outillage des dépôts de l'Ouest et d'Orléans	42
Wagons vides	150
Voitures à voyageurs	176
TOTAL	1,200 véhicules.

« Les trains militaires de toute nature continuaient, d'ailleurs, à sillonner la gare du Mans dans toutes les directions, portant des vivres, des munitions et des renforts, soit au Mans même, soit vers la ligne de Tours, soit vers celle d'Alençon, soit enfin vers le Cotentin où un corps d'armée (le 19e) était en formation.

« Les choses en étaient là, lorsque le 12 janvier à cinq heures et demie du matin, c'est-à-dire après les tristes événements de la nuit, le représentant de la compagnie au Mans reçut du commandant en chef avis d'avoir à replier de suite tout le matériel sur chacune des lignes encore libres en ne laissant en gare sous vapeur que des trains vides pour l'évacuation des malades.

« A ce moment déjà quelques obus tombaient dans le faubourg de Pontlieu et aux alentours de la gare.

« Les difficultés que l'on avait à vaincre s'étaient accrues par l'arrivée, pendant la nuit, de sept trains militaires qui étaient arrêtés sur les signaux avancés de la gare, savoir :

« *Du côté de Mézidon*, deux trains de cavalerie venant de Carentan pour Issoudun (70 véhicules);

« Deux trains d'infanterie pour Le Mans (70 véhicules).

« *Du côté d'Angers*, un train de munitions venant de Sablé pour Le Mans (40 véhicules).

« *Du côté de Laval*, un train de matériel d'intendance venant de Sillé pour Alençon et Vivoin (35 véhicules);

« Un train de munitions venant de Laval pour Le Mans (35 véhicules).

« Le nombre de véhicules à évacuer se trouvait donc ainsi porté de 1,200 à 1,450.

« Des mesures furent immédiatement prises pour faire rétrograder ces trains par la voie normale, pendant qu'on formait pêle-mêle, dans l'intérieur de la gare, les trains à évacuer.

« Pour bien faire comprendre la nature et l'étendue des difficultés que présentait cette évacuation, il convient de signaler :

« Que les voies de la gare *étaient couvertes de 30 centimètres de neige glacée* qui gênait considérablement les manœuvres, le fonctionnement des aiguilles et le jeu des plaques ;

« Que le personnel était exténué par quatre mois de travaux excessifs et incessants ;

« Que le chef de gare, deux sous-inspecteurs qui lui avaient été adjoints, deux sous-chefs de gare et soixante agents de tous grades étaient alités, atteints la plupart de la variole qu'ils avaient contractée au foyer d'infection des ambulances militaires qui, depuis un mois, étaient installées dans les salles d'attente de la gare ;

« Que, dès la première heure, des flots turbulents de soldats de toutes armes avaient forcé le cordon de gendarmerie installé dans le périmètre de la gare pour en interdire l'accès, et se répandaient sur toutes les voies, envahissant les wagons et les voitures dont ils couvraient les marchepieds, les toitures et même les tampons ;

« Que toute autorité militaire était absente de la gare ;

« Qu'alors que le télégraphe nous eût été d'une si grande utilité, les employés de l'État chargés de la manœuvre des appareils télégraphiques de la gare du Mans avaient quitté la gare ;

« Et qu'enfin l'évacuation ne pouvait être effectuée que par une seule ligne, celle de Rennes. Des ordres antérieurs nous avaient fait connaître que le quartier général devait être transporté à Laval ainsi que l'intendance, et d'ailleurs la ligne (à voie unique) du Mans à Tours était occupée par l'ennemi.

et celle (également à voie unique) du Mans à Alençon était très-sérieusement menacée. Quant à la section du Mans à Angers, tout ce que l'on put faire fut d'y lancer huit trains, dont un train de militaires malades dirigé sur Nantes, et un train composé des machines et du matériel de la compagnie d'Orléans.

« Après le refoulement des sept trains qui étaient restés sur les signaux de la gare du Mans, l'évacuation put enfin commencer, mais vers huit heures du matin seulement, car jusqu'à ce moment les circonstances ci-dessus relatées avaient rendu tout départ absolument impossible.

« A deux heures quarante-cinq minutes du soir, l'ennemi pénétrait dans la gare, et à cette même heure le dernier train partait criblé de balles et d'éclats d'obus.

« Ainsi, en moins de sept heures, de huit heures du matin à deux heures quarante-cinq minutes du soir, nous avions réussi, malgré tous les obstacles qui viennent d'être énumérés, à faire partir du Mans, en outre des sept trains refoulés, vingt-cinq trains, dont huit emmenant ensemble 272 véhicules furent dirigés vers Angers, et dix-sept emmenant 716 véhicules furent acheminés vers Rennes. Nous ne laissions entre les mains de l'ennemi que six machines et deux cent douze wagons, la plupart chargés de pain, de biscuit, de lard et d'avoine.

« Si l'on considère les obstacles multiples qui entravaient une semblable évacuation, ce résultat, dû uniquement au dévouement et aux efforts prodigieux du personnel, était inespéré. Il fait le plus grand honneur au chef du mouvement auquel incombait cette lourde et périlleuse mission, et qui a obtenu depuis la croix de la légion d'honneur. »

Encombrement des gares de Laval et de Rennes et de la section de ligne (73 kilom.) comprise entre ces deux points. — « L'évacuation très-précipitée de la gare du Mans vers Laval et Rennes, est-il encore dit dans les notes que nous citons, devait avoir et a eu, en effet, pour conséquence inévitable un encombrement considérable, non-seulement dans les gares de cette section, mais aussi sur les voies principales, dont l'une fut interceptée, pendant longtemps, sur trois points distincts.

« Il ne suffisait pas d'ailleurs d'évacuer Le Mans, car après la prise de cette ville, qui eut lieu le 12 janvier, l'ennemi avait franchi la Sarthe et marchait rapidement vers Sillé-le-Guillaume.

« Quarante-huit heures après le départ des 1450 véhicules qui se trouvaient le 12 au Mans, soit à proximité sous les signaux, soit en gare, il fallut dégager aussi les gares comprises entre Le Mans et Laval, et compléter notamment l'évacuation du camp de Conlie qui n'avait pu être achevée les jours précédents. On recueillit ainsi 80 vagons à Conlie et une cinquantaine dans les autres gares. Le 16, l'ennemi avançant toujours, il fallut encore procéder à l'évacuation de la section de Mayenne à Laval. Enfin, la gare de Laval elle-même, complétement encombrée, dut être évacuée à son tour, par ordre supérieur, le même jour et le lendemain 17.

« Tous ces départs accomplis, il restait à Laval 100 vagons d'approvisionnements que l'intendance y conservait, et entre Laval et Rennes plus de 2000 véhicules de toute nature.

« A ce même moment, la gare de Rennes, déjà surchargée au point qu'on avait dû intercepter la voie descendante entre Noyal et Rennes (11 kilom.) pour y remiser le matériel qui ne pouvait entrer dans cette dernière gare, ou y être conservé, recevait de Redon, jour et nuit, des trains multipliés qui conduisaient à Laval des renforts venant du centre et du Midi et qui ramenaient en ce même point l'aile droite de l'armée de la Loire, laquelle avait battu en retraite par la ligne de Tours à Nantes et rejoignait l'armée en toute hâte par Redon et Rennes.

« Bien que la gare de Rennes eût expédié tout ce qu'elle avait pu vers Noyal et vers les lignes à voie unique de Brest et de Saint-Malo, elle était encore encombrée de telle sorte que toute manœuvre, même à bras, y était devenue complétement impossible. Elle se trouvait, en outre, *prise entre deux énormes courants contraires*, celui venant de Laval et celui venant de Redon, et la situation était si difficile que, pendant quarante-huit heures, 12 trains dont les machines avaient dû jeter leur feu occupèrent la voie descendante entre Châteaubourg et Noyal. La voie descendante était d'ailleurs interceptée depuis le 10, comme nous l'avons dit, entre Noyal et Rennes. Cette dernière gare n'avait donc plus, dans ses quatre directions, que des lignes à voie unique, ce qui aggravait singulièrement sa situation.

« D'autre part, la section à double voie de Laval à Rennes était tronçonnée en plusieurs sections à voie unique temporaire, l'une des voies principales servant de remisage pour le matériel évacué.

« Pour mettre le comble à cette confusion si inquiétante au point de vue de la sécurité surtout, à peine avions-nous reçu l'ordre d'évacuer la gare de Laval où l'intendance n'avait tout d'abord conservé qu'une centaine de wagons, que ce service faisait revenir sur cette gare force wagons de denrées de toutes sortes, et que l'artillerie réclamait, de son côté, tous les wagons de munitions. Il fallut donc procéder à des manœuvres très-laborieuses pour dégager tous ces wagons épars et répartis sans ordre dans les groupes en stationnement sur les divers points de la voie principale entre Laval et Rennes, et dégager également les machines éteintes enclavées parmi tous ces wagons.

« Le personnel, privé de repos et de sommeil depuis plusieurs jours, était épuisé, et nous dûmes, dès le 16, faire venir du Hâvre 150 chefs, sous-chefs et hommes d'équipe, qui arrivèrent à Rennes en quarante-huit heures, empruntant la mer du Havre à Caen, le chemin de fer de Caen à Saint-Lô, la route de terre de Saint-Lô à Granville et de Granville à Dol, et enfin la voie ferrée de Dol à Rennes.

« Des trains de troupes et d'artillerie continuaient à nous venir en très-grand nombre de Redon, et le 17 janvier la situation était si tendue et si périlleuse, que nous dûmes télégraphier à Bordeaux que tout allait être compromis ; que nous allions fatalement être condamnés à une impuissance absolue, si nous

12

demeurions plus longtemps exposés aux exigences incessantes et contradictoires des services de la guerre et de l'intendance, et à celles non moins vives des délégués du ministre du commerce. Ceux-ci, en effet, ayant préparé depuis un mois, à Mayenne et à Laval, un gros ravitaillement de bestiaux et de denrées pour Paris, exigeaient un nombre considérable de wagons pour mettre en sûreté, vers Brest, bestiaux, fourrages et denrées.

« Nous exposions, enfin, que les aménagements de la gare de Rennes ne lui permettaient pas de supporter plus longtemps le double et formidable courant qu'on lui imposait, et qu'il était impérieusement nécessaire, sinon d'arrêter, du moins de ralentir l'expédition des trains militaires par Redon.

« Cet appel énergique fut entendu; un délégué du ministre de la guerre (M. le chef d'exploitation du chemin de fer des Charentes) fut envoyé à Laval, le 18, pour se rendre compte de la situation, muni de pleins pouvoirs pour y faire face.

« Il s'aperçut bien vite que nous n'avions rien exagéré et s'empressa de confirmer télégraphiquement la nécessité impérieuse que notre dépêche avait signalée. Ce délégué prit la haute main sur tous les services de la guerre, et nous aida puissamment à résister aux demandes dont nous étions assiégés.

« Enfin, le 22 janvier, nous commençâmes à voir clair dans notre situation. L'exploitation de la section de Laval à Mayenne réoccupée militairement était reprise, le 23, pour le service de la guerre, et nous pûmes gagner ainsi, sans nouvelles complications, l'époque de l'armistice, date à laquelle il restait encore 1092 wagons et voitures non triés sur la voie principale entre Noyal et Rennes, 450 à 500 entre Vitré et Châteaubourg, et 1000 environ dans les gares comprises entre Mayenne et Rennes inclusivement.

« Dès le 24 janvier, deux voies avaient été rendues libres entre Laval et Le Genest.

« La crise que nous avons traversée, du 11 janvier au 25 du

même mois, a été certainement la plus terrible épreuve de la compagnie de l'Ouest. »

Ajoutons à ce récit de la compagnie de l'Ouest que les difficultés qu'elle rencontrait résultaient de la multiplicité et de la contradiction des ordres qui lui étaient adressés, et que ces difficultés ont été rapidement levées dès que l'unité dans le commandement a remplacé ce désordre. Si dès l'origine une commission spéciale, analogue à la commission de lignes des Allemands, eût au Mans centralisé tous les pouvoirs, en ce qui concerne les chemins de fer bien entendu, on eût évité bien des embarras.

Transport du 19ᵉ corps d'armée de la ligne de Cherbourg à Caen sur la ligne de Granville à Argentan. — En parlant du transport du corps d'armée du maréchal Canrobert, effectué par voie de fer entre le camp de Châlons et Metz, nous avons signalé l'emploi irréfléchi des chemins de fer et essayé de montrer qu'il eût été bien préférable de faire exécuter ce transport par terre. Un nouvel exemple complétera la démonstration.

Les deux lignes de Cherbourg à Caen et de Granville à Argentan sont à peu près parallèles dans la plus grande partie de leur longueur ; la distance qui les sépare est d'environ 40 kilomètres. Ces deux lignes, ainsi que l'embranchement qui les réunit de Mézidon à Argentan, sont presque complétement à voie unique et présentent ainsi une nouvelle difficulté.

Le 12 janvier 1871, jour de la prise du Mans, la compagnie de l'Ouest reçut l'ordre de porter de Cherbourg à Alençon une partie du 19ᵉ corps d'armée, environ trente-deux mille hommes, trois mille chevaux, trois cents canons ou voitures.

La distance à parcourir était de 244 kilomètres, dont 162 à voie unique. La compagnie de l'Ouest prit le parti de n'effectuer aucun mouvement en retour et de diriger le matériel, après le transport, au delà du point de débarquement. C'était une mesure héroïque, car elle comportait d'abord la nécessité de concentrer à Cherbourg la totalité du matériel nécessaire à l'expédition, et, en second lieu, la liberté de la voie au delà d'Alençon.

Tous les ordres furent donnés par la compagnie, et le jour même elle était prête, lorsque le soir le mouvement fut suspendu avant d'avoir été commencé.

Le surlendemain 14, ordre est donné d'effectuer le transport, mais en partant de Carentan et non plus de Cherbourg. Alençon était toujours le point de destination.

Substituer Carentan à Cherbourg comme point d'embarquement était une grande faute, car on n'avait pas à Carentan les quais et les voies de Cherbourg ; en second lieu, la gare d'Alençon était très-sérieusement menacée par les Allemands. Sur les instances de la compagnie de l'Ouest, renseignée heure par heure par ses agents, les trains durent s'arrêter à Argentan, retourner vers l'Ouest jusqu'à Flers, d'où les troupes devaient gagner Domfront à pied.

La compagnie prit de nouveau les mesures nécessaires et tout fut réglé pour le départ avec le commandant en chef d'une manière très-satisfaisante. Mais ici laissons encore parler la compagnie de l'Ouest :

« Nous devions espérer, en débutant avec cette exactitude, que tout irait à souhait, car les marches de trains étaient distribuées à tous les agents intéressés. Des inspecteurs et agents supérieurs du mouvement étaient postés aux trois points d'embarquement, à la gare de Flers, à celle d'Argentan, ainsi qu'à la bifurcation de Mézidon. Sur tout le parcours, un homme de la voie était placé, jour et nuit, de kilomètre en kilomètre, pour assurer la protection des trains. Le télégraphe fonctionnait partout avec régularité. Le service, en un mot, était complétement et solidement organisé.

« Mais, cette fois encore, de nombreux contre-ordres devaient déconcerter nos combinaisons et déjouer nos efforts.

« En effet, les troupes prévenues tardivement n'arrivèrent point aux gares d'embarquement aux heures convenues ; l'embarquement se fit avec une extrême lenteur, car au début de l'opération surtout il fallut en moyenne de deux à trois heures pour l'embarquement de chaque train.

« A Valognes notamment, dans la nuit du 15 au 16, on ne put parvenir à embarquer, de une heure à neuf heures du matin, *que deux trains seulement.*

« Les officiers s'étaient empressés, sans s'occuper de diriger leurs hommes, de monter dans les voitures de 1re classe qui leur étaient destinées, et les soldats, de leur côté, se refusaient absolument à prendre place dans les wagons à marchandises munis de bancs, wagons dont nous n'avons cessé de faire usage pendant toute la campagne, le nombre de voitures de 2e et de 3e classe étant absolument insuffisant pour faire face à tous les transports de troupes. Il fallut l'intervention énergique d'un lieutenant-colonel pour mettre fin à la coupable indifférence des officiers, dont nos agents avaient vainement réclamé le concours.

« Malgré ces retards et ces difficultés, nous étions néanmoins parvenus, le 16 à cinq heures du soir (soit vingt-quatre heures après le commencement de l'embarquement), à faire partir en 17 trains 16,515 hommes, 971 chevaux et 74 voitures, savoir :

De Cherbourg..	7 trains.	8,013 hommes.	520 chevaux.	7 voitures.
De Valognes..	6 —	6,999 —	127 —	29 —
De Carentan..	4 —	1,503 —	324 —	38 —
Total..	17 trains.	16,515 hommes.	971 chevaux.	74 voitures.

« La continuation du service était bien assurée et l'embarquement allait être poursuivi avec activité, lorsque le 16 à six heures du soir une dépêche donna l'ordre de tout suspendre jusqu'à nouvel avis.

« Le lendemain 17 dans la matinée, on annonçait que l'embarquement allait probablement être repris, mais que les troupes seraient dirigées *sur Saint-Lô.*

« Une conférence eut lieu à onze heures du matin entre les autorités militaires et le représentant de la compagnie. Il fut décidé qu'en raison de la faible distance à parcourir, les régiments d'artillerie et de cavalerie se rendraient à Saint-Lô par voie de terre, et que la compagnie se bornerait à expédier par chemin de fer le reste des troupes d'infanterie, soit environ 15 à 16,000 hommes. Notre inspecteur, après avoir pris toutes les mesures nécessaires, se rendit à la gare de Lison, point d'embranchement de la ligne de Saint-Lô, pour veiller en ce point à la réexpédition des troupes.

« Deux trains étaient déjà arrivés à Lison et allaient repartir sur Saint-Lô, lorsqu'à cinq heures du soir, le 17, une nouvelle dépêche prescrivait d'abandonner la direction de Saint-Lô et de tout diriger sur Flers comme précédemment. Il fallut donc annuler tous les ordres donnés pour l'expédition sur Saint-Lô, et rentrer dans l'exécution du programme primitif en reprenant le mouvement sur Flers.

« Après tous ces contre-temps, l'expédition put enfin être complétée sans incident nouveau, et le dernier train partait de Cherbourg dans la nuit du 18 au 19 janvier, à une heure quinze minutes du matin. Pendant ce temps, nous avions mis à profit l'interruption ordonnée le 17 dans l'expédition sur Flers pour nous désencombrer de ce côté, en réexpédiant de cette gare sur Mézidon dix trains de matériel vide. Le reste était garé entre Flers et Pont-d'Ouilly.

« Il résulte de ce qui précède que, grâce aux complications de toute sorte qui ont entravé notre action, l'expédition que nous avions ordre d'effectuer en quarante-huit heures et que nous aurions certainement assurée dans ce délai, et même dans un délai moindre si les troupes avaient été bien dirigées et disciplinées, n'a pu être accomplie qu'en quatre-vingts heures. Mais, si l'on tient compte de l'interruption ordonnée le 16 au soir, du changement de direction prescrit le 17 au matin, du retour au premier itinéraire commandé le 17 au soir, et des pertes de temps qui ont ainsi suspendu le mouvement pendant vingt-quatre heures, on voit que nous n'avons employé que cinquante-six heures pour cette expédition qui s'est heureusement accomplie sans le moindre accident, malgré tous les changements survenus et la charge excessive de certains trains : l'un d'eux est parti avec 69 *véhicules*.

« En résumé, le transport du 19ᵉ corps d'armée, comportant

31,698 hommes,
2,699 chevaux,
312 voitures, caissons et canons,

a été effectué, en voie unique, par 62 machines, en 37 trains comportant ensemble 1478 véhicules, soit en moyenne 40 véhicules par train. »

Ainsi, au milieu des plus grandes difficultés, la compagnie de l'Ouest avait fait par vingt-quatre heures un nombre de trains très-supérieur à celui jugé possible dans les conditions normales.

Opérations dans l'Est de la France. — Les opérations militaires dans l'Est de la France ont été confiées à quatre corps d'armée, les 18ᵉ, 20ᵉ, 24ᵉ et 15ᵉ. Elles ont été retardées d'abord par une température exceptionnelle, ensuite par une série de mesures erronées ou incomplètes prises par l'administration de la guerre. Peut-être aussi le nombre des hommes a-t-il été trop considérable, et le 15ᵉ corps aurait-il pu recevoir plus utilement une autre destination ; mais ne nous occupons que de ce qui concerne les chemins de fer.

Importance des transports à effectuer. — 18ᵉ ET 20ᵉ CORPS. — La compagnie de Paris-Lyon reçut, le 20 décembre 1870, l'ordre de commencer dès le lendemain 21 le transport à Chagny et à Châlon-sur-Saône de la première armée, composée des 18ᵉ et 20ᵉ corps, de l'état-major général et de tous ses accessoires, tels que télégraphes, postes, trésor, ambulances.

Cette armée devait s'embarquer à Bourges, Saincaize, Nevers

et La Charité : la distance la plus longue à parcourir était de Bourges à Châlon (248 kilomètres), la plus courte de Saincaize à Chagny (173 kilomètres).

Le nombre des wagons chargés fut de sept cent quinze.

Commencé le 21 décembre, le mouvement fut terminé le 29, c'est-à-dire en huit jours, ou, pour mieux dire, en six jours, car les deux premiers furent employés à la réunion du matériel roulant.

Les troupes n'étaient pas arrivées à leur destination qu'il fallut en reprendre la plus grande partie pour les transporter sur Dôle. Ce trajet présentait les plus grandes difficultés. Il y aurait eu en temps normal trois itinéraires : 1° par Dijon ; 2° par Châlon-sur-Saône ; 3° par Lons-le-Saulnier. Celui par Dijon n'était pas possible, le pont sur le canal étant coupé près de Dijon. La ligne de Châlon à Dôle, à peine achevée, n'était pas même livrée à la compagnie de Lyon, et c'était l'entrepreneur des travaux qui se chargeait des transports dans cette direction. Enfin le passage par Mâcon, Bourg, Lons-le-Saulnier, constituait un détour considérable (232 kilomètres, au lieu de 78). Cette ligne offrait des pentes très-fortes sur lesquelles on ne pouvait pas faire circuler des trains chargés ; elle était, en outre, en voie unique à partir de Bourg.

24ᵉ CORPS. — Le 24ᵉ corps devait être transporté de Lyon à Besançon. Son départ fut d'abord retardé de huit jours, ce qui entraîna une très-regrettable immobilisation du matériel.

15ᵉ CORPS. — L'ordre de transporter le 15ᵉ corps fut transmis télégraphiquement à la compagnie de Paris-Lyon, le 31 décembre 1870. Cet ordre était assez vague ; il indiquait un effectif de trente mille hommes avec l'artillerie, et le point de départ, Vierzon. Le point de destination serait à déterminer, soit sur la ligne de Vesoul, soit sur celle de Montbéliard. La date du départ serait indiquée par une autre dépêche ; mais le transport devait être effectué en trente-six heures.

En prenant Vesoul pour objectif, la distance à parcourir de

Vierzon à Vesoul était considérable ; elle comprenait 435 kilomètres, dont 220 en voie unique.

Une seconde dépêche annonçait que l'effectif était de trente-cinq mille hommes, dix-huit à vingt batteries d'artillerie, plus la cavalerie et les convois habituels de l'intendance. L'embarquement devait être commencé le 3 janvier à six heures du matin, et terminé le 4 au soir. Point de destination, Clerval.

On donnait ainsi trente-six heures pour réunir, composer et expédier plus de soixante trains ; il y en a eu quatre-vingt-quinze comprenant trois mille six cents véhicules. Une telle opération, bien difficile en temps ordinaire, était impossible dans les circonstances où l'on se trouvait, et surtout avec une température qui s'abaissait à 16° au-dessous de zéro.

Commencé le 4 janvier, le mouvement du 15ᵉ corps ne fut terminé que le 16, c'est-à-dire au bout de douze jours, quand le gouvernement demandait trente-six heures.

Les dépêches les plus acerbes furent adressées à la compagnie de Lyon. Nous les avons eues sous les yeux, et nous avons la conviction que les reproches qu'elles formulaient étaient absolument immérités. Il importe donc de rechercher quelles furent les causes de ces retards. Selon nous, elles tiennent à trois ordres de faits distincts ;

1° L'emploi irréfléchi du chemin de fer pour des mouvements qui auraient dû être exécutés par terre ;

2° Le choix malheureux qui fut fait de la station de Clerval comme gare destinataire ;

3° La transformation des wagons en magasins par l'intendance, et l'encombrement extraordinaire des voies qui en est résulté.

Emploi irréfléchi du chemin de fer. — Nous l'avons déjà dit, l'administration militaire française a fréquemment fait un emploi irréfléchi des chemins de fer pendant toute la durée de la guerre. Elle a pensé qu'un ordre une fois remis à un chemin de fer de porter du point A au point B un corps d'armée, tout était fini pour elle et qu'il n'y avait plus rien à faire. C'est, selon nous, une erreur complète.

Un transport par chemin de fer est une opération très-complexe. Il suppose :

1° D'un côté, une concentration des troupes à transporter, parfaite au départ, et, d'un autre côté, la réunion du matériel roulant nécessaire ;

2° Le dégagement rapide dans les gares d'arrivée ;

3° La sécurité dans le transport lui-même ;

4° Enfin, l'étude des transports à faire par les routes de terre pour gagner le chemin de fer au départ et le théâtre des opérations au delà de la gare d'arrivée.

Dans le paragraphe précédent, nous avons vu combien la tentative d'envoyer de Châlons-sur-Marne à Metz le corps d'armée du maréchal Canrobert, au moment où la ligne n'était plus gardée et où la gare de Metz était dans un état d'encombrement inexprimable, nous avons vu, disons-nous, combien cette tentative avait été regrettable. Il en est de même du second mouvement par chemin de fer prescrit pour l'armée du général Bourbaki. Une fois cette armée concentrée dans la vallée de la Saône, entre Châlon-sur-Saône et Dijon, dans des localités aussi peuplées et aussi patriotiques que les villages de la Côte-d'Or, il fallait achever le mouvement par terre et ne pas se lancer sur des lignes de troisième ou de quatrième ordre, à fortes pentes, et déjà encombrées.

« Aussitôt que la gare de Dijon fut tombée en notre pouvoir, écrit M. de Freycinet, le commandant voulut en profiter pour acheminer les troupes par voie ferrée de Châlon et de Chagny sur Auxonne et sur Dôle. *Pour un trajet aussi court, il eût été bien préférable d'employer les routes de terre.* »

La marche victorieuse des troupes de Bourbaki sur Vesoul, sur Villersexel, sur Arcey, prouve que ces troupes n'avaient pas besoin du chemin de fer.

Est-il permis de croire que, si ce mouvement eût été effectué quelques jours plus tôt, l'armée française eût gagné de vitesse les Allemands, franchi les lignes d'Héricourt, et gagné les plaines de l'Alsace où on les attendait avec tant d'anxiété?

Ligne de Besançon à Clerval et choix de la gare terminus. — A partir de Besançon, le chemin de fer suit l'étroite vallée du Doubs et présente une succession de souterrains, de ponts, de tranchées profondes, de remblais élevés. Les gares sont très-petites et ne comportent pas d'agrandissements faciles. Le profil ne présente pas de fortes déclivités, mais on était dans toute la durée du parcours en voie unique.

Enfin, pour comble de malheur, le génie militaire avait, au delà de Clerval, fait sauter quatre ponts du chemin de fer sur le Doubs, rendant ainsi impossible toute approche de Montbéliard ou de Belfort. Tant que l'héroïque ville de Belfort résistait, on n'avait pas à craindre que l'ennemi se servît du chemin de fer, et, si le chemin de fer pouvait redouter d'être détruit, c'était par la main des Allemands et non par celle des Français.

Quoi qu'il en soit, au lieu d'arrêter le mouvement à Dôle et à Besançon, qui offraient d'assez grandes ressources, et de limiter l'emploi de la ligne de Clerval à des transports peu importants, on ne craignit pas de s'engager avec des corps d'armée sur une ligne qui était une impasse, et de prendre pour gares d'arrivée des stations de dernier ordre, n'offrant aucune ressource pour le déchargement des marchandises et leur réexpédition par terre.

Selon nous, la compagnie de Lyon eut un tort, celui de ne pas protester assez énergiquement contre l'emploi d'une ligne à laquelle on demandait des services impossibles. En entreprenant une tâche au-dessus de toutes forces, elle consentit à ce qui ne pouvait être que l'organisation d'un encombrement[1].

[1] Nous trouvons encore dans le livre de M. Freycinet, *la Guerre en province*, le passage ci-après qui justifie les considérations que nous avons présentées :

« En cours de transport la destination du 13ᵉ corps fut changée à l'insu de l'administration de la guerre. Au lieu de débarquer à Besançon, les troupes reçurent l'ordre de continuer jusqu'à Clerval. *Ce fut un grand malheur.* La station de Cler-

Transformation des wagons en magasins par l'Intendance. — Nous n'hésitons pas à signaler la transformation des wagons en magasins comme une faute de premier ordre commise par l'intendance militaire pendant toute la durée de la guerre. Toutes les intendances succombent à cette tentation. Même dans l'armée allemande il y avait une grande tendance à conserver les vivres dans les wagons ; mais les commissions de lignes veillaient énergiquement et elles exigeaient le déchargement des wagons.

Dans la dernière partie de la guerre, l'immobilisation des wagons atteignit des proportions formidables.

L'intendance avait fait, pour l'approvisionnement des armées, des efforts considérables et dont le pays doit lui savoir gré ; mais elle pensa que pour être en mesure de répartir plus rapidement ces approvisionnements, il convenait de les envoyer dans les lieux les plus rapprochés des armées et de ne les décharger qu'au fur et à mesure des besoins de ces dernières. On ne se préoccupait même pas de la question de savoir si les gares sur lesquelles on dirigeait ces wagons avaient assez de voies pour les recevoir.

Avant que les transports de troupes aient commencé pour l'armée de Bourbaki, les gares de Dôle, de Châlon et de Besançon étaient remplies de wagons d'approvisionnements, dont le déchargement était absolument interdit. Il ne restait, pour ainsi dire, aucun quai où pussent aborder les trains de cavalerie et d'artillerie. Les trains s'arrêtaient les uns derrière les autres et occupaient des longueurs immenses sur les voies principales. On dit que des trains sont restés cinq jours à la même place. Quand un verre est plein, on ne peut y ajouter une goutte d'eau. Quand une gare dont toutes les voies

---

val était hors d'état de recevoir un corps d'armée, elle n'avait pas de quais de débarquement pour le matériel et les chevaux. Elle n'avait pas même de voies pour garer les trains. Il en résulta des retards immenses et un encombrement dont rien ne peut donner l'idée. »

peuvent recevoir cinq cents wagons possède ces cinq cents wagons, aucune dépêche télégraphique ne fera qu'elle puisse en recevoir cinq cent un, et à plus forte raison mille ou mille cinq cents.

Au moment où les premières troupes arrivaient en Franche-Comté, l'intendance y avait déjà près de deux mille wagons. Au lieu de les faire décharger, elle dirigea sur les mêmes gares mille à mille deux cents autres wagons qui avaient encombré les voies des lignes du Bourbonnais. Enfin, de Lyon, de Grenoble, elle multipliait les expéditions.

Le service de l'artillerie suivait le même système pour ses expéditions, en interdisant tout déchargement.

Un chiffre officiel justifiera nos critiques : lorsque la guerre étrangère fut terminée, la compagnie de Lyon, seule, avait sur son réseau *sept mille cinq cents wagons chargés et immobilisés*, au grand détriment de l'armée elle-même.

Causes secondaires de retards. — En parlant de l'extrême rigueur de la température nous avons dit combien il eût été difficile de former des trains sur des voies encombrées par la neige; mais nous devons indiquer encore quelques faits qui eurent sur le mouvement une funeste influence.

Malgré les vives instances des compagnies, les autorités locales avaient mobilisé dans les gares les hommes actifs et vigoureux nécessaires au service, et, pour tourner les wagons sur les plaques, on n'avait que des vieillards et des enfants. L'autorité militaire accordait des hommes de corvée, mais ceux-ci n'avaient qu'un désir, celui d'échapper à ce travail pénible, et ils se cachaient.

Sur plusieurs points, des officiers, et parmi eux un général de division, refusèrent de débarquer leur troupe la nuit, disant que les hommes seraient mieux dans les wagons que dans la neige. Cela était vrai, mais ce refus avait pour conséquence d'arrêter tout le service et d'imposer de longues heures de stationnement à des trains placés à la suite.

Quand l'intendance avait accumulé des centaines de wagons dans une gare, ce n'était qu'au prix des plus longues manœuvres qu'elle parvenait à dégager les wagons dont elle avait besoin, et elle perdait ainsi beaucoup plus de temps que n'en eût employé le rechargement de denrées entreposées dans des magasins.

Enfin, jamais la nécessité de l'unité dans le commandement du service des chemins de fer ne s'est mieux fait sentir que dans cette dernière campagne. Dans un rapport de la compagnie de Lyon nous lisons les lignes suivantes, qui peuvent s'appliquer aussi bien à Metz et au Mans qu'à Besançon :

« Les chefs de corps, les intendants, les officiers d'artillerie, chargés du service des munitions, réclamaient chacun la priorité pour les transports dont ils étaient chargés, et ils entendaient rendre la compagnie et ses agents responsables, s'ils n'obtenaient pas cette priorité. Les agents du chemin de fer n'avaient évidemment pas l'autorité nécessaire pour faire cesser ces conflits.

« Souvent ces mêmes chefs de corps, intendants et autres officiers, après avoir donné toutes les indications pour les embarquements ou expéditions qu'ils avaient à faire et avoir fixé l'heure du départ, apportaient des contre-ordres. Il en est résulté des encombrements de voies par le matériel préparé pour des transports qui étaient annulés ou ajournés, et des retards pour les corps qui arrivaient à l'heure convenue. »

Réquisitions de matériel par les préfets et les autorités locales. — Au moment où les compagnies de chemins de fer avaient à exécuter, au milieu des conditions que nous avons fait connaître, des transports si importants pour le pays, elles avaient à répondre à des réquisitions formulées par les préfets et par d'autres autorités locales pour des transports sans aucune importance. Tantôt il fallait porter un corps-franc d'un point à un autre ; tantôt il fallait conduire à un camp d'instruction des détachements de mobilisés, quand la distance à parcourir était à peine de quinze à vingt kilomètres ; tantôt les compagnies étaient requises de livrer leur matériel pour servir de baraquement aux troupes. La plus singulière demande fut adressée, à ce sujet, à la compagnie de l'Est par le préfet de Lyon.

Camp de Vénissieux, près Lyon. — Un camp avait été projeté pour l'instruction de la garde nationale mobilisée dans la plaine de Vénissieux, sur la rive gauche du Rhône, près de la première station du chemin de fer de Grenoble. Les travaux de baraquement prévus pour les troupes ayant éprouvé des retards, les ingénieurs chargés de l'établissement de ce camp imaginèrent de remplacer les baraques par des wagons, et ils firent adresser par le préfet du Rhône à la compagnie de l'Est une réquisition ayant pour but la remise immédiate de tout le matériel roulant qu'elle pouvait avoir en sa possession. Dès que la compagnie connut l'emploi étrange qu'on voulait faire de ses wagons, au moment même où les compagnies françaises effectuaient dans l'Est le transport de l'armée de Bourbaki et préparaient en même temps le ravitaillement de Paris, elle refusa la livraison de son matériel, et elle dut engager avec les représentants de l'administration départementale lyonnaise une lutte très-vive, qui ne fut terminée que par une décision du gouvernement de Bordeaux. Par une lettre en date du 2 janvier 1871, le ministre des travaux publics reconnaissait que les wagons ne pouvaient pas être détournés de leur destination habituelle, et il déclarait, en outre, que les autorités locales n'avaient pas qualité pour formuler des réquisitions semblables à celle qui avait été adressée à la compagnie de l'Est.

Reprise momentanée du service sur la ligne de l'Est. — Nous n'avons pas à retracer les événements militaires de la campagne. Prévenue par le gouvernement français, la compagnie de l'Est put entreprendre rapidement la réparation des ouvrages détruits par les Allemands, et, dès les premiers jours de janvier, elle réorganisait le service des trains militaires derrière l'armée de Bourbaki, de Gray à Vesoul et à Lure. Ce service n'eut malheureusement pas une longue durée, et les trains furent ramenés dans le midi de la France, par Dijon.

Prise de la gare de Dôle. — Comme dernier événement sur les chemins de fer, nous citerons l'occupation de la gare de Dôle par les Allemands. Cette occupation eut lieu dans des circonstances qu'il est bon de faire connaître, parce qu'elles montreront une dernière fois les conséquences de l'absence d'unité dans le commandement.

Le 20 janvier, la gare de Besançon fut prévenue que l'ennemi menaçant Dôle, il y avait lieu de diriger sur Besançon les cinq ou six cents wagons qui se trouvaient à Dôle. On répondit que la gare de Besançon était déjà encombrée de wagons, de munitions, de vivres et même de bestiaux que l'intendance ne voulait pas faire décharger, qu'on attendait les trains d'évacuation venant de Baume-les-Dames et de Clerval, et qu'il ne restait qu'une ressource extrême, celle de prendre une des voies principales et de la transformer en voie de garage. C'était, à notre avis, une ressource bien désespérée, car transformer une ligne à deux voies en ligne à une voie, c'est en réduire singulièrement la valeur. Cependant on s'y résigna et on commença à occuper une des voies principales pour faire, à Besançon, de la place aux wagons attendus de Dôle.

Cette manœuvre eut les conséquences que l'on devait prévoir. Les trains partis de Dôle s'échelonnaient entre Dôle et Besançon, sans pouvoir arriver à cette dernière ville, et le temps se passait. L'intendance donna alors l'ordre de dégager Dôle sur Dijon. Les voies étaient libres et tout eût été sauvé. Malheureusement, une heure après, un second ordre prescrivait de trier les wagons à Dôle et de ne diriger sur Dijon que les wagons chargés de pain, d'orge, de foin et d'avoine. Cet ordre fut transmis à Dôle, qui commença le triage avec la plus grande énergie. Trois quarts d'heure après, un troisième ordre suspendait le triage, et l'on revenait aux ordres de la veille, c'est-à-dire au retour sur Besançon de tous les wagons de Dôle.

La gare de Dôle obéit encore, et, changeant ses machines de front, elle se disposait à diriger les trains sur Besançon, lorsqu'à midi quinze minutes un exprès vint prévenir que l'ennemi était à quatorze kilomètres. Il n'y avait plus à hésiter, il fallait partir sur Dijon et on commença le mouvement; mais, dès une heure, le second train recevait une décharge d'une batterie placée à sept ou huit cents mètres par les Allemands. Les agents de la gare ne s'arrêtèrent pas, et dans l'espace d'une heure ils firent partir trois cent soixante-dix wagons sur Dijon, pendant que les projectiles tombaient sur la gare.

A deux heures l'ennemi entrait dans la gare de Dôle, et il y trouvait encore cent dix-huit wagons de foin, paille, vin et effets de campement.

Sans les hésitations du service de l'intendance qui, du 20 au soir au 21 au matin, modifia trois fois en sens opposé les instructions qu'elle donnait à la gare, l'ennemi n'eût rien trouvé à la gare de Dôle.

Transports exécutés pendant toute la durée de la guerre étrangère. — Il est très-difficile de savoir combien la France a armé de soldats pendant la durée de la guerre, et on commettrait une grande erreur en cherchant à obtenir ce nombre par l'addition des chiffres publiés par chacune des compagnies, addition qui donnerait plus de :

6,000,000 hommes,

600,000 chevaux.

En premier lieu, tout voyageur empruntant deux ou trois réseaux figure dans autant de statistiques. Les trains tout formés passaient de l'Ouest sur le Nord, du Nord sur l'Est, des lignes de Lyon sur celles d'Orléans et réciproquement, et chaque compagnie a compté ces trains.

En second lieu, les troupes ont été plusieurs fois embarquées et débarquées.

Enfin les statistiques n'embrassent pas les mêmes périodes, et, nous le répétons, nous n'avons parlé de ces statistiques que pour mettre en garde à l'occasion des conséquences qu'on pourrait être tenté d'en tirer.

Nous ajouterons encore que sur bien des points il a été impossible de faire le compte des hommes, qui fatigués, harassés, se précipitaient dans les wagons. A Forbach, à Reichshoffen, à Sedan, à Dôle, au Mans, à Saint-Quentin, les trains ont recueilli tous les soldats français qui se sont présentés, et la question de la perception des taxes était bien secondaire dans de pareils moments.

§ 4. — Depuis l'armistice de Versailles jusqu'à la fin des réquisitions et la reprise du service normal.

Énormes besoins du pays après la conclusion de l'armistice. — Jamais les chemins de fer n'ont eu à remplir une tâche plus considérable que celle qui leur a été demandée le lendemain de l'armistice du 26 janvier 1871. Pour beaucoup de personnes, l'armistice c'était la paix, et du jour au lendemain les chemins de fer devaient reprendre leur service comme avant la guerre. Cependant il y avait des besoins d'ordre public auxquels il fallait pourvoir avant de s'occuper des intérêts privés. Il eût été bien nécessaire que l'on pût, entre tous ces besoins, établir un ordre de priorité, tandis qu'au contraire chaque délégué du pouvoir prétendait que le service qu'il représentait devait avant toutes choses recevoir satisfaction. C'est ainsi que les compagnies eurent à pourvoir aux transports ci-après :

Retraite de l'armée de l'Est,
Ravitaillement de Paris,
Transports de soldats licenciés,
Retour des soldats internés en Suisse,
Retour des prisonniers français,
Constitution de l'armée de Versailles,
Transport des prisonniers de Paris,

Évacuation de l'armée allemande,
Reprise des transports commerciaux.

Nous avons cherché à isoler chacun de ces groupes de transports ; mais beaucoup s'imposaient à la fois et il en est résulté la plus grande complication. D'ailleurs, il ne faut pas perdre de vue qu'en ce qui concerne le ravitaillement de Paris notamment, les Allemands entendaient garder les lignes aboutissant à Paris et ne laisser passer sur chacune d'elles qu'un nombre très-restreint de trains. D'un autre côté, il fallait pourvoir à la réparation des ouvrages détruits, transporter des matériaux, des ouvriers, et le passage de chacun des trains qui portaient ces matériaux et ces ouvriers était l'objet de négociations avec les autorités allemandes, négociations qui exigeaient souvent un voyage à Versailles. Enfin, les compagnies étaient privées d'une partie de leur matériel roulant. L'intendance militaire d'une part, le ministère de l'agriculture d'autre part, avaient immobilisé un nombre très-important de wagons par des chargements destinés, soit à l'approvisionnement de l'armée, soit au ravitaillement de Paris. En second lieu, les Allemands disposaient d'une grande quantités de wagons français, puisqu'à ceux qui avaient été pris par suite de faits de guerre venait s'ajouter un effectif de cinq mille wagons et de deux cents machines que le gouvernement français s'était, aux termes de la convention de Versailles, obligé à remettre aux autorités allemandes.

En résumé, au moment où les besoins à satisfaire étaient exceptionnels, les compagnies n'avaient point la libre disposition de leurs lignes, et leurs ressources en matériel étaient singulièrement amoindries.

Retraite de l'armée de l'Est. — Les historiens approfondiront, dans l'avenir, la question de savoir si l'incertitude ou l'ignorance dans laquelle fut tenue l'armée de l'Est au sujet de l'armistice de Versailles eut sur le sort de cette armée une influence décisive. Nous ne pouvons affirmer qu'une chose, c'est qu'au point de vue des chemins de fer cette incertitude fut suivie des résultats les plus désastreux, entre autres l'occupation par les Allemands de sections importantes du réseau de Paris Lyon-Méditerranée.

Ravitaillement de Paris. — Une des plus grandes opérations qui aient jamais été effectuées par les chemins de fer, c'est le ravitaillement de Paris. Ce souvenir devrait à jamais anéantir toute idée de morcellement des réseaux et de substitution de petites compagnies aux compagnies telles qu'elles ont été constituées par les contrats actuels.

Le vide produit dans Paris était immense, dit M. Cheysson. D'ordinaire, la consommation moyenne correspond par jour et par tête à :

800 grammes pain, viande, comestibles divers,
400 grammes vin et bière,
130 grammes lait.
―――
1330

A quoi il faut ajouter, en adoptant toujours la répartition par habitant :

470 grammes de fourrage pour les animaux,
1^k 700 grammes de combustible.

Ce qui en marchandises de toute nature représente 3 kilogrammes 500 grammes par jour et par habitant, et, pour une population de deux millions d'âmes, sept mille tonnes par jour.

En supposant tout amené par chemin de fer, cela représente sept cents wagons à dix tonnes, et comme on ne met pas dix tonnes dans les wagons chargés de lait, de légumes, de viandes, il faut admettre environ mille wagons par jour.

Il fallait donc d'abord amener ce qui était indispensable à la nourriture de chaque jour, puis reconstituer au moins partiellement l'approvisionnement.

On conçoit, en présence d'un pareil problème, les préoccupations du gouvernement de la Défense nationale. Aujourd'hui l'expérience a démontré que l'initiative privée, le commerce libre avaient la puissance nécessaire pour donner satisfaction à de pareils besoins, et on a critiqué les mesures prises par le gouvernement. Sans aucun doute, il y a eu des marchés passés à des prix trop élevés et qui ont donné lieu à des spéculations inqualifiables; mais, si le commerce libre avait fait défaut, on eût été bien heureux de trouver les vivres que ces marchés avaient pour but de procurer.

Le gouvernement allemand avait annoncé qu'on ne pouvait compter sur lui; nous empruntons encore au livre de M. Cheysson un passage bien intéressant:

« Dans le cas où la capitulation de Paris serait retardée par le
« Gouvernement provisoire, avait dit M. de Bismarck dans son
« *Mémorandum* d'octobre 1870, jusqu'au moment où le manque
« de vivres la rendrait nécessaire, les conséquences seraient
« terribles. L'absurde destruction des chemins de fer, des
« ponts et des canaux, dans un rayon assez étendu autour de
« Paris... a rendu difficiles, pendant longtemps encore, les com-
« munications entre la capitale et les provinces. Dans l'éven-
« tualité d'une capitulation, il serait impossible au chef des
« armées allemandes de subvenir à l'approvisionnement d'une
« population de près deux millions d'âmes, même pour un seul
« jour. Les environs de Paris, dans un rayon de plusieurs jour-
« nées de marche, ne pourraient pas non plus offrir le moyen
« de secourir les Parisiens, tout ce qui s'y trouve étant abso-
« lument nécessaire pour la nourriture des troupes. Nous ne
« pourrions pas davantage transporter une portion de la popu-
« lation à la campagne par les routes ordinaires, les moyens
« de transport nous manquant pour cela. Il en résultera in-
« failliblement que des centaines de milliers d'individus devront
« mourir de faim... »

« Telle était la perspective humanitaire que la chancellerie prussienne déroulait froidement, dogmatiquement, devant les cours de l'Europe, et que celles-ci se bornaient à enregistrer.

« Sans s'abandonner aux réflexions qu'un tel langage appellerait, on peut comprendre les angoisses qu'il devait inspirer aux administrateurs chargés de la terrible responsabilité du ravitaillement. »

Nous ne rechercherons pas quelles furent toutes les mesures prises en vue de hâter le ravitaillement ; nous indiquerons seulement celle qui fut tentée par les soins de M. Cézanne, ingénieur des ponts et chaussées, aujourd'hui membre de l'Assemblée nationale. Cette mesure était primitivement basée sur l'emploi d'une flotille qui remonterait la Seine. On pensait que la remise en état des voies de fer exigerait plus de temps que celle des voies navigables. C'est le contraire qui a eu lieu : les chemins de fer ont été rendus à la circulation quinze jours avant la navigation de la Seine. Quinze jours, quand on est arrivé à son dernier morceau de pain, eussent été bien difficiles à passer ! Les chemins de fer ont épargné au pays cette agonie.

M. Cézanne partit de Paris en ballon le 2 novembre 1870, et il s'occupa de l'accomplissement de sa mission avec le plus grand zèle, en créant de vastes dépôts d'approvisionnement loin du théâtre de la guerre, de manière à s'assurer autant que possible des moyens de chargement convenables, la difficulté de l'emploi des chemins de fer n'étant point dans le transport lui-même, mais bien dans les opérations à faire au départ et à l'arrivée. Par les soins de la compagnie de l'Ouest, 16 kilomètres de voies de garage furent créés dans la presqu'île du Cotentin, en arrière des lignes de Carentan, et disposées de manière à recevoir avec les voies dont on pouvait disposer environ trois mille wagons, soit vingt-quatre à vingt-cinq mille tonnes de marchandises. Cet approvisionnement consistant en biscuits, farines, blés, viandes salées ou fumées, représentait, à raison de 800 grammes par habitant et pour deux millions d'habitants, la nourriture de deux semaines.

Les conditions de l'armistice ne furent connues d'une manière un peu précise à Bordeaux que le 1er février. Elles étaient, en ce qui concerne les chemins de fer, extraordinairement restrictives. Trois voies seulement étaient ouvertes :

Dieppe à Paris, par Buchy et Amiens ;
Vierzon à Paris, par Orléans ;
Nevers à Paris, par Moret et Melun.

Sur chacune de ces lignes, on ne pouvait faire que quatre trains par jour.

Ainsi, après avoir déploré l'absurde destruction des chemins de fer français et froidement prévu que des centaines de milliers d'individus devaient mourir de faim à Paris, le gouvernement allemand apportait au service des chemins de fer des restrictions incompréhensibles : *douze trains par jour* en tout, quand les chemins de fer étaient en mesure d'en faire sur-le-champ dix fois davantage.

Le 3 février, le premier train partait de Vierzon pour Paris, où il arrivait le jour même.

Le 5 février seulement, l'autorité allemande autorisait les trains de la ligne de la Méditerranée à s'engager au delà de Gien et à gagner Paris par Melun.

M. Durbach, sous-directeur de l'exploitation des chemins de fer de l'Est, avait été délégué par toutes les compagnies françaises auprès des autorités allemandes, et il obtenait la concession de deux lignes nouvelles :

Cherbourg et Granville à Paris, par Dreux ;
Brest et Saint-Malo à Paris, par Le Mans et Chartres.

Le 5 février dans la soirée, la compagnie de l'Ouest reçut l'autorisation de ravitailler Paris par Le Mans et par Dreux, et les premiers trains partirent, l'un, du Mans par Chartres le 6 à dix heures du matin ; l'autre, de Surdon vers Dreux, le 7 à neuf heures trente-trois minutes du soir.

Un premier train était parti de Dieppe le 2 février, et un autre de Landerneau par Rennes, Redon, Nantes et Vierzon, le 1ᵉʳ février.

Nous citons toutes ces dates, parce qu'elles montrent l'énergie avec laquelle la grande tâche du ravitaillement était engagée par les agents des compagnies de chemins de fer.

Le service s'améliorait rapidement, et, en dehors de la zone occupée par les Allemands, les chemins français agissaient sans entraves. Le 9 février, il y avait à Vierzon plus de mille wagons arrêtés par les mesures restrictives des Allemands, mesures qui devaient céder devant les besoins irrésistibles d'une population de deux millions d'habitants.

Les trains préparés par les soins de M. Cézanne, les trains de l'intendance, qui avait à pourvoir aux besoins de l'armée enfermée dans Paris, enfin les nombreux trains chargés par le commerce, ne tardèrent pas à forcer le cercle formé autour de Paris, et le 23 février « le ravitaillement avait atteint des proportions assez larges pour que l'ont pût, à cette date, considérer l'alimentation publique comme hors de danger, si la guerre ne continuait pas. Malgré le mauvais état de leurs lignes et de leur matériel, ajoute encore M. Cheysson, les destructions d'ouvrages d'art, les formalités sans fin qu'exigeaient les autorités allemandes, en dépit de tous ces obstacles, les compagnies de chemins de fer ont transporté en vingt jours, du 3 au 23 février, 42,580 têtes de bétail et 155,955 tonnes de denrées et de combustibles. C'est un résultat qui fait grand honneur à leur activité, et qui atteste en même temps la prodigieuse puissance de l'instrument mis entre leurs mains. »

Trois compagnies, celles du Nord, d'Orléans et de l'Ouest, ont bien voulu nous donner les chiffres des transports effectués dans la première période du ravitaillement :

Nord, — du 1ᵉʳ février au 19 mars 1871, — 20,351 wagons contenant 161,182 tonnes, savoir :

37,000 tonnes farines.
  5,700   —   riz et biscuit.
24,300   —   denrées diverses.
88,000   —   combustibles.
31,836   —   têtes de bétail.

Orléans, — du 5 février au 19 mars 1871, — 14,816 wagons contenant :

20,396 tonnes farines.
  3,149 — riz et biscuit.
  9,427 — salaisons.
18,729 — vins et eaux-de-vie.
  5,606 — fourrages.
18,806 — combustibles.
  7,450 — denrées diverses.
18,889 — têtes de bétail.

Ouest, — du 1ᵉʳ février au 7 mars 1871, — 15,241 wagons contenant :

80,000 tonnes marchandises.
20,837 — têtes de bétail.

Ravitaillement de bestiaux préparé à Laval. — Vers le 15 novembre 1870, le ministre du commerce prescrivit la concentration à Laval d'un grand nombre de bestiaux destinés au ravitaillement de Paris, dont on espérait la prochaine délivrance. On réunit ainsi deux mille cinq cents bœufs.

Le 2 décembre, la gare de Laval chargeait onze cent soixante-quinze de ces animaux, qui furent expédiés le même jour, en cinq trains, vers Orléans par Le Mans et Tours. Six jours après, ces cinq trains rentraient, soit à Laval, soit à Mayenne, chargés des mêmes bestiaux qui du 2 au 7 n'avaient pas été débarqués et étaient ainsi restés en wagon et en pleine voie du côté de Tours, exposés au froid et presque sans nourriture.

A la suite de cette première campagne, l'état sanitaire des animaux laissait fort à désirer ; malgré cela, leur nombre fut porté à trois mille cinq cent cinquante.

Le 12 janvier, quelques cas de typhus se déclarèrent, et ordre fut donné au chemin de fer de porter tous les animaux à Landerneau. C'était le jour de la prise du Mans et des désastres que nous avons racontés. Des conflits s'élevèrent entre les autorités civile et militaire. Cette dernière prit possession absolue de la gare de Laval, et les troupeaux du ministère du commerce durent se diriger à pied en propageant la peste bovine sur leur passage.

La compagnie de l'Ouest put envoyer à Lamballe deux cent cinquante wagons, qui recueillirent les animaux épuisés de fatigue et de maladie.

A Landerneau, rien ne put être sauvé : les bœufs périssaient en grand nombre, quatre cents hommes de troupe étaient occupés à enfouir ces animaux. Il fallut enfin embarquer tout ce qui restait sur deux navires, le *Pont-d'Or* et l'*Orénoque*, qui furent conduits au large, vers l'île d'Ouessant, et coulés à coups de canon.

Nous n'avons parlé de cette triste opération qu'à cause du rôle demandé aux chemins de fer, rôle peut-être irréfléchi, car il était imprudent d'embarquer les animaux et de faire partir les trains avant de savoir si la voie à parcourir était libre. Ne cessons pas de le répéter, l'opération du transport est toujours facile ; ce qui ne l'est pas, c'est le départ et encore moins l'arrivée.

Transport des troupes licenciées. — Pendant les mois de février et de mars, les corps-francs, la garde nationale mobile, la garde nationale mobilisée, furent successivement licenciés dans toute la France. Chacun des hommes faisant partie de ces différents corps n'avait qu'un désir, celui de rentrer chez lui, et tous voulaient partir à la fois. On devait, en même temps, conduire hors de Paris la garnison désarmée en vertu de la capitulation. Enfin, il fallait assurer le départ des troupes allemandes qui devaient abandonner le pays situé au sud de la Seine.

Si nous avions eu au ministère de la guerre, en France, une commission centrale armée des pouvoirs que possèdent les commissions de Berlin et de Vienne, commission que nous ne cesserons de réclamer, et en vue de laquelle ce livre est presque exclusivement écrit, on aurait tenté de mettre de l'ordre dans le chaos qui se produisit à ce moment ; mais personne ne le tenta, et chacun voulait être servi sans retard. Chaque préfet, chaque commandant d'un camp d'instruction, chaque chef de bataillon de la garde mobile requérait les compagnies d'avoir à fournir le matériel qui lui était nécessaire, et il était évidemment impossible d'obéir à tant de demandes contradictoires.

M. le général Vinoy, dans sa déposition devant la commission d'enquête chargée d'étudier les causes de l'insurrection du 18 mars, a dit qu'il n'avait rencontré que mauvais vouloir de la part de la compagnie de Paris à Lyon. Nous pensons que sur ce point M. le général Vinoy se trompe ; il a été mal renseigné sur l'ensemble de la situation.

Au moment même où l'armée prussienne quittait les Champs-Élysées, le 3 mars 1871, les représentants des compagnies furent appelés au quartier général au Louvre pour régler les questions relatives au départ de la garnison de Paris. Les directeurs des compagnies signalèrent les difficultés de la situation, et demandèrent instamment qu'un ordre de priorité fût établi par le gouvernement pour régler les transports dans toutes les directions. Il ne fut rien décidé et on continua à vivre au jour le jour, en s'occupant surtout du départ des troupes allemandes et de la libération du territoire au sud de la Seine.

Retour des prisonniers français. — L'article 6 des préliminaires de paix signés à Versailles le 26 février, stipulait le retour immédiat des prisonniers français et la mise à disposition du gouvernement allemand d'une partie du matériel roulant nécessaire au transport de ces prisonniers.

Comme ce retour devait s'effectuer sur ses rails, la compagnie de l'Est demanda au gouvernement de vouloir bien faire établir par une convention spéciale la manière dont la remise des prisonniers serait effectuée entre les mains des autorités françaises, et elle indiqua, comme se prêtant à une opération de ce genre, les gares de Charleville, Lunéville et Vesoul.

Le gouvernement français fit droit à cette demande, et le 11 mars 1871, il intervint une convention particulière, signée à

Ferrières, qui réglait de la manière suivante les détails du retour des prisonniers.

Convention de Ferrières du 11 *mars* 1871.

Article premier.

Le gouvernement français annoncera au ministère de la guerre à Berlin l'arrivée des vaisseaux de transport français à Bremerhafen et Hambourg.

Trois jours après cet avis, le ministère de la guerre à Berlin remettra au gouvernement français 10,000 hommes au plus à Bremerhafen, et 17,000 hommes au plus à Hambourg.

Art. 2.

(Concernant les prisonniers ramenés par les chemins de fer.)

Le gouvernement français se charge de fournir le matériel nécessaire pour transporter les prisonniers de guerre en France.

Le matériel servira également à ramener l'armée allemande, conformément aux stipulations de la convention spéciale réglant l'exécution, par les chemins de fer, de l'article 6 des préliminaires de paix.

Art. 3.

Les convois de prisonniers rentrant en France seront dirigés :

1° Ceux qui passent par Metz, sur Charleville ;

2° Ceux qui passent par Strasbourg, sur Lunéville ;

3° Ceux qui passent par Mulhouse, sur Vesoul.

Art. 4.

Le gouvernement français est autorisé à installer à Charleville, Lunéville et Vesoul :

Un commandant de place ;

Un intendant militaire ;

Un payeur ;

Ainsi que tout le personnel nécessaire.

L'autorité française y installera également un magasin de vivres et d'habillement.

Art. 5.

L'autorité française pourra congédier, dans ces trois places, les hommes libérés du service militaire et appartenant aux départements voisins.

Tous les autres militaires, libérés ou non, ne devront être dirigés que par les chemins de fer jusqu'au delà des limites du territoire occupé par les troupes allemandes.

Conformément à l'article 3 des préliminaires de paix, ceux de ces hommes qui ne sont pas libérables seront dirigés sur des points situés sur la rive gauche de la Loire.

Art. 6.

Les autorités allemandes ne s'engagent à faire arriver sur chacun des trois points indiqués ci-dessus que quatre trains par jour de huit cents à mille hommes chacun, et cela autant que le matériel français sera suffisant et que les mouvements seront possibles sur les lignes allemandes.

Art. 7.

L'autorité française renoncerait au transport par la ligne de Mulhouse sur Vesoul, si le passage à pied de Dannemarie à Belfort présentait de trop grandes difficultés.

Art. 8.

Les autorités allemandes remettront de la même manière, soit à Lunéville, soit à Charleville, les militaires français détenus à la prison et au pénitencier de Metz, ainsi que ceux qui pourraient être détenus dans les autres forteresses.

Art. 9.

La garnison de Bitche quittera immédiatement la place avec les honneurs de la guerre; elle emportera ses armes, ses bagages, son matériel et toutes les archives qui ne concernent pas la place.

Elle sera transportée par le chemin de fer de Lunéville jusqu'au delà du pays occupé par l'armée allemande.

Reddition de la place de Bitche. — La convention du 11 mars réglait en même temps, et de la manière la plus honorable pour ses défenseurs, les conditions de la capitulation de la petite place de Bitche. La garnison française quitta la place le 16 mars 1871, et les Allemands prirent immédiatement possession du chemin de fer de Sarreguemines à Niederbronn.

Les événements politiques dont la France fut le théâtre en mars et en avril 1871 retardèrent le retour des prisonniers. Cette opération se fit d'une manière assez irrégulière; elle donna les résultats suivants :

Prisonniers remis à Charleville		102,907
—	à Nancy	9,635
—	à Vesoul et à Belfort	77,245
—	à Lunéville	105,474
	Total	295,261

Ces chiffres ne comprennent pas les hommes qui obtinrent en Allemagne la permission de revenir isolément et qui prirent, notamment les officiers, les lignes de la Belgique.

A chacun des points d'arrivée, les prisonniers étaient reçus par des officiers français et dirigés par trains spéciaux vers l'intérieur de la France.

Les trains spéciaux emmenèrent :

De Charleville	96,404	hommes.
— Lunéville	100,858	—
— Vesoul	73,442	—
Total	270,704	

Vingt-cinq mille hommes environ voyagèrent isolément, soit avec leurs propres ressources, soit à l'aide de secours donnés par les villes et les habitants. Plusieurs, dénués de toute ressource, furent admis gratuitement sur les chemins de fer.

Évacuation de l'armée allemande. — La compagnie de l'Est n'ayant repris ses services partiellement que le 20 mars, elle ne peut donc pas donner de chiffre indiquant exactement le nombre des soldats allemands qui ont évacué le territoire français. Elle a eu aussi à faire des transports dans le sens de l'Allemagne sur la France pour des troupes venant prendre garnison. Dans l'espace de neuf mois et dix jours, du 20 mars au 31 décembre 1871, cette compagnie a transporté de France vers l'Allemagne :

388,242 officiers et soldats ;
56,871 chevaux ;
707 voitures à deux roues ;
6,766 voitures à quatre roues ;
60,650 kilogrammes de bagages ;
21,565,380 kilogrammes de matériel de guerre et approvisionnements.

Une partie de ces troupes provenait des gares du chemin de l'Est, l'autre, de celles du Nord, la compagnie de l'Est ayant à recevoir les trains qui, à Soissons et à Laon, lui étaient remis par le chemin du Nord.

Bien entendu, ces chiffres ne comprennent pas les mouvements qui se sont effectués par terre par des corps qui ont été s'embarquer, soit à Belfort, soit dans des gares d'Alsace-Lorraine.

Ces transports ont été exécutés en partie par trains ordinaires ; mais du 12 au 26 septembre 1870 il y a eu un grand mouvement correspondant à l'évacuation des départements avoisinant Paris.

Grâce à l'accomplissement des règles observées par les commissions de lignes, règles que nous avons fait connaître et dont nous avons pu suivre l'application sur notre territoire, ce mouvement, comprenant soixante-dix-neuf trains, s'est effectué avec une extrême précision.

Fin des opérations militaires sur les chemins de fer français et reprise du service normal. — Les transports militaires exceptionnels ont pris fin sur les chemins de fer français le 30 juillet 1871. A cette date, une décision de M. le ministre des travaux publics a supprimé la réquisition générale du 15 juillet de l'année précédente, et mis un terme au régime particulier qui avait été la conséquence de cette réquisition.

Retour au service normal. — Une décision ministérielle suffisait pour arrêter qu'à partir du 30 juillet 1871 les transports militaires ne seraient plus payés que le quart au lieu de la moitié du tarif ; mais elle était impuissante pour faire cesser les causes de trouble qui pesaient encore sur l'exploitation des chemins de fer.

Pendant plus de six mois le service normal avait été suspendu dans une grande partie de la France ; il y avait donc d'immenses vides à combler dans les approvisionnements et un arriéré considérable à liquider.

Le matériel roulant des compagnies avait été diminué par la guerre. Une partie de ce matériel exigeait des réparations importantes. Les commandes de matériel neuf, faites aux ateliers de construction, n'avaient pu être exécutées. La situation était donc encore très-difficile pour les chemins de fer.

Nous ne rappellerons pas les plaintes si vives qui furent formulées pendant quelques mois contre les compagnies, contre leur monopole et leur insuffisance.

Tout le monde voulait être servi à la fois pour ses transports, en y ajoutant cette exigence de convertir les wagons en magasins.

On ne voulait pas convenir que ce que l'on a appelé la crise des transports sévissait en Belgique et en Allemagne avec une intensité au moins égale à celle qui se produisait en France.

Les compagnies avaient entre les mains une arme puissante avec laquelle elles auraient pu forcer le commerce à classer lui-même ses envois par ordre d'importance : c'est le relèvement des prix, relèvement qui fut pratiqué sans l'ombre d'un scrupule par les entreprises de navigation.

Les compagnies ne crurent pas devoir se servir de cette arme, et elles n'obéirent pas à cette loi fondamentale du commerce : la relation entre l'offre et la demande. En présence de masses énormes à transporter, elles maintinrent leurs prix réduits, et arrivèrent à dépasser de 30 et de 35 p. 100 les tonnages des époques correspondantes de 1869. Elles se contentèrent de deux dispositions que l'administration supérieure voulut bien prendre : 1° Suppression des délais de transport, remplacée par une réglementation qui a pris fin le 31 mars 1872 ; 2° faculté accordée aux compagnies de conduire dans un magasin public les marchandises non enlevées par les destinataires, et fixation d'un droit de magasinage élevé pour les wagons non déchargés.

Au printemps de 1872, enfin, on peut dire que l'industrie des transports était revenue à sa situation normale. A cette époque, toutes les compagnies avaient des voies encombrées par des wagons vides devenus inutiles.

Services rendus par les compagnies de chemins de fer au pays. — Peut-être nous reprochera-t-on d'avoir exalté les services rendus par les compagnies au pays. Nous croyons cependant n'avoir dit que l'exacte vérité, et les faits parlent encore plus haut que nous n'avons pu le dire. Depuis le jour où la guerre a été déclarée jusqu'à celui où le ravitaillement de Paris a été assuré, tous les transports confiés aux chemins de fer ont été exécutés dans toutes les directions, souvent sur l'heure et sans avis préalable. Par les temps les plus affreux, aux températures les plus basses, les manœuvres s'effectuaient dans les gares, les modestes agents de la voie, les pieds dans la neige, assuraient l'espacement des trains, et les mécaniciens passaient des semaines sur les machines.

A Forbach, à Orléans, au Mans, à Dôle, les agents de chemins de fer sauvaient les caisses, les munitions, les vivres de l'armée, et travaillaient pendant des heures entières sous le feu de l'ennemi.

IV

EMPLOI DES CHEMINS DE FER PAR LES ARMÉES ALLEMANDES
PENDANT LA GUERRE DE 1870-1871.

§ 1ᵉʳ. — Transports sur le territoire allemand.

Organisation préparatoire. — Dans le chapitre deuxième, nous avons fait connaître l'organisation en quelque sorte théorique des transports militaires. En voici l'application pratique, et les résultats obtenus montrent à quel degré de perfection était arrivée cette organisation théorique.

Ne nous lassons pas de répéter que, si nous l'avions voulu, nous aurions pu répondre par une organisation aussi complète et aussi bonne. Les problèmes à résoudre sont des problèmes simples, familiers à tous les agents supérieurs de l'exploitation des réseaux français. On n'avait qu'à faire appel à leur dévouement pour obtenir, dans le plus court délai, tout ce que nous allons voir fonctionner de l'autre côté du Rhin.

Il est vrai qu'il eût fallu joindre à cette organisation technique une organisation militaire supposant l'unité de commandement et l'esprit de prévoyance.

Tous les renseignements qui vont suivre sont extraits des journaux allemands, en particulier de l'*Union des chemins de fer allemands* (*Zeitung des Vereins*), des comptes rendus publiés par les compagnies allemandes en 1871 et 1872. Ils présentent donc un grand caractère d'authenticité.

Commission exécutive de la Confédération du Nord. — La commission exécutive de la Confédération du Nord eut successivement son siège à Berlin, à la frontière, enfin à Versailles. Elle fut constamment représentée au grand quartier général par un conseiller intime du ministère du commerce et des travaux publics.

Commissions de lignes (Linien commissionen). — Les commissions de lignes pour les transports et pour l'armée furent au nombre de treize, savoir :

Dix pour les États de la Confédération du Nord ; elles étaient désignées par les lettres A, B, C, D, E, F, G, H, J, K ;

Trois pour les États du Sud (Bavière, Wurtemberg et Bade) ; elles étaient désignées par les chiffres I, II, III.

Répartition de tout le réseau allemand. — La commission A avait sa résidence à Hanovre. Elle comprenait la ligne de Berlin à Neukirchen, près Sarrebruck, par Magdebourg, Hanovre et Cologne. Les points où les troupes devaient se reposer et manger étaient Berlin, Brunswick, Hamm et Bingerbruck.

La commission B avait sa résidence à Elberfeld et comprenait les lignes de Hambourg et de Leipzig à Biebrich, sur le Rhin, près de Mayence. Ces deux itinéraires se confondaient en un seul à partir de la bifurcation de Kreiensen. Les gares désignées pour les arrêts aux heures des repas étaient Halberstadt, Nordstemmen, Paderborn, Letmathe, Wetzlar.

La commission C, résidence Cassel, comprenait la ligne de Berlin à Neukirchen par Halle, Cassel et Francfort-sur-le-Mein. Entre Halle et Cassel, il y avait deux itinéraires, l'un passant par Nordhausen et Göttingen, l'autre par Weimar et Eisenach. Points d'arrêt pour les repas des troupes : Nordhausen, Erfurt, Giessen et Kaiserslautern.

La commission D, résidant à Erfurt, comprenait une ligne

partant de Zittau sur la frontière de Bohême et aboutissant à Biebrich. Cette ligne, entre Dresde et Weissenfels, se séparait en deux, passant, l'une par Leipzig, l'autre par Gera. Les gares où les troupes devaient manger étaient Leipzig, Gera, Erfurt, Fulda.

La commission E résidait à Leipzig et comprenait la ligne de Posen à Landau, par Dresde, Leipzig, Wurzbourg et Mayence. Les gares désignées pour les repas étaient Görlitz, Leipzig, Lichtenfels et Aschaffenbourg.

La commission F, qui résidait à Düsseldorf, comprenait la ligne de Lhöne (bifurcation près de Minden) à Rheine, Hamm, Düsseldorf, Cologne et Kall. Les troupes prenaient leurs repas dans les gares aux marchandises de Cologne.

La commission G, en résidence à la gare de l'Est à Berlin, comprenait les lignes de Kœnigsberg à Berlin et de Berlin à Dresde, avec le raccordement de Cüstrin à Francfort-sur-l'Oder, qui les réunit. Les gares désignées pour les repas des troupes étaient Dirschau, Schneidemühl, Berlin (gare aux marchandises des chemins de fer de l'Est), Görlitz.

La commission H résidait également à Berlin, à la gare de Stettin, et comprenait la ligne de Stolp (dernière station exploitée de la ligne de Stettin à Danzig) à Berlin, avec l'embranchement de Stralsund à Angermünde. Les troupes pouvaient prendre leurs repas à Stettin ou à Berlin (gare de Stettin).

La commission J, qui résidait à Altona, comprenait la ligne de Flensbourg à Magdebourg et celle de Stettin à Magdebourg, qui rejoignait la première à Hagenow, avec les embranchements de Kiel à Neumünster et de Lübeck à Altona. Gares désignées pour les arrêts aux heures des repas : Altona et Hambourg (gare de Berlin et de Lübeck).

La commission K, résidant à Breslau, comprenait les lignes de Krzyzanowitz (frontière autrichienne dans les environs de Troppau) à Kohlfurt près de Görlitz, de Frankenstein à Liegnitz, de Breslau à Görlitz et à Kohlfurt, et l'embranchement de Neisse à Brieg. Sur ce parcours, il n'existait pas de gare spécialement désignée pour le repas des troupes.

Dans l'Allemagne du Sud, la commission I avait son siége à Nuremberg et comprenait une ligne allant de Geiselhöring (bifurcation de la ligne de Passau à Ratisbonne avec celle de Passau à Munich) à Wiesloch dans le grand-duché de Bade. Les repas des troupes avaient lieu à Heidingsfeld près de Wurzbourg et à Mosbach.

La commission II, résidant à Nördlingen, comprenait la ligne de Lindau sur le lac de Constance à Meckesheim près Heidelberg, par Augsbourg. Points d'arrêt pour les trains aux heures des repas : Nördlingen et Jagstfeld.

Enfin, la commission III, résidant à Ulm, comprenait la ligne de Passau à Carlsruhe et Bruchsal, par Munich et Ulm. Les repas des troupes avaient lieu à Ulm et Mühlacker.

Points terminus du mouvement des trains sur le sol allemand. — Les points extrêmes d'action des commissions de lignes n'étaient point la frontière elle-même. Les troupes devaient s'arrêter :

a. Dans la Prusse Rhénane, à Neukirchen, à la jonction des lignes prussiennes et bavaroises ;

b. Dans le Palatinat, à Landau ;

c. Dans le grand-duché de Bade, à Wiesloch, à Bruchsal et à Carlsruhe.

Un sixième point d'arrivée était Kall, point terminus en 1870 de la section du chemin de fer qui relie aujourd'hui Cologne à Trèves. Pour gagner ce dernier point, les troupes avaient à effectuer un grand parcours par terre dans un pays très-difficile. De Trèves à Sarrebruck, elles retrouvaient un chemin de fer par Sarrelouis. Entre ces points d'arrivée et la frontière de France restait une zone de peu d'étendue, dans laquelle devaient se ranger les corps d'armée d'après les règles purement militaires, en prenant pour objectif, l'un Forbach, l'autre Wissembourg.

Tacite raconte que les anciens Germains se formaient, pour combattre, en triangle dont la pointe cherchait à pénétrer dans l'armée ennemie. Si on trace sur une carte l'ensemble des itinéraires, on voit une série de lignes partant des extrémités de l'Allemagne, de Flensbourg dans le Sleswig, jusqu'à Lindau sur le lac de Constance, en passant par Stralsund, Kœnigsberg, la frontière de Bohême et Passau, et convergeant toutes sur ces deux points d'attaque, Forbach et Wissembourg.

Dans cette constitution de lignes, il n'y a aucune distinction entre les chemins de fer de l'État et les chemins de fer concédés. Tout est confondu dans une tâche unique, dirigée vers un but unique, la guerre à l'ennemi héréditaire de l'Allemagne.

Établissement des Fahrt-Dispositionen. — Les commissions de lignes, inspirées par la commission exécutive, communiquent à chaque chemin de fer les marches de trains arrêtées pour les transports de troupes, artillerie et munitions, à diriger vers la frontière française.

Ces itinéraires (Fahrt-Dispositionen) donnaient non-seulement la direction des trains, leurs heures de départ, de passage et d'arrivée et leur composition, mais, pour ainsi dire, à un homme près le nombre de soldats à transporter par chaque train.

Les points où les hommes devaient s'arrêter, soit pour le repas principal, soit pour le café, soit pour un repos de quelques minutes, étaient soigneusement indiqués.

Enfin, les trains devaient, à des stations désignées, prendre des wagons chargés d'hommes rejoignant le détachement en cours de transport, ou laisser d'autres wagons qui demeuraient en arrière pour attendre un autre train. On opérait ainsi en route un véritable triage des détachements, et à l'arrivée les trains étaient définitivement composés.

Lors de l'évacuation des troupes allemandes, les agents de la compagnie des chemins de fer de l'Est français ont eu à participer à la rédaction des Fahrt-Dispositionnen pour le retour en

Allemagne d'une partie de l'armée d'occupation. Ils peuvent attester la précision avec laquelle, un mois à l'avance, les moindres détails d'un transport considérable sont prévus et réglés par les membres des commissions de lignes.

Commandements d'étapes (Etapen Commandaturen). — Les commandements d'étapes furent installés dans tous les points extrêmes et dans toutes les stations intermédiaires importantes, pour veiller à l'exécution des transports, se concerter avec les agents locaux, et assurer notamment tout ce qui concernait la nourriture des hommes et des chevaux.

Organisation en Bavière. — Dès la déclaration de guerre, la Bavière créa une commission centrale qui eut la direction supérieure des transports militaires. Sous ses ordres fonctionnent une commission exécutive mobile, siégeant à Munich, des commissions de lignes et des commissions locales d'étapes, chargées de surveiller les transports et d'assurer l'entretien des troupes de passage. Les commissions de lignes, composées de militaires, fonctionnaires militaires et agents de chemins de fer, préparèrent pendant la période de mobilisation les mesures d'exécution pour les transports militaires. Cette organisation était absolument calquée sur celle de Berlin, et nous la retrouvons constamment.

La concentration de l'armée bavaroise achevée, une inspection générale des étapes prit la direction supérieure des transports. La commission exécutive fut mise sous les ordres de l'état-major général de l'armée ; une inspection d'étapes fut attachée à chacun des corps bavarois ; les commissions de lignes furent fondues avec elles ou leur furent subordonnées ; des commissions d'étapes furent établies aux gares extrêmes et à certaines gares intermédiaires. Mais l'inspection générale bavaroise des étapes ne tarda pas à être englobée dans celle de la troisième armée allemande, et, à la place de la commission exécutive mobile absorbée par le commandement en chef de l'armée, fut créée une commission exécutive sédentaire conservant, sous les ordres supérieurs de la commission centrale, la direction des transports militaires en dehors du rayon d'action de l'inspection générale des étapes.

Distinction entre la mobilisation et la concentration. — Le mouvement des armées allemandes présenta deux périodes bien distinctes :

La mobilisation et la concentration.

Dans la première période, les hommes en congé et les réserves rejoignirent isolément leurs régiments. Les corps d'armée furent complétement organisés, habillés et armés dans les lieux de réunion assignés, et approvisionnés à cet effet longuement à l'avance. Toutes ces opérations furent terminées dans la première semaine du 19 au 26 juillet.

Dès le 24 ou le 25, les chemins de fer commencèrent à supprimer en tout ou en partie leurs services de voyageurs et de marchandises. Onze jours après, le mouvement de concentration de la grande armée allemande à la frontière ouest était terminé ; deux jours après cette armée était victorieuse à Forbach et à Frœschwiller.

Nous ne saurions trop appeler l'attention sur ces deux modes bach de procéder des deux peuples.

En France, tout semble prêt le premier jour. Dès le 16 juillet, le service est suspendu sur les chemins de fer, les trains succèdent aux trains, et dix jours après on avait à la frontière cent quatre-vingt-six mille hommes et trente-deux mille chevaux.

Mais aucune organisation n'était complète : les hommes isolés cherchaient leurs corps, les généraux cherchaient leurs troupes, et dix autres jours après on n'était guère plus avancé.

En Allemagne, au contraire, dans les premiers jours rien n'apparaît à la frontière : les corps d'armée se forment au loin, mais sûrement et complètement, et dans les dix jours qui suivent, ils arrivent à la frontière prendre des places depuis longtemps étudiées et arrêtées, tandis que les nôtres s'épuisent en marches et en contre-marches incompréhensibles.

Transports d'ambulances, d'équipages, d'approvisionnements.
— Les commissions allemandes ne mélangeaient jamais les transports des hommes et des choses. Organisés complètement, comme nous l'avons dit, les corps d'armée partirent les premiers, puis, ce premier mouvement une fois effectué, on commença les transports d'ambulances, d'équipages, d'approvisionnements.

Tandis qu'en France tout était mêlé et confondu, que dans la gare de Metz l'intendance cherchait ses vivres, les corps leurs effets, l'artillerie ses munitions, l'ordre et la méthode présidaient aux opérations de l'armée allemande.

Renseignements relatifs aux effectifs transportés. — Il ne nous a pas été possible de trouver des renseignements authentiques et parfaitement précis sur l'importance des effectifs transportés par les chemins de fer depuis le jour de la déclaration de guerre jusqu'à celui de l'entrée des troupes allemandes en France.

Le n° 11 *der Verein's Zeitung* du 7 mars 1871 donne les renseignements ci-après comme extraits du *Moniteur prussien*, *Preussischer-Staats-Auzeiger* :

« La guerre a été déclarée de Paris le 19 juillet 1870, terminée le 28 janvier 1871 sur la plus grande partie du théâtre des opérations par la capitulation de Paris, le 16 février suivant pour la région Est de la France. Elle a donc eu une durée totale de 210 jours.

« La mobilisation de toutes les armées de l'Allemagne du Nord et des troupes des États du Sud eut lieu en sept jours, et était par conséquent terminée le 26 juillet. Dès cette date, commença la marche stratégique de toutes les armées allemandes sur une ligne s'étendant de Trèves à Landau; ce mouvement s'effectua en treize jours. Ces armées étant fortes de cinq à six cent mille hommes, les divers chemins allemands durent transporter en moyenne, pour assurer cette concentration, quarante-deux mille hommes par jour; ces transports se partagèrent entre cinq chemins principaux, dont trois peuvent être considérés comme ayant été employés en première ligne (Palatinat, Sarrebruck et Rhein-Nahe, chemin Rhénan).

« Pour apprécier l'importance réelle de ces transports et des services rendus par les chemins de fer, il faut encore tenir compte des énormes transports de chevaux, artillerie, munitions et équipages, qui durent avoir lieu simultanément. Or, il y a moins d'un an, on estimait la charge moyenne réglementaire d'un train de chemin de fer à un bataillon d'infanterie, un escadron de cavalerie ou une batterie d'artillerie. Il faut considérer, de plus, que quatre corps d'armée prussiens ont été transportés de leurs cantonnements à la frontière française sur des parcours de 80 à 100 myriamètres (600 à 750 kil.), et que, pendant ces trajets de plusieurs jours en chemin de fer, hommes et chevaux ont dû être régulièrement nourris. »

À un ou deux jours près, les dates indiquées ci-dessus coïncident avec celles que nous avons données précédemment. En supposant la mobilisation terminée le 26 juillet, en admettant le chiffre moyen de quarante-deux mille hommes transportés par jour, les Allemands mettaient en ligne, vers le 4 ou le 5 août, près de quatre cent cinquante mille hommes, c'est-à-dire un effectif double de celui de l'armée française et probablement quadruple de celui des corps qui combattirent à Forbach et à Frœschwiller.

Les rapports publiés pour les trois chemins de fer du Palatinat, Royal Prussien de Saarbruck et Rhénan, vont nous donner pour les transports exécutés en 1870, et quelquefois dans un ou deux mois de 1871, des renseignements très-précis comme nombre, mais qui ne peuvent être divisés et qui comprennent d'ailleurs les hommes rentrés en Allemagne pour des causes diverses, ainsi que les prisonniers français.

Chemins de fer du Palatinat. — D'après le rapport présenté aux actionnaires, les chemins de fer du Palatinat ont transporté, du 23 juillet 1870 au 31 janvier 1871 :

769,517 militaires,
85,673 chevaux,
12,981 équipages,
1,223 canons,
40,615 tonnes d'approvisionnements,
553 wagons de bétail.

Ce même rapport donne des chiffres très-intéressants sur les mouvements qui ont eu lieu d'un côté à l'autre du Rhin, sur les ponts de Ludwigshafen et de Maxau.

Pont de Ludwigshafen à Mannheim.

Troupes. . . . . 288,558 hommes.
Chevaux. 51,768
Équipages et canons. . . . 8,810
Effets et objets militaires. . 143,301 quintaux = 7,165 tonnes.
— 489 wagons complets.

Pont de Maxau, près de Lauterbourg.

Troupes. . . . . 79,968 hommes.
Chevaux. 3,931
Voitures. 1,636
Effets et objets militaires. . 21,233 quintaux = 1,061 tonnes.
— 217 wagons complets.

Chemin de Sarrebruck et chemin de Rhein-Nahe. — Ces deux chemins sont administrés par une même direction royale résidant à Sarrebruck. Le premier est un chemin d'État, il s'étend de Trèves à Neukirchen, et comprend tous les embranchements houillers; le second, qui va de Bingerbruck à Neukirchen par la vallée de la Nahe et Creuznach, appartient à une compagnie, mais il est exploité par l'État. La direction de Sarrebruck a publié les chiffres ci-après, qui nous paraissent devoir être ajoutés.

BETRIEBS-BERICHT PRO 1870.

Chemin de Sarrebruck.

Troupes. 624,835
Chevaux. . . . . 31,295 } Exercice 1870.
Équipages. . . . 3,755

Chemin de Rhein-Nahe.

Troupes. 635,662
Chevaux. . . . . 29,373 } Exercice 1870.
Équipages. . . . 3,487

En réunissant à ces chiffres ceux relatifs au Palatinat, le mouvement effectué sur les lignes aboutissant à Sarrebruck et à Landau se serait élevé à environ :

2,050,000 hommes.
136,000 chevaux.
20,000 équipages ou canons.

Des rapports publiés par deux grandes compagnies, celle de Cologne-Minden et celle des chemins Rhénans, nous extrayons encore des chiffres intéressants, mais qui font double emploi avec les précédents, les chemins de ces sociétés n'étant que la continuation de ceux dont nous venons de parler.

Chemin de Cologne-Minden. — *Rapport à l'Assemblée générale, exercice* 1870. — 1,901 trains extraordinaires pour transports militaires, dont 98 de blessés, 95 de prisonniers, et 755 trains de matériel vide.

Troupes. 758,220
Chevaux. 72,512
Effets militaires. 75,934 quintaux = 3,796 tonnes.
Équipages. . . . 9,285

Chemins Rhénans. — Le rapport aux actionnaires expose que, lors de la déclaration de guerre, le premier soin fut de rendre à destination les marchandises en cours de transport, de débarrasser au mieux les gares et les voies en vue des mouvements militaires à prévoir, enfin de mettre en lieu de sûreté les grands approvisionnements des matériaux de construction, le matériel et l'outillage des ateliers principaux ; mais « *ces dernières précautions ne tardèrent pas à être jugées inutiles.* »

Le rapport donne les résultats de l'année 1870 et des trois premiers mois de 1871. Il distingue les transports faits pour les blessés, les malades et les prisonniers ; il présente donc un intérêt tout particulier. (*Voy.* les tableaux ci-contre.)

Quelle éloquence devraient avoir ces chiffres ! L'armée allemande est victorieuse ; un seul chemin de fer doit reconduire en Allemagne, par des trains extraordinaires, vingt-neuf mille six cent trente soldats blessés et trente mille six cent neuf malades. Combien en est-il passé par les trains ordinaires sur le chemin de fer Rhénan? combien sur les autres lignes ?

Transport des objets destinés au ravitaillement de l'armée allemande. — Nous avons dit que la commission exécutive avait fait passer d'abord les trains de troupes, puis les trains d'ambulances, d'équipages et d'approvisionnements.

Pour l'approvisionnement et le ravitaillement successifs des troupes, les choses ne marchèrent d'abord pas très-bien. Le transport à destination avait été laissé aux fournisseurs, qui devaient s'entendre, à cet égard, directement avec les chemins de fer. Ceux-ci, occupés aux transports des troupes, ne purent tout d'abord accueillir les demandes des fournisseurs. Quelquefois les vivres se firent attendre, et de nombreuses dépêches attestent la détresse momentanée de plusieurs corps d'armée.

Toutefois, les choses ne tardèrent pas à s'organiser par l'intervention de la commission centrale et des commissions de lignes. Les chemins de fer furent invités à ne rien accepter pour l'armée sans un ordre des autorités compétentes, *et les transports furent réglés sur la base d'un effectif de six cent mille hommes au delà de la frontière française.*

Chiffres et tonnage des transports militaires.

		OFFICIERS	SOLDATS	CHEVAUX ET BÉTAIL	CANONS ET ÉQUIPAGES	EFFETS PROVISIONS ET MUNITIONS
1870.	Juillet....	5.974	242.555	44.419	4.028	16.786
	Août.....	4.695	167.605	32.065	3.434	37.993
	Septembre..	1.628	62.375	2.910	515	25.772
	Octobre...	1.145	30.186	2.692	425	73.307
	Novembre..	4.174	200.977	2.197	254	31.242
	Décembre..	1.247	58.496	3.036	195	16.865
	Totaux....	18.863	762.190	88.319	8.847	201.965 qx = 10.098 t.
1871.	Janvier....	1.559	50.140	1.542	291	18.414
	Février....	1.550	40.950	1.255	267	15.726
	Mars.....	1.490	61.870	5.282	511	51.090
	Totaux généraux..	23.262	915.150	96.398	9.916	287.195 qx = 14.359 t.

Transport des blessés, malades et prisonniers.

		BLESSÉS		MALADES		PRISONNIERS		ESCORTE		TOTAUX	
		Officiers	Soldats	Officiers	Soldats	Officiers	Soldats	Officiers	Soldats	Officiers	Soldats
1870.	8-31 Août..	18	25.457	»	992	22	2.916	7	617	47	27.982
	Septembre..	»	2.325	»	1.485	1.789	37.169	45	2.142	1.854	43.119
	Octobre...	1	2.476	3	7.720	12	4.297	9	457	25	14.950
	Novembre..	»	20	»	6.055	3.413	83.455	154	7.611	3.567	96.839
	Décembre..	»	1.065	»	6.634	8	1.611	14	191	22	9.501
	Totaux.....	19	29.341	3	22.884	5.244	129.148	229	10.998	5.495	192.371
1871.	Janvier...	»	289	»	1.550	18	17.292	1	1.580	19	20.697
	Février...	»	»	»	2.070	14	1.748	3	170	17	3.988
	Mars....	»	»	»	5.887	2	3.055	»	»	2	6.920
	Avril....	»	»	»	258	190	18.177	2	216	192	18.525
	Totaux généraux..	19	29.630	3	30.609	5.468	169.398	235	12.964	5.725	242.501

Mais, comme dans les premiers temps de l'invasion la défense de Metz annulait les lignes partant de Forbach, la seule ligne pour arriver dans l'intérieur de la France était celle de Landau-Wissembourg-Vendenheim-Nancy.

Des encombrements terribles ne tardèrent pas à se produire sur le Palatinat. Quelle gravité n'auraient-ils pas eue, si les chemins de fer des Vosges eussent été détruits ?

Les trains subissaient des arrêts de six à huit heures en route; il fallut vingt-quatre heures pour aller de Landau à Wissembourg (28 kilom.) Des convois qui mettaient vingt-quatre heures à franchir la distance de Magdebourg à Mannheim (546 kilom.) eurent parfois besoin de quarante-huit heures pour celle de Mannheim à Wissembourg (78 kil.). Les trains étaient démesurément longs. Les mécaniciens et les agents des trains, appelés de toutes les parties de l'Allemagne, durent se familiariser avec les parcours. De nombreux chocs et accidents eurent lieu ; le personnel des gares et des trains était surmené et exténué.

Peu à peu la situation s'améliora à la suite des mesures successivement prises. Les services de voyageurs et de marchandises furent supprimés ou réduits sur bon nombre de chemins, ce qui permit de reporter plus de matériel sur les transports de vivres. Aux termes d'une ordonnance du ministre du commerce de Bavière, les chemins de l'Allemagne du Sud fournirent vingt trains de chacun quarante-six wagons à marchandises couverts et de quelques voitures à voyageurs pour le ravitaillement des armées allemandes en Fance. L'État de Bavière forma sept de ces trains, l'Est de Bavière sept, le grand-duché de Bade trois, le Palatinat trois ; leur chargement eut lieu à Munich, Nuremberg et Ludwigshafen.

Maintien de l'organisation des transports pendant la durée de la guerre. — L'organisation éprouvée pendant la mobilisation et la concentration des troupes allemandes fut maintenue pendant toute la durée des opérations militaires, bien que sur certaines lignes le fonctionnement des commissions fût parfois suspendu de fait par la cessation ou l'insignifiance des transports militaires.

Après la guerre, les commissions de lignes durent assurer le rapatriement des prisonniers français d'une part, des troupes allemandes d'autre part, sous la haute direction de la commission exécutive siégeant à Versailles.

Mais, entre les deux périodes de l'invasion de la France et du retour triomphal en Allemagne, l'occupation successive des lignes françaises amena le rapprochement vers la frontière de quelques-unes des commissions de lignes et la constitution en France de commissions d'exploitation (Betriebs-Commissionen), dont les opérations prirent une grande importance.

Le 1ᵉʳ novembre, une nouvelle commission fut nommée à Carlsruhe.

Peu après, la commission de lignes établie à Augsbourg pour la direction des transports militaires dans l'Allemagne du Sud fut transférée à Strasbourg.

Dans un des paragraphes suivants, nous allons retrouver ces commissions d'exploitation et montrer comment, en France, l'administration allemande put prendre immédiatement en main l'exploitation des chemins de fer.

§ 2. — Transport des malades et des blessés.

Les questions relatives au transport des malades et des blessés ont été en Allemagne l'objet des études les plus approfondies, et nous devons reconnaître qu'il a été obtenu à cet égard des résultats considérables.

La douloureuse nécessité de la guerre admise, on a dû rechercher les moyens d'en atténuer les rigueurs, et bien des hommes, qui autrefois seraient morts dans un hôpital étranger, ont été sauvés par le retour au pays, retour effectué dans des conditions véritablement exceptionnelles.

Nous donnons ici une série de renseignements extraits de publications allemandes, et que nous nous sommes contenté de grouper dans un certain ordre[1].

Les trains que nous désignons, en France, sous le nom de trains d'ambulance, figurent dans les récits allemands sous les noms de :

Lazareth-Züge,
Sanitats-Züge,
Spital-Züge.

Nous ne pensons pas qu'il y ait un sens spécial à chacune de ces désignations, et elles nous ont paru indifféremment employées.

Études antérieures à la guerre de 1870. — A la suite de la guerre de 1866, l'opinion publique en Allemagne se préoccupa de la question du transport des blessés, et, dès l'année 1867, le docteur Esmarch, conseiller intime de médecine et chirurgien à l'université de Kiel, proposa, dans le sein d'une commission nommée par le ministre de la guerre de Prusse, l'adoption du système américain pour le transport des blessés à de grandes distances. Il fit observer que les wagons à voyageurs circulant sur les lignes allemandes ne pouvaient, en raison de leurs siéges fixes, servir pour des blessés atteints de blessures graves qui leur imposeraient la position horizontale; que, de plus, les wagons à marchandises couverts, construits pour des chargements de dix tonnes sur des essieux de courte portée et très-forts, ne pouvaient avoir avec des chargements de six hommes la flexibilité nécessaire pour des blessés. Il fallait nécessairement faire franchir de grandes distances à des blessés grièvement atteints pour éviter les agglomérations dans le voi-

---

[1] Ces notes étaient écrites quand nous avons eu connaissance d'un livre très-intéressant : *Die bayerischen Spitalzüge im deutsch-französischen Kriege 1870-1871, von Reinhold Hirschberg*. — Munich, Ackermann, 1872. — Ce livre, qui est accompagné de douze planches, donne les détails les plus complets sur la composition d'un train de trente voitures ou wagons ordinaires transformés en voitures ou wagons d'ambulance.

sinage des champs de bataille et leur procurer des chances plus grandes de guérison : c'était impossible avec un matériel semblable. En outre, on ne pouvait placer un surveillant ni un médecin dans chacun des wagons ; les blessés étaient donc privés d'assistance entre les stations, et, à celles-ci, il fallait un temps considérable pour la visite de chaque wagon, la nuit surtout.

Dans sa proposition le docteur Esmarch posa les principes ci-après :

Les wagons devaient permettre le passage d'une extrémité à l'autre du train à l'intérieur des voitures et communiquer par des ponts.

Les blessés devaient y être apportés sur des brancards tendus sur toile, ou établis de manière à reposer sur des ressorts ou à être suspendus à de solides anneaux de caoutchouc. Ces brancards devaient être superposés à deux étages de chaque côté des voitures, afin de laisser le passage toujours libre, et les blessés placés sur ces brancards, soit sur le champ de bataille même, soit dans les ambulances, de manière à ne subir aucun transbordement en cours de transport; les brancards devaient être munis de matelas, oreillers, couvertures, etc., les wagons, bien éclairés et ventilés.

En dehors des voitures pour les malades et blessés, le train devait comprendre plusieurs voitures en communication avec les premières et destinées aux médecins et à leurs aides, à la pharmacie, au magasin des objets et ustensiles d'ambulance, instruments de chirurgie, etc., à la cuisine et à l'office renfermant les vivres et les boissons.

Nécessité de transformer le matériel roulant. — La commission ministérielle de la guerre n'accueillit pas complétement les idées du docteur Esmarch, vu les difficultés et les frais qu'entraînerait la transformation du matériel en service sur les chemins de l'Allemagne du Nord, mais elle l'engagea à se mettre en rapport avec le ministère du commerce. Celui-ci avait commandé pour les chemins de l'État un certain nombre de voitures de 4° classe devant avoir des portes et des perrons à chacune de leurs extrémités, et être séparées par des colonnes et des parois de bois de nature à se prêter à des arrangements spéciaux pour les blessés.

Le ministre du commerce fit le meilleur accueil aux ouvertures du docteur Esmarch et fit aussitôt adapter des ressorts longs et flexibles en acier à soixante voitures établies sur les données ci-dessus. De son côté, le ministère de la guerre consentit à faire faire à ces wagons un voyage d'essai pendant lequel furent simulés des chargements et déchargements de blessés. Des fusiliers de la garde s'étendirent sur des brancards qui furent portés dans les wagons, placés sur le plancher ou accrochés aux anneaux en caoutchouc, puis décrochés et reportés sur le quai de la gare. Toutes les expériences et toutes les déclarations furent des plus satisfaisantes. Bien qu'il n'y eût ni matelas, ni oreillers sur les brancards, l'oscillation des corps des prétendus blessés était si faible que le médecin-général Lœfler affirma pouvoir faire des opérations ou tout au moins soigner facilement les blessés pendant la marche du train. De plus, il déclara que dans des conditions semblables le transport des soldats grièvement blessés pouvait s'effectuer du Rhin à Kœnigsberg, et qu'il était même préférable à un séjour dans un hôpital.

Pour assurer le nombre nécessaire de voitures, le ministère du commerce fit construire dans les conditions demandées par le docteur Esmarch toutes les voitures de 4° classe commandées pour les chemins de l'État, plus de deux cents voitures.

Études en Bavière et dans le Wurtemberg. — En même temps, la question du transport par les chemins de fer des malades et blessés était agitée par d'autres autorités compétentes, notamment dans le Wurtemberg par le docteur Fichte, chirurgien militaire, et le docteur Gurlt, professeur de chirurgie à l'université de Berlin. La construction des voitures wurtembergeoises à voyageurs, conforme au système américain, permit de résoudre facilement la question du matériel en Wurtemberg. De son côté, le docteur Gurlt se rallia au système du docteur Esmarch, avec quelques additions et améliorations.

La conférence des ingénieurs des chemins de fer allemands, réunie en septembre 1868 à Munich, s'occupa également du transport par les voies ferrées des militaires grièvement blessés; mais les cinquante administrations allemandes représentées se divisèrent sur les divers systèmes en présence, et rien de sérieux ne fut exécuté jusqu'à ce que la guerre fût venue précipiter les résolutions.

Organisation et aménagements intérieurs des trains d'ambulances des chemins de fer de l'État prussien. — Dès le début, la direction Berlin-Stettin fit disposer, d'après le système adopté pour les chemins prussiens de l'État, vingt-quatre de ses voitures de 4° classe. Huit brancards purent être placés dans chacune de ces voitures.

Pour le matériel de l'État, la section médicale du ministère de la guerre eut à fournir les brancards et anneaux en caoutchouc; elle dut, en outre, faire aménager à ses frais les voitures pour les médecins, la pharmacie, la cuisine, etc. Bientôt il y eut deux cent quarante voitures disponibles. Celles à voyageurs étaient aménagées de façon à recevoir douze blessés, six de chaque côté, et les wagons à marchandises six. Cent de ces voitures furent réunies à Hanovre et utilisées aussitôt isolément pour le transport des blessés, mais sans former des trains; cent autres furent conservées à Berlin où elles demeurèrent quelque temps sans emploi, puis, sur la demande du comité central de secours de Berlin, elles furent mises à sa disposition, sous la condition qu'il prendrait à sa charge les aménagements et les fournitures, pour lesquels les fonds manquaient notoirement au ministère du commerce. Le comité vota, le 23 septembre, les fonds nécessaires; le 30, tous les travaux étaient terminés, le train prêt à partir. *Des objections* de la section médicale du ministère de la guerre à l'expédition de ce train comme train militaire retardèrent le départ jusqu'au 2 octobre; mais, ce jour-là, le train partit pour Metz; il était composé de onze voitures du chemin de l'État et de trois voitures du chemin de Berlin-Stettin. Trois jours de perdus pour discuter des questions de forme n'étaient rien pour des bureaux qui en Prusse comme en France paraissent tenir à honneur d'exercer une action retardatrice. Les blessés qui attendaient sur les champs de bataille ont dû trouver ces trois jours bien longs.

Organisation des trains d'ambulances wurtembergeois. — Déjà les trains wurtembergeois d'ambulances avaient commencé leurs voyages en France; il en était arrivé un le 1er octobre à Berlin avec quatre-vingt-seize soldats grièvement blessés. Le matériel wurtembergeois avait été remarquablement utilisé pour ce service spécial d'ambulances roulantes. Les wagons étaient dégarnis de leurs siéges, et le long de leurs parois, dans leur longueur, étaient superposés deux étages de brancards portant, ceux de dessous sur de petits coussins de crin et d'étoupe fixés au plancher, ceux de dessus sur des sangles. — Remarquons en passant que le système prussien des anneaux de caoutchouc donne plus de stabilité aux brancards pendant la marche. — Chaque wagon wurtembergeois à huit roues pouvait contenir seize blessés couchés, contre douze par wagon prussien à quatre roues. Les wagons à marchandises wurtembergeois contenaient huit brancards. De concert avec la Sanitats-Mannschaft, société de secours de Stuttgard, la direction wurtembergeoise forma quatre trains composés chacun de huit voitures à voyageurs et de quatre voitures à marchandises, soit cent brancards; la composition de certains trains permit même d'admettre jusqu'à cent quatre-vingt-douze blessés couchés.

Tous les brancards étaient munis de matelas, oreillers et couvertures de laine. Entre eux était ménagé, dans toute la longueur du train, un passage de trois pieds pour la circulation et la surveillance des médecins et infirmiers. Le jour et la ventilation étaient excellents.

En sus des voitures pour les blessés, étaient attelés à chaque train des voitures de 2ᵉ classe, système américain, pour les médecins, infirmiers, sœurs de charité, et un wagon spécial pour la cuisine avec grand fourneau, batterie de cuisine, réservoir d'eau, table, armoire pour les médicaments, etc.

En arrière, wagon-magasin, fourgon à bagages avec water-closet, disposé pour le dépôt des instruments de chirurgie, linge à pansements, provisions et denrées de toutes sortes. Toutes les voitures furent chauffées dès l'arrivée de la mauvaise saison.

Organisation des trains d'ambulances bavarois. — En Bavière, dès le début de la guerre, la commission centrale des chemins de fer chargea ceux de ses membres plus spécialement préposés à l'organisation et à la direction des services hospitaliers, de se concerter avec les chemins de fer et les sociétés de secours aux blessés pour la création de trains d'ambulances. Les premiers trains formés furent soumis au jugement des autorités médicales; l'expérience des premiers voyages fut également mise à profit, et l'on s'attacha, par des améliorations successives, à assurer aux blessés et aux malades le confortable et les soins les mieux entendus. Les trains bavarois firent les premiers voyages de trains d'ambulances. Ils se composaient généralement de vingt-trois wagons, dont trois destinés au matériel et aux approvisionnements de toutes sortes; les autres furent chauffés et aménagés avec un passage continu au milieu, comme les wagons wurtembergeois. La direction de l'État de Bavière a même loué pour ce service spécial un certain nombre de grandes voitures, système américain, au Nord-Est Suisse. Trois de ces voitures par train étaient disposées de manière à offrir cent vingt-deux sièges pour les malades ou légèrement blessés, et huit lits. Un autre wagon suivait avec un certain nombre de lits, de sorte que les blessés des trois voitures pouvaient s'étendre alternativement et demeurer couchés en moyenne cinq à six heures par jour. Huit trains furent ainsi formés et partirent le 15 septembre pour le théâtre de la guerre ; les trains d'ambulances de la Bavière transportèrent en moyenne par voyage deux cents malades ou blessés.

Trains d'ambulances fournis par les sociétés de secours aux blessés et par les compagnies de chemins de fer. — D'autres chemins allemands ne tardèrent pas à organiser, avec le concours des comités de secours de leur région, des trains d'ambulances dont la composition et les aménagements intérieurs se rapprochèrent plus ou moins des données ci-dessus. Le caractère commun à tous fut l'*initiative privée* et l'absence complète ou l'insignifiance du concours donné par l'État. Mais les administrations de chemins de fer et les sociétés de secours aux blessés ne reculèrent devant aucun sacrifice pour donner aux malades et aux blessés allemands tout le confortable et les soins exigés par leur état, la rigueur de la saison et la longueur des trajets. Nos blessés profitèrent même souvent de ces secours, et bon nombre d'entre eux furent apportés par les trains allemands d'ambulances dans les hôpitaux du centre de l'Allemagne.

Parmi les administrations allemandes de chemins de fer qui se signalèrent par l'organisation de leurs trains d'ambulances, il y a lieu de citer, après les chemins prussiens de l'État et ceux de la Bavière et du Wurtemberg :

Le chemin Louis de Hesse, à Mayence. Composition moyenne du train : 27 voitures pour 160 lits et 160 siéges rembourrés.

Chemin Rhénan, à Cologne. Composition moyenne du train : 29 voitures pour 164 hommes blessés grièvement et 152 hommes légèrement, en tout 316 blessés.

Chemin du Palatinat : 22 wagons.

Chemin Badois : 18 wagons pour 114 lits et 100 siéges.

Les dispositions prises par le comité de secours de Hambourg pour le transport des blessés par les chemins de fer furent différentes et méritent d'être signalées.

Le comité fit partir, le 22 novembre pour la première fois,

une expédition composée de vingt personnes, dont les deux chefs, trois médecins, douze infirmiers, un ingénieur, un menuisier et un cuisinier, avec trois wagons de literie, matériel, vivres, etc. Cette expédition se rendit à Épernay et demanda à la commission d'évacuation des wagons pour former au retour un Lazareth-Züg. Immédiatement accordés, les wagons furent aménagés en quatorze heures ; le train se rendit à Lagny pour charger des blessés, et le 4 décembre l'expédition débarquait à Hambourg quatre-vingt-cinq malades et blessés, après en avoir laissé en route plus de cinq cents qu'elle avait pris entre Lagny et la frontière. Les avantages de ce système étaient les suivants :

Les wagons qui eussent dû composer le Lazareth-Züg, à son voyage haut-le-pied vers la France, pouvaient être plus convenablement utilisés pour les transports d'approvisionnements et n'encombraient pas inutilement les voies des gares de passage ; les wagons ayant servi au ravitaillement et qui seraient retournés vides en Allemagne étaient employés pour l'évacuation des malades ou blessés.

Souvent on dépassa les chiffres ci-dessus indiqués pour la contenance moyenne des trains allemands d'ambulances, et il y eut des convois qui embarquèrent, soit à Lagny, point habituel de chargement, soit aux stations intermédiaires d'évacuation, cinq à six cents malades ou blessés, et même davantage. Tous les trains, grâce aux mesures prises par les commissions de lignes et les chemins de fer pour les trajets haut-le-pied vers la France, et par les autorités militaires et médicales pour l'évacuation, firent un nombre de voyages plus ou moins considérable avec toute la célérité que permettaient les circonstances.

Les renseignements ci-après, extraits de journaux allemands, donnent des dates et des effectifs précis pour un certain nombre de transports ; ils permettent d'apprécier les résultats obtenus.

Mouvement de trains allemands d'ambulances entre l'Allemagne et la France. (EXEMPLES.) — Ainsi que nous l'avons dit, les premiers trains d'ambulances envoyés sur le théâtre de la guerre ont été ceux de la Bavière. Huit trains bavarois furent expédiés à partir du 15 septembre : un pour Wissembourg et Soultz, un pour Haguenau et Wœrth, un pour Soultz et Reichshoffen, un pour le Palatinat (évacuation des hôpitaux), un pour Ars-sur-Moselle, un pour Pont-à-Mousson, deux pour la frontière de Belgique, avec mission d'atteindre Sedan, si cela était possible, pour l'évacuation des hôpitaux des environs.

Dès que les trains bavarois eurent enlevé les nombreux blessés que, vu le manque de moyens de transport, les autorités allemandes avaient dû faire soigner sur place ou évacuer sur les contrées allemandes frontières, les autres trains purent venir chercher les malades et blessés au centre de la France et les transporter dans toutes les parties de l'Allemagne. Cependant des mesures furent prises pour débarquer et faire soigner les patients, autant que possible, près de leur domicile ou dans leur patrie, et plus d'une fois les trains, avant de rentrer à leur point de provenance, durent transporter dans telle ou telle contrée reculée de l'Allemagne les malades ou les blessés qui en étaient originaires.

26 et 27 *Septembre.*

Arrivée à Munich de deux trains d'ambulances. Le premier, hessois : 247 amputés et blessés ; le second, du chemin de Marche et Posen : 200 blessés environ.

30 *Septembre.*

Départ de Pont-à-Mousson d'un train wurtembergeois pour Berlin : 90 blessés grièvement.

30 *Septembre.*

Train bavarois envoyé de Munich à Paris avec couvertures, linge pour pansements, café, sucre, chocolat, etc., etc., pour une valeur de plus de 60,000 francs. — Il ramène environ 200 blessés.

2 Octobre.

Départ de Berlin d'un Lazareth-Züg. A partir de cette date, les voyages des trains prussiens d'ambulances se succèdent et constituent un véritable service de navette entre l'Allemagne du Nord et la France. Nous ne pouvons nous empêcher de faire remarquer que, si ces dates sont authentiques, les Bavarois eurent dix-sept jours d'avance sur les Prussiens dans |l'accomplissement de l'œuvre patriotique des secours aux blessés.

16 Novembre.

Départ de Munich d'un train bavarois; arrivée le 19 à Épernay; retour à Munich le 22 avec 90 amputés et 90 blessés. Voyage effectué en six jours aller et retour.

18 Novembre.

Départ de Mayence d'un train hessois; le 22, départ d'Épernay avec 320 blessés, et transport jusqu'à Augsbourg de 274 d'entre eux.

2, 6, 7 et 10 Décembre.

Départ pour Paris de quatre trains wurtembergeois à la nouvelle des affaires des 30 novembre et 2 décembre; retour à Stuttgart les 7, 11, 16 et 17 décembre. Chaque train ramena de 3 à 400 blessés pour le grand-duché de Bade et le Wurtemberg.

7 Décembre.

Retour à Munich du train bavarois n° 3, parti le 27 novembre pour Lagny, où il était arrivée le 3 décembre. En moins de trois heures, chargement de plus de 400 blessés ; à Épernay et à Bar-le-Duc, addition de quelques wagons avec des blessés. Peu à peu le train finit par porter plus de 800 blessés et eut près de 80 voitures. Déchargements en cours de route et arrivée du train à Munich, par Wissembourg, Nordlingen et Donauwœrth, presqu'aussi vide qu'au départ.

14 Décembre.

Arrivée à Francfort-sur-le-Mein d'un Lazareth-Zùg prussien d'évacuation, avec 1400 malades et blessés.

15 Décembre.

Arrivée à Bamberg d'un Spital-Zùg : 252 malades et blessés.

Après les combats livrés devant Paris et ceux d'Orléans (2-5 décembre), transports de blessés par divers trains d'ambulances, savoir, pour :

Ludwigshafen et au delà vers Hambourg	618
Francfort et Hanau	630
Wurzbourg et Weimar	350
Gotha et Meiningen	467
Worms et Guntersblum	150
Dresde et Gœrlitz	450
Cassel et Celle	498
Francfort, Hanau, Cobourg	400
Coblentz	440
Bamberg	746
Hildburghausen, Meiningen, Altenbourg	500
Leipzig et Dresde	153
TOTAUX	5,402

Ces chiffres permettent de se rendre compte des transports par les trains allemands d'ambulances. On peut encore s'en faire une idée par ce fait, qu'à la seule gare de Mayence plus de cent mille malades et blessés ont été soignés, pansés et nourris à leur passage.

Mouvement des trains d'ambulances à la gare de Strasbourg, dans le mois de décembre. — Le tableau ci-après, publié par la commission d'exploitation de Strasbourg, donne le mouvement des trains d'ambulances à cette gare du 1ᵉʳ au 31 décembre 1870 :

DÉSIGNATION DES TRAINS	ARRIVÉE D'ALLEMAGNE	DÉPART POUR L'ALLEMAGNE	DESTINATION DU TRAIN CHARGÉ
Sanitats-Zūg de Hambourg..	....	1ᵉʳ décembre. w.	Hambourg.
Train d'évacuation......	2 décembre. w.	....	....
Sanitats-Zūg badois......	2 décembre. w.	4 décembre. k.	Carlsruhe.
— — wurtembergeois.	3 décembre. w.	8 décembre. k.	Stuttgart.
Train d'évacuation prussien..	3 décembre. w.	10 décembre. w.	Berlin.
Sanitats-Zūg de Berlin....	....	3 décembre. w.	—
— — de Mayence...	5 décembre. w.	13 décembre. w.	Mayence.
— — bavarois.....	....	5 décembre. w.	Munich.
— — wurtembergeois.	7 décembre. k.	16 décembre. k.	Stuttgart.
— — badois......	....	7 décembre. k.	Carlsruhe.
— — de Cologne...	8 décembre. w.	13 décembre. w.	Cologne.
Lazareth-Zūg de Wissembourg.	10 décembre. w.	18 décembre. w.	Berlin.
Train prussien d'évacuation..	10 décembre. w.	....	....
Sanitats-Zūg badois......	10 décembre. k.	18 décembre. k.	Carlsruhe.
— — wurtembergeois.	11 décembre. k.	15 décembre. k.	Stuttgart.
— — bavarois.....	....	11 décembre. k.	Munich.
— — prussien.....	11 décembre. w.	17 décembre. w.	Berlin.
— — —	15 décembre. w.	23 décembre. w.	Wiesbaden.
— — saxon......	....	16 décembre. w.	Dresde.
Train d'évacuation prussien..	21 décembre. w.	....	....
— — — ..	22 décembre. w.	....	....
— — — ..	24 décembre. w.	....	....
— — — ..	25 décembre. w.	....	....
Sanitats-Zūg wurtembergeois.	18 décembre. k.	25 décembre. k.	Stuttgart.
— — bavarois.....	....	19 décembre. k.	Munich.
— — —	....	24 décembre. k.	—
— — wurtembergeois.	23 décembre. k.	....	....
— — bavarois.....	....	26 décembre. k.	Munich.
— — badois......	27 décembre. k.	....	Carlsruhe.
— — —	....	29 décembre. k.	—
— — wurtembergeois.	31 décembre. k.	....	Stuttgart.

(*Abréviations* : **w**. Wissembourg. — **k**. Kehl.)

Le passage incessant de ces trains chargés de créatures souffrantes, souvent mutilées, n'avait-il point quelque chose d'horrible ! On croit rêver en lisant quelques-unes des lignes qui précèdent. Quel spectacle devaient offrir les gares dans lesquelles un train descendait deux cents amputés !

Notre génération et celles qui nous suivront, sont-elles appelées à voir encore de semblables horreurs ?...

Transport des Liebesgaben. — Les trains d'ambulances furent employés à transporter la plus grande partie des *Liebesgaben*, dons ou souvenirs de l'affection, qui, pendant toute la durée de la campagne et notamment aux approches de Noël et du jour de l'an, furent expédiés de tous les points de l'Allemagne sur le théâtre de la guerre à de chers absents. Le 17 décembre, un Sanitats-Züg wurtembergeois partit de Stuttgart, complétement chargé de Liebesgaben pour les troupes nationales.

Par quelle association d'idées le même peuple peut-il arriver à réglementer l'emploi normal de la torche, du pétrole, et les trains de Liebesgaben ?...

Ambulances d'évacuation à Épernay et à Châlons. — Dès le commencement des hostilités vers Paris, les Allemands procédèrent à l'installation de plusieurs ambulances, dites d'évacuation, dans les dépendances des gares du réseau de l'Est.

Il nous a paru intéressant de décrire avec détails ces installations qui rendirent aux malades et aux blessés les plus grands services.

Ambulance d'Épernay. — A Épernay, les ingénieurs allemands consacrèrent à cet usage le pavillon nord du magasin du matériel, à la hauteur du premier étage duquel règne sur tout le pourtour une large galerie dont ils firent réunir les différentes parties par un plancher, ce qui, avec le rez-de-chaussée, dont le sol est pavé en bois, donna une surface parfaitement close de onze cents mètres, sur laquelle trois cent cinquante lits occupaient chacun, avec l'espace nécessaire pour le service, une surface de 3^m10.

Ces lits en fer provenaient en grande partie du camp de Châlons, et la ville d'Épernay, qui avait été requise de faire procéder à tous ces aménagements, dut fournir les lits et les objets accessoires manquants.

Une cuisine, munie de trois fourneaux en briques avec chaudière d'une contenance de quatre-vingts litres environ, fut installée dans une baraque en planches appuyée au mur nord du pavillon, et l'ensemble fut complété de lieux d'aisances, avec tonneaux mobiles, aussi à proximité.

Le chauffage se faisait au moyen de poêles, dont les tuyaux de fumée débouchaient généralement par les fenêtres ; et l'éclairage, la nuit, était donné par des appareils à gaz au moyen de branchements pris sur les conduites de la canalisation de la gare.

Le combustible nécessaire, ainsi que le gaz, était fourni aussi par la ville.

Un certain nombre d'infirmiers militaires faisaient le service matériel de l'ambulance, et les malades étaient soignés par des dames dites diaconesses.

Les médecins, exclusivement allemands, logeaient dans la ville, où étaient installées cinq autres ambulances, dont les principales à l'hôpital, au théâtre et dans un vaste cellier dépendant de la maison Moët et Chandon.

Chaque jour, par les voitures de réquisition d'abord, par les trains ensuite, les soldats malades, blessés ou fatigués, venant des directions de Paris ou de Reims, étaient admis à l'ambulance de la gare d'Épernay, où ils passaient généralement de douze à vingt-quatre heures.

Après ce délai, ils étaient évacués sur les ambulances de la ville, ou dirigés vers l'est par les trains.

Vers la fin de décembre, cet établissement étant devenu insuffisant, une seconde ambulance d'évacuation fut installée dans le bâtiment à simple rez-de-chaussée situé à l'est des ateliers, près de la route de Reims, et servant en temps ordinaire de remise à machines.

La ville d'Épernay, qui fut de nouveau requise, fit couvrir

d'un plancher la fosse du chariot, poser des appareils de chauffage et d'éclairage, et installer, contre le pignon nord de la construction, une cuisine et des latrines en tout semblables à ce qui avait été déjà fait pour la première ambulance.

La surface utilisée était de neuf cents mètres et contenait quatre cents lits occupant chacun 2^m25, y compris l'espace nécessaire au service.

Comme la première, cette ambulance ne recevait les malades que temporairement, et, après un séjour de douze à vingt-quatre heures, on les dirigeait sur des établissements définitifs, ou bien on les envoyait rejoindre leur corps ou leurs foyers.

Dans les dortoirs de chaque ambulance, il existait une pharmacie garnie de tous les médicaments et de tous les accessoires nécessaires au service.

Ambulance de Châlons. — L'ambulance de passage, à Châlons, fut installée par la ville dans les dépendances de la gare.

A cet effet, deux hangars à doubles cloisons de planches avec couvertures en tuiles, mesurant chacun cinquante mètres de longueur sur sept de largeur, avaient été montés dans la cour aux bestiaux qui prolonge à l'est celle des voyageurs. Ces constructions, éclairées sur les faces latérales et aérées au moyen de cheminées de ventilation, contenaient chacune quarante-deux lits qui occupaient ainsi chacun, avec l'espace pour le service, une surface de 8^m33.

Des latrines, à tonneaux mobiles, étaient en communication directe avec chaque pavillon.

Deux autres hangars, de même sorte de construction, mais de dimensions moindres, avaient été installés à proximité : l'un, dans la cour même des voyageurs, servait de bureau aux médecins et aux pharmaciens et contenait l'officine de ces derniers ; le second, un peu plus petit, était occupé par les infirmiers chargés du service matériel des ambulances.

Un hangar, de mêmes dimensions que les deux premiers,

avait été monté en dehors de la gare sur un terrain voisin, et servait à remiser le mobilier accessoire, cacolets, brancards, etc.

Comme à Épernay, les soins étaient donnés par des dames diaconesses aux malades qui ne séjournaient à l'ambulance de passage qu'un jour ou deux.

Si, après cette période, l'état de leur santé ne leur permettait pas de rejoindre leur corps, ils étaient dirigés sur les ambulances définitives établies en ville, à l'Hôtel-Dieu et dans les vastes dépendances de l'école des Arts-et-Métiers.

§ 3. — Exploitation des chemins de fer français par les commissions allemandes.

La prise de possession des lignes a toujours et immédiatement suivi les événements militaires. — Dans tous les récits qui ont été faits de la guerre de 1870, on a dit que les Français n'avaient jamais su profiter des avantages qu'ils avaient momentanément remportés. On ne saurait faire le même reproche aux armées allemandes, et, en ce qui concerne les chemins de fer, l'occupation des gares a immédiatement suivi la marche des troupes.

Dans la nuit du 6 au 7 août, celle qui suivit la bataille de Frœschwiller, de Wœrth ou de Reichshoffen, selon le nom qu'on lui donne, le dernier train français quitta la gare de Haguenau à trois heures du matin. Le premier train prussien y entrait à dix heures, après avoir réparé les voies qui avaient été démontées entre Haguenau et Wissembourg, et l'exploitation de la ligne commençait immédiatement par l'enlèvement des blessés. Cette exploitation étaient dirigée par trente agents du chemin de fer Berg et Marche, arrivés le même jour à Wissembourg.

La succession des dates de prise de possession n'est donc que la succession des dates des succès des Allemands. Cette nomenclature serait fort aride, et il nous parait préférable d'indiquer par quels obstacles cette prise de possession fut partiellement arrêtée. Nous étudierons à ce point de vue chacune des lignes du réseau français.

Wissembourg a Paris. — Obstacles créés par la place de Toul, le souterrain de Nanteuil et le pont de Fontenoy-sur-Moselle. — La défaite de l'armée du maréchal Mac-Mahon et l'abandon de la ligne des Vosges livrèrent immédiatement à l'ennemi la section Wissembourg-Vendenheim-Nancy-Frouard, et les premiers trains allemands entrèrent dans la gare de Nancy le 21 août. Ils avaient été retenus à Varangeville, parce que les machines ne pouvaient passer sous le pont de Saint-Phlin et que l'on dut abaisser la voie en ce point.

Le service fut organisé le même jour à Nancy, et dès le 25 les trains de vivres arrivaient par Wissembourg-Vendenheim jusqu'à Nancy.

Ne pouvant atteindre Toul, les Allemands contournèrent cette place en faisant une route derrière les hauteurs de Saint-Michel, par Gondrecourt et Écrouves. La garnison de Toul était trop faible pour pouvoir faire des sorties et arrêter les convois de vivres qui empruntaient cette voie. Après la reddition de la place le 23 septembre à quatre heures du soir, les Allemands s'empressèrent de réparer le pont de la Viergotte, et le 26 ils arrivaient à Commercy.

Entre Nancy et Pont-à-Mousson, ils établirent un petit service à l'aide d'une machine de gare trouvée à Frouard et de quelques wagons à houille qui étaient restés sur le raccordement de Saint-Euchaire.

Aucun obstacle sérieux ne suspendait plus la marche des Allemands jusqu'au souterrain de Nanteuil; mais devant ce passage ils furent arrêtés deux mois. Le 23 novembre seulement, la déviation qu'ils avaient entreprise en ce point fut achevée.

A partir de cette date, l'exploitation fut poussée jusqu'à Lagny, qui devint tête de ligne jusqu'à la fin de la guerre. Les trains essayèrent d'arriver jusqu'à Chelles; mais ils en furent repoussés par les batteries françaises du mont Avron.

Avant la fin de la guerre, l'exploitation fut complétement arrêtée par la chute du pont de Fontenoy-sur-Moselle. Dans le chapitre consacré aux travaux, nous donnerons quelques détails sur cet incident qui excita chez les Allemands la plus vive colère, et qui détermina une interruption de dix-sept jours dans leur service, du 22 janvier au 8 février 1871.

Après l'armistice, les trains arrivèrent jusqu'à Pantin; mais la gare de Lagny demeura, au point de vue des approvisionnements, le véritable point terminus de l'exploitation.

FORBACH A FROUARD. — OBSTACLE CRÉÉ PAR LA PLACE DE METZ. — Le lendeman de la bataille de Forbach, le 7 août, les Allemands occupèrent le chemin de fer jusqu'à Rémilly; ils prenaient en même temps possession de l'embranchement de Béning à Sarreguemines. Le 10, toutes les avaries éprouvées par la voie étaient réparées et le service du transport des blessés était organisé.

Le 15, les trains allemands arrivaient à Rémilly, qui devenait tête de ligne et l'origine d'une déviation considérable destinée à gagner Pont-à-Mousson en contournant la place de Metz. Dans le chapitre suivant nous donnerons quelques détails sur cette déviation.

Aussitôt après la capitulation de Metz, le 29 octobre, les voies furent réfectionnées entre Courcelles et Ars; deux jours après, le service était rétabli sans interruption, et les Allemands avaient une nouvelle entrée en France par Forbach.

METZ A CHARLEVILLE. — OBSTACLES CRÉÉS PAR LES PLACES DE THIONVILLE, MONTMÉDY ET MÉZIÈRES. — La ligne de Metz à Reims, par les Ardennes, était couverte par trois places fortes : Thionville, Montmédy et Mézières. De plus, elle était en quelque sorte hachée par des ruptures d'ouvrages, ruptures faites à diverses époques, et un peu sans suite.

Au moment où l'armée du maréchal Mac-Mahon s'efforçait de rejoindre celle du maréchal Bazaine, les Allemands firent plusieurs attaques contre les voies, entre Carignan et Thionville. Peu ou point soutenus par des forces françaises, les ouvriers du chemin de fer durent renoncer au rétablissement des voies.

Le 27 août 1870, les deux ponts de Colmey et de Chonvaux, sur la Chiers, furent détruits par les Français. Ils furent rétablis par les Prussiens, le premier en dix-huit jours, le second en douze, au moyen d'ouvrages en charpente.

Le 1er septembre, le grand viaduc de Donchery, sur la Meuse près de Sedan, fut détruit par les Français. Sur l'ordre des Allemands le passage fut rétabli en vingt-sept jours par la ville de Sedan.

Les 11 et 12 septembre, les Français firent sauter le viaduc de Thonne-les-Prés et plusieurs mètres de la voûte du souterrain de Montmédy.

Le 16 novembre, le pont de Villé-Cloye, sur la Chiers, à 2 kilomètres de Montmédy, fut également détruit.

Thionville succomba le 24 novembre. Avant cette époque, les Allemands avaient essayé de contourner la place en suivant les voies qui desservent les usines de la maison de Wendel, et qui constituaient un second chemin de fer entre Ebange et Hayange. Toutefois, ils ne firent passer que deux trains de nuit sur cette voie qui, à son origine, était battue par le canon de Thionville.

Montmédy capitula le 14 décembre ; mais les Allemands mirent un mois à déblayer le souterrain sous lequel les Français avaient caché onze machines locomotives.

Autour de Mézières, les Français détruisirent sur la Meuse les trois ponts de :

Petit-Bois, le 22 octobre, à Charleville ;

Mohon, le 17 novembre ;

Revin, le 8 janvier 1871.

Pour ce dernier ouvrage, la destruction avait été très-incomplète et on put rétablir rapidement la circulation.

Nous ne parlons pas de la prise des places de Longwy et de Rocroi ; elle n'eut sur la marche des événements aucune influence, au moins en ce qui concerne les chemins de fer.

La prise de Verdun elle-même (8 novembre) ne pouvait beaucoup modifier la situation générale, et la possession de la ligne de Verdun à Reims n'était pour les Allemands d'aucun secours. Quant à la section de Saint-Hilaire à Châlons, qui prolonge la ligne de Verdun sur le chef-lieu du département de la Marne, la destruction des grandes estacades de la vallée de la Marne rendait longtemps impossible tout service par chemin de fer dans cette direction.

Vendenheim a Bale. — Obstacles créés par les places de Strasbourg et de Schlestadt. — Le 7 août, les Allemands coupèrent les voies de la ligne principale de Paris à Strasbourg, vers Brumath, et le même jour des patrouilles apparurent à Schiltigheim, aux portes de Strasbourg.

Le lendemain 8, des uhlans coupèrent les fils télégraphiques à la station de Fegersheim sur la ligne de Strasbourg à Bâle, et le service fut interrompu. Néanmoins, le 9 au matin, le chef de gare de Schlestadt arrivait avec une machine à Strasbourg et on reprenait le service entre cette grande ville et Mulhouse.

Dans la nuit du 11 au 12, les Allemands, contournant Strasbourg, coupaient la ligne de Barr entre les stations d'Entzheim et de Holtzheim. Les maisons des gardes, les stations étaient occupées par l'ennemi, et le 12 le service devenait impossible sur cette ligne; le 13 on le supprimait sur la ligne de Strasbourg à Bâle, et l'investissement de Strasbourg était complet.

Arrivée le 16 des uhlans aux portes de Schlestadt. L'autorité militaire française fit cesser le service sur l'embranchement de Sainte-Marie-aux-Mines, couper les ponts en deçà et au delà de Schlestadt, et le 22 elle prescrivait l'incendie de la gare, située dans le rayon de la place.

Tant que durèrent les siéges de Strasbourg et de Schlestadt, il fut impossible aux Allemands de se servir des chemins de fer en Alsace; aussi l'invasion se fit-elle par terre, lentement et méthodiquement.

Les Allemands entrèrent à Colmar le 14 septembre 1870, à Mulhouse le 16.

Deux fois ils quittèrent Mulhouse et deux fois ils y revinrent. Leur entrée définitive eut lieu le 5 octobre. Dans l'intervalle de ces arrivées et de ces départs, le service du chemin de fer fut pris, suspendu et repris.

Strasbourg capitula le 28 septembre, Schlestadt le 24 octobre. Rien alors ne gênait plus l'exploitation, et le premier train allemand entrait à Mulhouse le 14 novembre.

Lignes secondaires d'Alsace et des Vosges. — Obstacle créé par la place de Bitche. — Sous le nom de lignes secondaires d'Alsace et des Vosges nous comprenons :

La ligne de Béning à Haguenau, par Sarreguemines, Bitche et Niederbronn ;

Les embranchements de Mutzig, Barr et Vasselonne, de Schlestadt à Sainte-Marie-aux-Mines, de Colmar à Munster, d'Avricourt à Dieuze, de Lunéville à Saint-Dié.

La première ligne seule avait une importance stratégique; mais elle fut annulée par la défense héroïque de la petite place de Bitche, pour laquelle le gouvernement ne capitula qu'après la guerre, le 11 mars 1871.

Faute de matériel roulant, les autres lignes ne furent pas exploitées par les Allemands. Sur la ligne de Lunéville à Saint-Dié, on démonta même six kilomètres de voies neuves pour réparer des sections de la ligne de Paris à Strasbourg.

Ligne de Mulhouse a Paris. — Obstacles créés par les places de Belfort et de Langres, et par la destruction d'un certain nombre d'ouvrages. — La ligne de Mulhouse à Paris n'eut pas à subir la douleur d'une exploitation étrangère. Elle était défendue d'abord par les places de Belfort et de Langres : la première ne capitula que le 16 février 1871 et sur l'ordre du gouvernement français, la seconde ne fut pas même investie.

En second lieu, la destruction du grand viaduc de Dannemarie, de quatre ponts sur l'Ognon, l'Aube et la Seine, du grand viaduc de Nogent-sur-Marne, aux portes de Paris, morcelait la ligne en un grand nombre de sections.

L'exploitation allemande ne comprit que celles de :

Mulhouse à Altkirch et à Dannemarie,

Port-d'Atelier à Vesoul,

Chaumont à Troyes.

Nancy a Gray et a Dijon. — Obstacles créés par la place d'Auxonne et par des destructions d'ouvrages. — Les journaux allemands citent la ligne de Nancy à Vesoul comme *un des plus remarquables exemples de la rapidité et de la rage surprenantes avec lesquelles les Français ont accumulé les ruines pour arrêter la marche des armées allemandes.*

Sur cette ligne, en effet, la destruction des ouvrages fut faite sans hésitation, et les Français sacrifièrent successivement :

Le 13 août 1870, le pont de Langley sur Moselle, près de Charmes ;

Le 13 octobre, celui de l'Euron, près d'Einvaux ;

Et, le même jour, le viaduc de Bertraménil, près d'Épinal ;

Le grand viaduc de Xertigny ;

Le viaduc d'Aillevillers-Plombières.

Ces sacrifices ne furent pas inutiles ; les Allemands ne purent rétablir la circulation :

Jusqu'à Épinal, que le 15 novembre 1870,

— Vesoul, que le 10 mars 1871.

Si la ligne de Saverne à Sarrebourg, si la section de Frouard à Commercy eussent été détruites avec la même rage, pour conserver l'expression allemande, peut-être le sort de la campagne eût-il été moins désastreux pour la France.

Blesme a Chaumont, a Chatillon et a Orléans. — Obstacles créés par des destructions d'ouvrages. — La ligne de Blesme à Chaumont et à Châtillon ne présentait aucune place forte ; mais, dès le mois d'août 1870, le génie militaire faisait sauter les ponts ci-après :

Trois sur la Marne, entre Donjeux et Vignory,

Un sur l'Aujon, à Châteauvillain,
Un sur l'Aube, à Clairvaux,
Un sur la Seine, à Fouchères près de Troyes,
Un sur la Seine, à Bernières, près de Nogent-sur-Seine,
Un sur la Seine, à Colombes, à l'origine de l'embranchement de Châtillon à Nuits-sous-Ravières.

Aussi, ce ne fut que très-tardivement que les Allemands purent rétablir la circulation par sections.

Le 7 novembre seulement, ils allaient de Blesme à Donjeux;

Le 7 décembre à Chaumont, Châtillon et Troyes,

Le 1ᵉʳ janvier 1871, à Nuits-sous-Ravières,

Le 12, à Sens,

Le 14, à Orléans,

Le 21, à Blois.

Dans les journaux allemands, nous trouvons trace des difficultés considérables que rencontra l'exploitation de ces sections par suite des attaques, souvent heureuses, des francs-tireurs et des troupes régulières françaises, surtout à partir du 25 janvier. Ainsi les ponts de Brienon et de Laroche coupés; les rails fréquemment enlevés entre Montereau et Moret; les étapes de Saint-Florentin, Laroche, Pont-sur-Yonne, Villeneuve-sur-Yonne, Joigny attaquées; mort et enlèvement d'un certain nombre d'agents; suspension du service du chemin de fer pendant huit jours.

L'armistice du 28 janvier mit fin aux embarras que la commission de Chaumont commençait à éprouver, et elle reprit pacifiquement son service en l'étendant sur les sections de :

Moret à Maisons-Alfort,
Montargis à Briare,
Vitry-Juvisy à Orléans et à La Ferté-Saint-Aubin.

Le 17 février, elle reprit l'exploitation des lignes de :

Nuits à Dijon et à Beaune,
Dijon à Gray et à Dôle,

lignes dont les travaux d'art furent réparés par les sections des chemins de fer de campagne.

Reims a Paris par Soissons, Laon a Tergnier et a Saint-Quentin, Amiens et Rouen par La Fère. — Les places de Soissons, de Laon et de La Fère furent quelque temps des obstacles à la marche en avant des armées allemandes :

Laon succomba le 10 septembre ;

Soissons, le 16 octobre ;

La Fère, le 27 novembre.

La capitulation de Soissons livrait aux Allemands une nouvelle ligne sur Paris. Le service y fut organisé, le 2 novembre, par un ingénieur allemand qui avait été plusieurs années au service de la compagnie du Nord et qui en connaissait parfaitement le réseau.

Ce service comprit successivement les lignes de :

Soissons à Sevran,

Gonesse-Chantilly,

Creil, Clermont et Beauvais.

La prise de La Fère donnait aux Allemands les lignes de :

Laon à Tergnier,

Tergnier à Paris,

Tergnier à Amiens et à Rouen.

Lignes appartenant a la compagnie de l'Ouest. — La compagnie de l'Ouest n'eut pour ainsi dire pas d'exploitation allemande. Son réseau était isolé par des destructions nombreuses d'ouvrages d'art (nous en donnerons plus loin la nomenclature), et les Allemands n'eurent à leur disposition qu'une très-faible quantité de matériel roulant.

Cependant la bataille du Mans leur livra six machines et deux cent douze wagons, avec lesquels ils firent quelques trains militaires.

Reconstruction des ouvrages d'art détruits sur les chemins de fer français. — Les ouvrages détruits sur les chemins de fer français furent reconstruits, soit par les sections militaires de chemin de fer de campagne, corps spéciaux dont nous indiquerons l'organisation, soit par les villes françaises qui furent frappées à ce sujet de réquisitions spéciales fort dures. Quelquefois les réquisitions furent adressées nominativement à des ingénieurs. Il leur était prescrit d'avoir à prêter leur concours à des reconstructions ordonnées par les généraux allemands. Presque tous purent se soustraire par la fuite à cette douloureuse tâche; quelques-uns préférèrent subir l'emprisonnement.

Division du territoire français en sections administrées par des commissions d'exploitation. — Les chemins de fer français furent répartis en cinq directions indépendantes les unes des autres, mais réunies par le lien commun de l'obéissance à la commission exécutive.

Une de ces directions était la direction royale des chemins de fer de Sarrebruck, qui fut chargée temporairement de l'exploitation des lignes de :

Forbach-Metz-Frouard et Metz-Thionville,
Béning-Sarreguemines.

Les quatre autres directions furent des commissions d'exploitation (Betriebs-commissionen).

Les zones d'action de ces commissions se modifièrent suivant les progrès de l'occupation allemande. A la fin de la guerre, ces zones étaient les suivantes :

1. *Commission de Strasbourg.*

Wissembourg et Strasbourg à Nancy,
Lignes d'Alsace jusqu'à Belfort,
Blainville à Épinal, et ultérieurement (10 mars 1871) jusqu'à Vesoul, après la réparation du viaduc de Xertigny.

2. *Commission de Nancy.*

Nancy à Lagny,
Blesme-Chaumont-Châtillon, jusqu'au 1ᵉʳ janvier 1871.

3. *Commission de Reims.*

Reims-Châlons,
Reims-Laon et au delà, vers le nord, jusqu'à Amiens et Rouen,
Reims-Soissons-Mitry, près de Paris,
Reims-Charleville-Sedan.

4. *Commission de Chaumont.*

Blesme-Chaumont-Châtillon et les lignes au delà du réseau de Paris-Lyon-Méditerranée et d'Orléans,
Chaumont à Foulain, en deçà de la place de Langres,
Chaumont à Troyes,
Châtillon-sur-Seine à Troyes.

Créée le 1ᵉʳ janvier 1871, la commission de Châtillon fut transférée à Corbeil le 10 février, et elle joignit à l'exploitation des lignes dont elle était directement chargée le contrôle des trains que les compagnies françaises étaient autorisées à faire pour le ravitaillement de Paris.

Organisation des commissions allemandes. — Chaque commission allemande était constituée en direction composée de trois membres :

Un président,
Un ingénieur chargé de la partie technique,
Un membre chargé de la partie administrative.

Sous les ordres de la direction, se trouvaient :

Un agent commercial (Ober-Guter-Verwalter),
Trois ingénieurs des travaux,
Un inspecteur du télégraphe,
Un ingénieur du matériel,
Trois chefs de dépôt.

Quant au personnel inférieur des gares, des dépôts et de la voie, il fut demandé presque entièrement à l'Allemagne, le nombre des agents français qui avaient consenti à prendre du service sous les ordres des commissions étant demeuré très-faible.

Des soldats furent d'abord préposés au service des gares et de la surveillance de la voie ; mais cette organisation ne put être maintenue, et on dut limiter l'emploi des troupes à la surveillance des voies et aux manœuvres dans les gares.

Des troupes de la landwehr furent réparties dans les gares et dans les maisons des gardes, de manière à former des postes très-rapprochés, reliés par des vedettes et des patrouilles incessantes de cavalerie ou d'infanterie.

Pour l'exploitation, nous avons dit dans le chapitre II que le ministre de la guerre avait à l'avance l'état du personnel nécessaire à l'exploitation d'une ligne de cinquante kilomètres ; mais cela était tout à fait insuffisant, et l'on fit venir des agents de chemins de fer empruntés principalement aux lignes prussiennes ou aux lignes de la Confédération du Nord.

Dans le courant de novembre, une circulaire prussienne prescrivit, avec l'ajournement de toute ouverture nouvelle, la diminution d'un certain nombre de trains sur les lignes en exploitation, de manière à pourvoir aux besoins des l'exploitation allemande en France. La même circulaire invitait les directions des chemins de fer d'État et des chemins de fer concédés à transmettre au ministère la liste de tous les agents de la traction et du mouvement, du service des gares et des bureaux, des travaux et des ateliers, qui pouvaient être détachés et envoyés en France.

Pour les ateliers, il fallut aussi faire venir des ouvriers allemands. A Épernay, sur un effectif de huit cent vingt ouvriers, on n'en put décider qu'une dizaine à travailler pour les Allemands, et encore fallut-il leur donner de huit à dix francs par jour.

Presque tous les agents demandés à l'Allemagne vinrent du Nord. La commission de Corbeil employa cependant un certain nombre de Bavarois.

Des indemnités de campagne fort élevées étaient allouées à presque tout le personnel[1].

Sur certaines parties du territoire français, les membres des commissions allemandes s'efforcèrent de conserver le personnel français. On employa soit la violence, soit la persuasion.

Récemment nous avons retrouvé une lettre adressée aux maires des communes des Ardennes, dans laquelle on menace les récalcitrants de la cour martiale. Nous reproduisons cette lettre *in-extenso* :

« Chantilly, le   décembre 1870.

« Monsieur le Maire,

« Vous êtes invité à requérir les employés et ouvriers occupés sur la partie du chemin de fer traversant le territoire de votre commune, tels que les chefs cantonniers et leurs cantonniers, le chef de gare et tout son personnel. Tous ces agents reprendront leur service comme par le passé, et se trouveront, les chefs de gare et leurs agents principalement, à leur poste à notre premier passage, afin d'organiser le service.

« Faute par vous de vous rendre à cette invitation et par ces agents de s'y conformer, la commune de Longuyon sera frappée d'une contribution de guerre, et les récalcitrants traduits devant une cour martiale.

« Recevez, Monsieur le Maire, l'assurance de ma haute considération.

« *L'Ingénieur en chef*,
« Signé : J.-C. Glaser. »

---

[1] Supplément de solde alloué chaque jour, pendant la guerre, aux employés de chemins de fer envoyés en France :

Agents inférieurs.	2	thalers.
Garde-freins et chauffeurs.	3	—
Chefs de train et mécaniciens.	4	—
Chefs de petite station, sous-chefs de grande gare, comptables divers.	4	—
Chefs de grande gare.	7	—
Inspecteurs et membres de commission.	8	—
Président de commission.	10	—

Très-peu d'agents obéirent à une pareille mise en demeure. Beaucoup prirent la fuite et ne reparurent que lorsque le chemin fut remis aux agents de la compagnie de l'Est.

En Alsace et en Lorraine, on eut recours à des procédés plus doux. On représentait aux agents que ces deux provinces étaient perdues pour la France, qu'ils avaient dès lors tout intérêt à reprendre des fonctions qu'ils ne retrouveraient pas plus tard. On présentait à leur signature une pièce rédigée en allemand et en français, et dans laquelle on leur demandait l'engagement de servir fidèlement la commission d'exploitation, comme ils avaient servi la compagnie de l'Est. Le texte allemand était très-clair, tandis que la traduction française semblait dire que les commissions d'exploitation ne fonctionnaient que pour le compte de la compagnie de l'Est. Ce dernier sens donné à l'engagement pouvait entraîner un certain nombre d'agents. Toutefois nous avons la conviction qu'il n'y avait dans cette traduction inexacte qu'un défaut d'habitude de la langue française, et nous repoussâmes, chez ceux de nos agents qui nous consultèrent, l'idée qu'on avait tendu un piége à leur bonne foi.

Les chefs des petites stations des lignes vicinales d'Alsace, quelques comptables, des gardes et des hommes d'équipe, acceptèrent ces propositions ; mais presque tous les agents d'un ordre un peu élevé les refusèrent, et un certain nombre reçurent des ordres d'expulsion à bref délai.

Nous rappelons qu'il ne faut pas confondre les commissions d'exploitation avec les commissions de lignes. Dans ces dernières, l'élément militaire était toujours représenté, tandis que les commissions d'exploitation étaient de véritables administrations, chargées du séquestre des chemins français.

Spécimen des instructions données aux commandants d'étapes. — Dans une de nos gares nous avons trouvé une pièce établissant d'une manière très-nette les rapports des commissions de lignes, des commissions d'exploitation et des commandants d'étapes. Nous reproduisons ce document. Il est intéressant à un autre point de vue : il constate que l'ordre parfait qui avait présidé aux opérations de l'armée dans les gares allemandes ne se maintenait pas dans les gares françaises.

« A Messieurs les Commandants des étapes sur les lignes françaises.

« Afin de combattre de la manière la plus énergique les nombreux obstacles et difficultés qui ont rendu impossible jusqu'à ce jour la mise à exécution régulière de tous les transports militaires sur les lignes de chemins de fer, sur les territoires encore occupés en France, nous venons prier MM. les commandants des étapes de chemins de fer de vouloir bien nous prêter en général, et en particulier dans les deux circonstances principales suivantes, leur aide et leur concours le plus efficace, savoir :

« 1. En ce qui concerne le maintien de la circulation libre dans les gares, et notamment dans celles servant de stations principales de déchargement :

« Aux points de destination des transports de troupes, d'approvisionnements et de matériel de l'armée, tous les trains arrivants devront être déchargés le plus promptement possible, pour que les trains vides puissent être ramenés et pour que les trains nouvellement arrivés puissent entrer en gare. C'est là une condition essentielle pour le maintien d'une exploitation régulière des chemins de fer, et les dérogations à cette règle fondamentale ont été *la principale cause de toutes les irrégularités et interruptions, ainsi que de tous les encombrements qui se sont produits sur les voies ferrées.*

« Le commandant d'une étape de chemin de fer qui, méconnaissant l'importance de la tâche ci-dessus, n'apporte pas la plus grande énergie et la plus stricte exactitude à l'accomplissement des devoirs qui en découlent pour lui, encourt la plus grande responsabilité.

« II. En ce qui concerne le maintien de la discipline militaire dans les gares et l'expédition la plus exacte des trains :

« *Les retards les plus fâcheux, voire même la suppression de trains entiers*, ont été, dans bien des cas, la conséquence de ce que les troupes n'étaient pas rendues sur place en temps utile, que leur embarquement ne s'effectuait pas avec la rapidité voulue, ou bien, qu'en cours de transport et par les raisons les plus diverses mises sur le compte de la conduite des troupes, les arrêts aux stations étaient prolongés outre mesure et contrairement aux dispositions prises.

« Les inspecteurs de gares ont reçu des instructions pour faire partir en temps utile les trains de leurs stations respectives et pour observer rigoureusement la marche des trains.

« Pour l'accomplissement de leur service, ils ont, dans une forte mesure, besoin du concours des commandants des étapes de chemins de fer. Ce concours devra leur être prêté sans réserve.

« Le commandant d'étape sera l'intermédiaire entre les troupes et les agents de chemin de fer, dont il aura à sauvegarder les intérêts et les droits réciproques. Il est donc absolument nécessaire que le commandant d'étape, ou dans tous les cas l'officier suppléant, assiste au départ et à l'arrivée de chaque train, dans le but de s'assurer que tout marche régulièrement ou de pouvoir intervenir, suivant les circonstances, et prendre les mesures nécessaires.

« Devront être subordonnées au maintien de la marche des trains toutes les autres considérations : il n'y aura pas lieu, par exemple, de prétexter de ce que la troupe n'aurait pas terminé son repas pour transgresser le délai fixé pour le départ. Dans le cas où ce délai serait trop restreint, il devra être distribué des vivres que les hommes pourront consommer en route, ou bien il devra être pris des mesures pour que l'alimentation ait lieu à une station où les heures de départ le permettront.

« En outre, ce serait montrer une condescendance préjudiciable que de vouloir arrêter le train pour remédier à une négligence, à une inadvertance ou à l'insouciance de la part d'une troupe.

« La durée des arrêts devra être notifiée, l'avis des départs devra être donné en temps utile. Bref, rien ne devra être négligé à cet égard, en ce qui concerne la troupe ; mais, d'un autre côté, le train devra être expédié en temps utile et suivant les besoins du service de l'exploitation.

« Si, dans ces circonstances, quelqu'un ou quelque chose reste en arrière, la faute en sera toujours attribuée au commandant de la troupe, tandis que si le commandant d'étape montre trop de condescendance, il pourra s'exposer à de graves reproches.

« A   , le   novembre 1870.

« *Commission des lignes mobiles*,
« Signé : X... lieutenant.
« Signé : Y... ingénieur.
« Signé : Z... capitaine.

« Transmis à la commission d'exploitation de chemins de fer, à..,, avec prière d'en prendre communication.

« *Commission des lignes mobiles*,
« Signé : Z... capitaine. »

Suivent, sur la pièce autographiée laissée dans notre gare, les signatures attestant la remise de cette pièce aux inspecteurs de l'exploitation, qui recommandent aux agents des gares de veiller à l'exécution des mesures prescrites.

Matériel roulant employé par les Commissions allemandes. — Les compagnies françaises ayant, à l'approche des armées allemandes, fait refluer vers l'intérieur du pays tout le matériel roulant dont elles avaient la libre disposition, les armées allemandes ne trouvèrent que le matériel enfermé dans les places par ordre de l'autorité militaire, ou conservé sur les voies en vue des besoins de l'armée.

Les machines locomotives saisies par les Allemands furent au nombre de quatre-vingt-dix :

Quatre-vingt-quatre appartenaient à la compagnie de l'Est ; elles avaient été laissées :

58 à Strasbourg, sur réquisition du général Uhrich,

4 à Metz, sur réquisition du général Coffinières,

1 à Faulquemont, sur réquisition du maréchal Bazaine,

9 à Sedan et à Carignan, sur réquisition de l'intendance,

11 à Montmédy, sur réquisition de l'intendance,

1 à Niederbronn, après la perte de la bataille de Reichshoffen,

2 à Reichshoffen, après la perte de la bataille,

7 à Sarreguemines après la perte de la bataille de Forbach,

2 à Barr après l'investissement de Strasbourg,

5 à Thionville, Nancy, Lunéville, pour causes diverses,

2 à Reims, après la bataille de Sedan,

4 à Mulhouse, saisies entre les mains du Central Suisse.

Dix-neuf autres machines furent immobilisées dans les places qui résistèrent pendant toute la durée de la guerre, quinze à Bitche, trois à Belfort, une à Langres.

Les six autres appartenaient à la compagnie de l'Ouest ; elles furent trouvées au Mans.

Les wagons à marchandises saisis par les Allemands furent au nombre d'environ quatre mille.

Il serait sans grand intérêt de donner l'indication des points où tout ce matériel fut pris. Pour l'Est, les renseignements ne différeraient pas beaucoup de ceux relatifs aux machines. Pour les autres compagnies françaises, le matériel roulant fut perdu :

A Dôle pour la compagnie de Lyon,

Au Mans, pour la compagnie de l'Ouest.

Enfin, au moment où la guerre fut déclarée, la compagnie de l'Est avait en Allemagne environ mille quatre cents wagons, tandis qu'elle n'avait sur son propre réseau que six cents wagons allemands.

Chaque nation conserva les wagons qui se trouvaient sur ses rails, mais les Allemands avaient un avantage considérable.

Les chiffres que nous venons d'indiquer étaient bien insuffisants pour l'exploitation de toutes les lignes que les Allemands occupèrent en France, et ils durent faire venir un nombre considérable de machines, de voitures et de wagons.

A l'inverse de ce qui eut lieu pour le personnel des chemins de fer qui fut principalement demandé aux chemins de la Confédération du Nord, ce furent les États du Sud qui, toute proportion gardée, fournirent la plus grande quantité de matériel roulant.

Ainsi, les journaux bavarois disent que le chemin de l'État de Bavière avait en France, dès la fin de novembre :

33 machines,

410 voitures à voyageurs,

6,526 wagons à marchandises.

En parlant des mouvements de l'armée, nous avons vu les États du Sud invités à fournir, dans les premiers jours de décembre, vingt trains destinés à l'approvisionnement de l'armée allemande devant Paris. Chacun de ces trains se composait de quarante-six wagons de marchandises et de quelques voitures à voyageurs

A la fin de la guerre, *la Zeitung des Vereins* estimait à près de vingt mille le nombre des véhicules employés sur les chemins français, savoir quatre mille véhicules français, seize mille allemands.

Cette invasion d'un caractère spécial montre combien sont peu utiles en général les restrictions que les chemins de fer s'opposent les uns aux autres pour l'admission réciproque du matériel roulant. Il n'y a qu'une condition obligatoire à remplir, c'est de pouvoir passer dans le gabarit de chaque chemin. Cette condition fut du reste assez dure pour le matériel allemand en général plus grand que le nôtre, et dans les premiers temps il y eut bien des avaries causées aux cheminées des machines, aux guérites des wagons et aux marchepieds des voitures.

Installation des Allemands dans les gares de chemins de fer.
— Un mot caractérise l'installation des Allemands dans nos gares : ils s'y installèrent en maîtres et en maîtres absolus. Les villes se prêtaient volontiers à cette occupation ; elles espéraient être déchargées d'autant ; mais elles ont pu le regretter au moment où elles réclamaient la réorganisation du service du chemin de fer.

Nous avons parlé des ambulances d'évacuation organisées à Épernay et à Châlons ; il y en eut de semblables à Nancy, où s'étaient installés les chevaliers hospitaliers de Saint-Jean, les Johannites comme on les appelait habituellement.

Nous indiquerons ce qui se passa dans une ou deux gares ; en prendre un plus grand nombre serait une répétition inutile.

Épernay. — Les salles d'attente des premières et des deuxièmes classes furent occupées par la poste ; la salle des troisièmes servit de magasin à l'intendance pour les objets nécessaires aux trains d'ambulances, à leur passage.

Le logement du chef de gare reçut les bureaux du mouvement ; ceux de la commandature prirent place dans la grande salle du buffet ; les autres pièces furent occupées par divers bureaux et par un poste de police. Dans la maison d'habitation du chef des ateliers s'installèrent la commission allemande d'exploitation (avant son départ pour Reims) et les ingénieurs du matériel et de la voie.

Le grand atelier de réparation des tenders fut converti en magasin d'approvisionnements de denrées alimentaires, café, sucre, riz, vêtements de toute sorte, chaussures de rechange.

Pendant toute la durée de la guerre, l'importance de ces approvisionnements fut considérable ; elle atteignait plusieurs millions de francs.

Enfin, la halle aux marchandises fut transformée par la ville d'Épernay, et toujours à ses frais, en un réfectoire pour les troupes de passage.

Lagny. — Il nous a semblé intéressant de reproduire *in-extenso* le rapport qui nous a été adressé par un agent supérieur de la compagnie de l'Est. C'est un journal authentique racontant froidement tout ce qui s'est passé dans la gare, donnant des dates exactes sur la marche des Allemands et la rapidité avec laquelle ils savaient s'installer. En présence des indécisions qui ont caractérisé la marche des armées françaises dans la Moselle et dans le Bas-Rhin, la précision des opérations de nos ennemis mérite d'être étudiée. Voici ce rapport :

« Pendant toute la durée de l'occupation, et surtout pendant la guerre, Lagny a été un des grands centres des Allemands. C'est là qu'ils avaient établi leur intendance, la direction générale des ambulances et celle des postes.

« A Vaires (5 kilomètres de Lagny), se trouvait le dépôt central des poudres et des munitions d'artillerie ; à Esbly, celui des prises de guerre.

« *Moyens de communication*. — Le 12 septembre 1870, le génie français avait détruit les deux ponts sur la Marne.

« Les éclaireurs allemands sont arrivés le 13 septembre ; le corps d'armée, le 14 à deux heures et demie de l'après-midi. Leur premier soin a été de jeter, le jour même, en face du passage à niveau de Pomponne, un pont de bateaux pouvant porter voitures, pont qu'ils avaient amené sur des fourgons.

« Le lendemain 15, ils ont établi sur les restes de l'ancien pont de fer, et au moyen de madriers, une passerelle pour les piétons.

« Pensant que les travaux du souterrain de Nanteuil seraient bientôt terminés et ne trouvant pas les moyens de communication suffisants pour l'ouverture du chemin de fer, ils ont commencé, le 27 septembre, deux ponts sur pilotis où les voitures pourraient passer : l'un dans l'axe de la gare et correspondant à la rue du port de Lagny ; l'autre en face du passage à niveau de Thorigny.

« Six jours après, ces ponts étaient terminés ; ils n'ont été détruits qu'en octobre 1871 après le départ des Allemands.

« Le pont de bateaux de Pomponne est resté jusqu'après la Commune de Paris.

« *Télégraphe.* — Le 18 septembre 1870, les communications télégraphiques étaient rétablies à la gare de Lagny.

« 1° Nos lignes étaient réparées et reliées avec l'Allemagne ;

« 2° Une ligne conduisait au château de Pomponne, dans les environs duquel il y a toujours eu un camp de sept à huit mille hommes :

« 3° Une autre ligne à Claye ;

« 4° Une, enfin, au château de Ferrières.

« Quelques jours après, on a établi celle de Versailles, lorsque le quartier impérial y a été transporté.

« Ces lignes ont été prolongées au fur et à mesure de l'invasion, mais le bureau central est toujours resté à Lagny.

« Lorsque les Allemands ont repris le service du chemin de fer, le service de l'État a quitté la gare, mais pour aller s'installer dans une maison qui l'avoisinait. Il y est resté jusqu'au 24 septembre 1871 au soir.

« Ces lignes ont subsisté jusqu'à l'évacuation et mettaient en rapport les localités où se trouvaient les généraux commandant les divers corps d'armée.

« Pour les établir, les Allemands s'étaient d'abord servis de perches et de fils qu'ils avaient dans leur télégraphe de campagne ; mais, petit à petit, ils ont remplacé les perches, soit par des poteaux qui se trouvaient en dépôt sur notre ligne, soit par des arbres coupés dans les forêts environnantes. Quant aux fils, ils les ont pris chez les quincailliers de Lagny et autres lieux.

« *Travaux divers dans la gare.* — Le 27 septembre 1870, comptant sans le souterrain de Nanteuil et croyant au rétablissement prochain de la voie, ils ont ramené dans la gare de Lagny, avec des chevaux, les wagons réformés qui se trouvaient dans la carrière de Chelles, et se sont mis à les réparer.

« Le même jour ils ont enlevé, au moyen d'un lorry traîné par des chevaux, les traverses et bois de charpente qui étaient dans la gare et les ont conduits au pont de Chalifert.

« Le 31 octobre et le 1er novembre ont été employés à faire des chambres de mines tranversales et longitudinales depuis la halle de la petite vitesse jusqu'au passage à niveau de Lagny, afin d'être en mesure de faire sauter la gare et les voies dans le cas où l'armée française arriverait. Ils ont également construit deux espèces de redoutes avec des morceaux de poteaux télégraphiques, des madriers ; le tout couvert en terre et gazonné. L'une défendait l'entrée de la route de Pomponne, l'autre le chemin qui longe la Marne.

« *Arrivée des employés de chemin de fer.* — Le 1er novembre, le chef de gare prussien et divers employés de chemin de fer sont arrivés par terre, apportant avec eux les billets et pièces comptables.

« *Ouverture de la ligne.* — Ce n'est que le 20 novembre que la première machine est entrée à Lagny, à deux heures vingt minutes du soir. Le jour même, elle a conduit à Chelles des wagons de planches pour la construction du parc d'artillerie projeté au Poncelet.

« Le 21, le matériel nécessaire pour meubler la gare a été réquisitionné dans les maisons non habitées.

« Le même jour, un train spécial amenait de la houille pour les machines, l'éclairage, les ponts de chargement, etc, etc.

« Le 24 novembre, à cinq heures du matin, partait le premier train de voyageurs pour l'Allemagne.

« Les Prussiens ne délivraient pas des billets à tous les voyageurs qui se présentaient ; chaque train avait son nombre déterminé d'avance; une fois ce nombre épuisé, on remettait les voyageurs au prochain train.

« *Constructions.* — Aussitôt l'époque du rétablissement du chemin de fer fixée, l'intendance fit construire dans le jardin de la gare qui touche au bâtiment des voyageurs trois grandes baraques :

« La première, destinée à l'alimentation des troupes de passage, contenait trente-six fourneaux économiques en fonte placés sur trois rangées, pour faire la soupe à trois mille hommes.

« La seconde était divisée en deux parties : celle donnant sur le quai était une espèce de bazar, où des juifs allemands vendaient des cigares, du tabac, des objets de fumeurs, des montres, de la parfumerie, etc.; la deuxième partie de cette baraque avait son entrée sur la rue et servait à mettre les chevaux des officiers qui venaient à la gare, ceux des ordonnances apportant des ordres ou des dépêches télégraphiques.

« La troisième baraque était le casino des officiers.

« *Hangar dit des Dons.* — On appelait ainsi un hangar où le *service des ambulances* distribuait aux soldats passant une foule de cadeaux utiles provenant de la souscription des dons patriotiques d'Allemagne.

« *Habillement des troupes de passage.* — Le hangar de l'habillement contenait des pantalons, tuniques, chaussures et autres objets de première nécessité. L'intendance y remplaçait aux soldats de passage les effets en trop mauvais état, ou leur donnait ceux qui leur manquaient.

« *Magasins.* — Dès le 1er novembre, l'intendance commençait un grand hangar qui faisait suite à notre halle aux marchandises; le 15 novembre, il était terminé.

« Quelques jours après l'ouverture du chemin de fer, on apportait la halle aux marchandises d'Esbly; elle complétait la réunion de notre halle aux marchandises avec les bâtiments de la remise aux voitures et du dépôt. Le tout hermétiquement clos, couvert en tuiles, avec des planchers élevés de plusieurs centimètres au-dessus du sol pour empêcher l'humidité. C'était un entrepôt de vivres.

On se mit ensuite à construire, dans un pré qui joint la gare, de nouveaux hangars.

« Quelque temps après, on en joignit d'autres venant de Mourmelon.

« Le tout était très-sainement construit et couvert en tuiles.

« Pour rendre possible le service de ces halles, les Allemands durent faire une véritable grande route qu'ils bloquèrent en cailloux, comme si elle devait exister éternellement.

« Avant la fin de 1870, tous ces magasins étaient combles de farine, d'avoine, légumes secs, viandes salées et fumées, café, vin, eau-de-vie, etc.

« Chaque jour, les différents corps envoyaient leurs fourgons et des voitures réquisitionnées prendre leurs approvisionnements; des trains arrivant du haut de la ligne les recomplétaient journellement.

« *Fourrages*. — Les fourrages étaient amenés chaque matin à la gare, avec des voitures par les divers fournisseurs. L'intendance les distribuait immédiatement. Ils ne séjournaient que très-exceptionnellement dans les cours de la gare.

« *Pain*. — Au début de la guerre, on apportait le pain tout cuit d'Allemagne. Il arrivait souvent moisi; aussi, dans les premiers jours de novembre, on changea de système. Les soldats allemands firent le pain dans des boulangeries réquisitionnées à Lagny, avec des farines tirées des magasins que l'on venait de construire. De là, il rentrait à l'intendance, qui le distribuait aux différents corps.

« *Parc aux bestiaux*. — Les Allemands firent aussi élever, contre les murs du parc du château de Thorigny, des appentis considérables pouvant contenir non-seulement des moutons, mais aussi plusieurs centaines de bêtes à cornes. C'est là que l'on enfermait les bestiaux au fur et à mesure de leur livraison par les fournisseurs.

« *Boucherie*. — La boucherie allemande était dans Lagny; mais c'est de ces écuries qu'elle tirait tous ses approvisionnements.

« *Quai de chargement pour chevaux.* — Pour obvier à l'insuffisance de nos quais et permettre le prompt débarquement de la cavalerie, de l'artillerie, etc., les Prussiens avaient établi un long plan incliné pouvant décharger simultanément trente-cinq wagons. Il était construit avec des madriers soutenus par des rails et des morceaux de charpente. Comme la pente en était assez rapide, on avait cloué, tous les quinze à vingt centimètres, de petites tringles en bois pour empêcher les chevaux de glisser.

« *Quai de chargement pour voitures.* — A l'extrémité de la voie de garage qui longeait le quai de chargement, on avait fait une rampe en terre destinée aux voitures, etc., que l'on était obligé de décharger par l'extrémité des wagons.

« *Écuries.* — La ville de Lagny était remplie de blessés, de malades, et avait en outre une très-forte garnison. Il ne restait plus de place ni dans la ville, ni dans les environs.

« Les troupes, en descendant de chemin de fer, ne pouvaient trouver ni à se loger, ni à mettre à l'abri leurs chevaux. Cependant, il fallait les faire reposer avant de les envoyer à leur destination définitive. L'intendance fit bâtir, à peu de distance des magasins dits de Mourmelon et à proximité de la Marne, de vastes hangars en planches pouvant abriter cinq cents chevaux et leurs cavaliers.

« *Ponts de chargement.* — Je ne dois pas passer sous silence les ponts de chargement que les Allemands avaient amenés à Lagny dès les premiers jours.

« Ces ponts, de très-grandes dimensions, leur permettaient de décharger sans quai les chevaux et voitures.

« Ils sont suspendus sur des ressorts qui portent un essieu placé au milieu avec une paire de roues. Ces roues permettent non-seulement qu'un homme puisse facilement les transporter d'un bout à l'autre de la gare, mais elles aident aussi à les consolider et à les empêcher de fléchir. Une vis de pression sert à caler les ressorts et à lever le pont à la hauteur voulue.

« *Malle-Poste*. — Lagny avait la direction générale des postes.

« Pendant la guerre, *tous les jours*, chaque régiment recevait ses lettres, journaux et petits paquets transportés par la poste.

« *Parc d'artillerie de Vaires.* — Dans la dernière moitié de novembre les Allemands sont venus à Chelles pour y établir un parc d'artillerie dans la prairie dite du Poncelet ; mais une bombe du mont Avron, tombée le 21 novembre sur le premier wagon qu'ils étaient en train de décharger, leur fit abandonner ce projet. Ils n'ont même pas fini de le décharger et se sont transportés à Brou, dans une maison appartenant au sieur Philippot.

« Puis, ils construisirent dans la prairie de Vaires des baraques pour les munitions destinées à l'approvisionnement des pièces de siège.

« En même temps, deux poudrières étaient établies dans le bois de Fontaine, à quelques pas de là.

« Pour faciliter le débarquement de leur matériel qui arrivait par chemin de fer, ils élevèrent sur le bord de la voie montante un plan incliné exactement pareil à celui de Lagny, mais qui ne pouvait guère décharger à la fois que dix-huit à vingt wagons.

« Les charpentes de ce quai et des baraques étaient des peupliers abattus dans les marais de Chelles. Les planches venaient par chemin de fer et avaient été fournies à Lagny.

« Le service du parc, de Vaires à Lagny, était fait presque exclusivement par des hommes, chevaux et voitures réquisitionnés aux Andelys.

« Esbly. — Le seul travail un peu important que les Allemands aient fait à la station d'Esbly a été un quai pour embarquer les prises de guerre qu'ils transportaient en Allemagne.

« Ils le construisirent vers le 15 novembre, après la démolition de la halle aux marchandises, qui fut transportée quelques jours après à Lagny.

« Ce quai, ayant environ cent mètres de long et placé en prolongement de ceux de la station, donnait une longueur totale d'environ cent cinquante mètres. »

Réfectoires pour les troupes de passage. — Nous avons, dans le paragraphe précédent, mentionné la création aux principales gares de vastes approvisionnements sans cesse renouvelés et dans lesquels on puisait ce qui était nécessaire à la nourriture et à l'habillement des troupes. Il faut ajouter à cette organisation la construction de vastes réfectoires dans lesquels huit à neuf cents hommes à la fois pouvaient prendre un repas chaud et solide, après lequel ils remontaient en wagon.

Rien de semblable n'a été tenté en France. Les hommes emportaient avec eux les vivres qu'ils consommaient en route fort irrégulièrement. Dans les gares de passage, ils se précipitaient sur les buffets, les cantines, et ne songeaient qu'à boire du vin ou de l'eau-de-vie que des industriels, trop souvent sans conscience, leur vendaient à des prix excessifs.

Nous considérons l'installation de ces réfectoires comme un des accessoires désormais indispensables du transport des troupes.

En France, ces réfectoires furent établis à :

Kœnigshoffen, aux portes de Strasbourg ;

Lunéville ;

Bar-le-Duc ;

Épernay ;

Châlons ;

Mohon-Charleville.

Nous décrirons l'installation des gares d'Épernay et de Châlons.

ÉPERNAY. — Sur le quai de chargement de la halle aux marchandises, des tables avaient été disposées au moyen de planches clouées sur des piquets plantés dans le sol, et chacune était munie de deux bancs mobiles de même longueur.

A l'arrivée des trains, les soldats se dirigeaient vers le

hangar et montaient sur le quai par plusieurs escaliers en bois correspondant aux portes latérales ouvrant sur la cour.

Les aliments, consistant en soupe et bœuf, étaient préparés sur place même dans six grands fourneaux en fonte, avec marmites d'une contenance de quatre-vingts litres chacune et chauffées directement au charbon. Ces appareils étaient disposés le long du pignon ouest du hangar et à l'intérieur.

Cette installation permettait de servir à la fois de six à sept cents hommes.

Les animaux de boucherie, pour l'alimentation des troupes, étaient abattus dans les abattoirs de la ville, et la distribution en était faite, tant pour les troupes de passage que pour celles en garnison, sur un seul point, dans la cour d'une maison voisine de la gare. Cette opération était ainsi facilement surveillée.

Les troupeaux de bœufs et de moutons venaient d'abord d'Allemagne par la voie de terre et par étapes. Par la suite, les approvisionnements de toutes sortes furent entrepris par des négociants généralement allemands et juifs, à la suite des armées.

Chalons. — La remise rectangulaire aux machines fut transformée en un vaste réfectoire avec cuisine dans le pavillon ouest et magasins dans une partie de celui opposé, à l'est.

La partie centrale, dont les fosses avaient été fermées au moyen de planchers, était occupée par des tables parallèles et placées dans le sens tranversal, chacune desservie par deux bancs mobiles; le tout construit avec tréteaux et planches brutes et pouvant contenir de huit à neuf cents hommes.

Toutes les ouvertures ayant été bouchées avec soin, des poêles en fonte distribuaient une chaleur convenable dans cette vaste pièce, éclairée le soir au moyen d'appliques et de suspensions à l'huile.

De chaque côté de la porte d'entrée placée au centre de la face latérale, sur la voie, étaient établis deux vastes bassins en bois et en forme d'auges, recevant par des tuyaux de conduite en plomb partant de la cuisine, l'un de l'eau froide, l'autre de l'eau chaude, et tous deux destinés aux ablutions des soldats venant prendre leur repas.

La cuisine, dans le pavillon ouest, se faisait à la vapeur, au moyen de huit grandes chaudières en cuivre d'une contenance de deux cent cinquante litres environ, garnies chacune d'un serpentin intérieur dans lequel circulait la vapeur provenant d'une locomobile installée dans la cuisine même, et donnant toute l'eau chaude nécessaire aux différentes opérations. La machine fixe de la gare ayant été démontée par la compagnie, l'alimentation de la chaudière de la locomobile et de la cuisine se faisait au moyen d'eau apportée dans un tonneau d'arrosement allemand.

Cette installation, qui était complétée d'un magasin pour la viande, les légumes et tous les condiments utiles, suffisait pour préparer, en une période de deux heures seulement, les aliments nécessaires à mille huit cents hommes et consistant en bouillon et bœuf.

Le pavillon est contenait, dans les anciens magasins du dépôt, les approvisionnements et accessoires destinés au service du réfectoire.

Lorsqu'un train de troupes arrivait en gare, il s'arrêtait devant la remise, et moitié de l'effectif, lorsque le train était important, descendait de wagon et se rendait en ordre au réfectoire, chacun emportant sa gamelle, qu'il remplissait lui-même en puisant dans une grande tinette déposée préalablement sur la table. La viande était ensuite distribuée très-rapidement par des aides de cuisine.

Aussitôt la soupe mangée, les soldats quittaient la table en emportant leur viande, qu'ils mangeaient dans le wagon, et cédaient ainsi la place au surplus de l'effectif, qui procédait de même.

Le temps laissé aux hommes pour prendre leur repas variait

avec le temps dont on disposait pour le stationnement du train.

Services postaux. — Au fur et à mesure de l'occupation des grandes lignes françaises, les autorités allemandes organisèrent des services postaux directs, soit par des bureaux ambulants, soit par des conducteurs de la poste chargés d'escorter les sacs et paniers de dépêches et les objets dont le transport en Allemagne est réservé à la poste.

Le premier de ces services organisé fut celui de Nancy à Francfort-sur-le-Mein, par Vendenheim-Wissembourg, en trente-six heures.

Successivement, des bureaux allemands circulèrent régulièrement par des trains-poste sur les lignes suivantes :

Route Lagny-Nancy-Strasbourg, avec correspondance sur Kehl et Francfort ;
— Épernay-Reims-Soissons-Dammartin-Sevran ;
— Nancy-Metz-Sarrebruck ;
— Metz-Thionville.

Des services postaux, avec escorte de conducteurs des postes, furent établis sur les lignes ci-après :

Route Haguenau-Sarreguemines-Sarrebruck ;
— Strasbourg-Wissembourg ;
— Strasbourg-Colmar ;
— Strasbourg-Barr ;
— Blainville-Charmes-Épinal.

Peu à peu ce réseau s'étendit encore. Une carte des postes de campagne et de toutes les correspondances allemandes des chemins de fer et routes de France indiquait, pour la fin de 1870, deux cent quarante-sept bureaux de poste mobiles et quatre-vingt-deux fixes relevant des directions supérieures des postes de Metz, Strasbourg et Reims ; l'office supérieur était à Versailles. Le réseau parcouru comprenait plus de mille milles, soit sept mille cinq cents kilomètres. Les points extrêmes étaient pour le nord Amiens, pour l'ouest Chartres, et pour le sud Dijon.

Pour faire ces divers services, on avait réquisitionné en France un grand nombre de voitures, mais on employait beaucoup de ces voitures jaunes venues d'Allemagne et que connaissent tous les voyageurs. Le nombre de ces dernières était assez considérable pour exciter l'étonnement. Un des agents de la compagnie de l'Est ayant demandé une explication à ce sujet, il lui fut répondu « qu'à mesure que les lignes de malles-poste avaient été supprimées en Allemagne par suite de l'ouverture d'un chemin de fer, le gouvernement, *dans la prévision d'une guerre*, avait fait emmagasiner les voitures devenues inutiles et les avait fait entretenir pour être prêtes à tout événement. »

La poste ne se chargeait d'abord que des lettres destinées aux militaires ; elle accepta ensuite, pour les particuliers, les lettres-cartes, c'est-à-dire les cartes ne contenant que quelques mots écrits au dos de l'adresse ; enfin, elle prit les lettres renfermées dans des enveloppes ouvertes. Les lettres cachetées étaient ou conservées, ou envoyées à destination avec ces mots : *Ouverte par ordre de l'autorité militaire*.

Réexpédition par des locomotives routières. — Dès le commencement de la guerre, sur l'initiative d'ingénieurs allemands, les autorités militaires songèrent à utiliser les locomotives à vapeur pour le transport, sur les routes de France, des approvisionnements, fourrages, munitions et pièces de siège de gros calibre.

Deux machines de route du système *Fowler*, en souffrance pour non-livraison à Gustemunde, furent offertes à M. de Moltke, qui ordonna des expériences immédiates; celles-ci réussirent complètement; les locomotives furent achetées et envoyées à Pont-à-Mousson, pour y fonctionner sous les ordres de l'ingénieur qui les avait proposées.

Un premier train de vivres et fourrages, composé de quatorze voitures et attelé d'une machine, franchit en quinze heures la distance de Pont-à-Mousson à Commercy (quarante kilomètres), sur une route départementale à fortes rampes et à courbes;

ce train ramena de Commercy à Pont-à-Mousson huit wagons chargés de pierres.

Sur de nouveaux ordres de M. de Moltke, les deux locomotives de route amenèrent à Commercy une grosse machine de chemin de fer, système Stroussberg. Après un heureux voyage, elles furent chargées à Commercy sur des trucks de chemins de fer et envoyées à Nanteuil, où elles servirent au transport, par les routes, de grosses pièces de siège prussiennes et des approvisionnements, jusqu'à l'achèvement de la voie provisoire contournant le souterrain de Nanteuil (23 novembre).

Emploi des canaux. — Les Allemands remirent en état, le plus rapidement qu'il leur fut possible, les canaux de la Sarre et de la Marne au Rhin. Mais les obstacles nombreux par lesquels la navigation y fut entravée intentionnellement et les gelées ne leur permirent pas d'en tirer, pour les transports de houille et ceux de matériel de guerre, les services qu'ils en attendaient. Ils éprouvèrent, au contraire, de ce côté de grands mécomptes, et leurs transports subirent des retards et des temps d'arrêt considérables.

Conditions générales de l'exploitation faite par les commissions allemandes. — Nous venons d'indiquer quelle fut, sur les chemins français, l'organisation de l'exploitation par les commissions allemandes. Cette organisation était savante, complète, elle devait donner et elle donna de grands résultats. Malheureusement à cette exploitation s'attachera, dans notre pays, un souvenir odieux, celui de *la présence des otages sur les machines*. Nous ne savons à qui faire remonter la pensée d'une mesure de cette nature, mais elle a certainement excité dans le monde civilisé un sentiment de répulsion qui ternit l'éclat du triomphe des armées allemandes.

L'exploitation d'un réseau de plus de trois mille huit cents kilomètres sur lequel il y avait eu cent quarante-cinq destructions d'ouvrages d'art, ponts ou souterrains, présentait déjà de très-grandes difficultés.

Le personnel chargé de cette exploitation ne connaissait ni le pays, ni la ligne.

Les exigences du service militaire étaient une source incessante de modifications et de troubles dans l'exploitation régulière.

La saison fut épouvantable; la neige couvrit les voies plusieurs semaines.

Il y avait donc là quatre groupes de causes distinctes, mais très-sérieuses les unes et les autres, qui devaient amener et amenèrent des accidents. Des trains marchèrent les uns contre les autres sur les lignes à voie unique; des trains vinrent se jeter sur des trains arrêtés; des machines allemandes se précipitèrent dans la Meuse à Charleville. Le nombre de ces accidents fut-il plus considérable que celui qui eut lieu en Allemagne pendant la même période? il serait intéressant de le rechercher; mais, sans tenir compte des chances particulières d'accident que présentait une exploitation semblable, on attribua à tous une seule et même cause, *la présence des francs-tireurs*, et on inaugura le système des otages sur les machines, combiné avec celui des amendes énormes frappées sur les communes.

Présence des otages sur les machines. — Nous n'avons pu trouver, soit dans les journaux allemands, soit dans les journaux français, aucun détail précis sur des agressions contre les chemins de fer commises par des francs-tireurs ou par des partisans isolés. En dehors de la chute du pont de Fontenoy-sur-Moselle, nous n'avons absolument rien appris. *La Zeitung des Vereins*, très-prodigue de détails sur l'exploitation allemande, parle, à plusieurs reprises, des rails enlevés, des ponceaux détruits par les francs-tireurs; mais elle ne cite aucun nom de lieu. Elle dit que les voies étaient gardées par 100,000 hommes de la landwehr. Si ce dernier chiffre est vrai, il rend bien improbables les agressions des francs-tireurs; il nous paraît, en outre, s'ajouter à toutes les raisons qui condamnent le système des otages, c'est-à-dire celui de l'expiation des crimes d'autrui par des innocents.

Le système des otages sur les machines n'a heureusement fait aucune victime ; mais il a été largement appliqué, ainsi que le prouvent les documents officiels ci-après, extraits pour la plupart de publications bien pénibles à lire : ce sont le *Moniteur officiel du gouvernement général de Lorraine* et le *Moniteur officiel du gouvernement de Reims*.

Ces journaux sont écrits en français. Ils contiennent les actes officiels par lesquels le vainqueur fait connaître sa volonté au vaincu. Rien de plus légitime. Mais ce qui fait mal à lire, ce sont les appréciations écrites dans notre langue (nous espérons que ce n'est pas par des plumes françaises) d'actes qui, comme la présence des otages sur les machines, semblent contraires au droit des gens :

« Toutes les personnes qui ne font pas partie de l'armée française et qui n'établiront pas leur qualité de soldat par des signes extérieurs et qui..... détruiront des ponts ou des canaux, endommageront les lignes télégraphiques ou les chemins de fer, rendront les routes impraticables...

« Seront punies de la peine de mort.

«... Les conseils de guerre ne pourront condamner à une autre peine que la peine de mort. Leurs jugements seront immédiatement exécutés.

« 3° Les communes auxquelles les coupables appartiendront, ainsi que celles dont le territoire aura servi à l'action incriminée, seront passibles, dans chaque cas, d'une amende égale au montant annuel de leur impôt foncier.

« *Le gouverneur général en Lorraine, général d'infanterie, aide de camp général de Sa Majesté le roi de Prusse.*

« Signé : Von Bonin.

« Nancy, le 29 août 1870. »

La première partie de cet arrêté, qui a été reproduit sur tous les points du territoire occupé, prononçait la peine de mort contre les auteurs d'un attentat défini : mais la dernière partie frappait évidemment des innocents. Le système des otages allait plus loin encore dans cette voie.

« Nancy, le 18 octobre 1870.

« Plusieurs endommagements ayant eu lieu sur les chemins de fer, M. le commandant de la 3ᵉ armée allemande a donné l'ordre de faire accompagner les trains par des *habitants connus et jouissant de la considération générale. On placera ces habitants sur la locomotive*, de manière à faire comprendre que tout accident causé par l'hostilité des habitants frappera, en premier lieu, leurs nationaux.

« MM. les préfets sont priés d'organiser, d'accord avec la direction des chemins de fer et les commandants des étapes, un service régulier d'accompagnement.

« *Le commissaire civil en Lorraine.*

« Signé : Marquis DE VILLIERS. »

La mesure fut promptement généralisée, et nous la trouvons appliquée avec une grande rigueur à Nancy, à Mulhouse, à Reims, à Rethel, à Charleville, à Sedan, à Montmédy.

Tantôt les otages étaient placés sur la machine, tantôt ils étaient autorisés à monter dans les compartiments occupés par les officiers, qui quelquefois exprimaient un sentiment de blâme sur une mesure dont ils sentaient la honte rejaillir sur leur pays.

Les otages étaient choisis parmi les personnes les plus honorables de chaque localité. A Nancy, ils recevaient à domicile la notification ci après :

« Nancy, 1870.

« Monsieur...
est invité à se rendre, à vue de la présente, à la gare du chemin de fer de Nancy, à la disposition du soussigné, pour accompagner par mesure de sûreté le train partant à... heures... minutes pour...

« En cas de refus, la gendarmerie procédera à la contrainte par corps.

« *Le Commandant d'étape.* »

Sur d'autres points, la notification était accompagnée de menaces, d'amendes et de prison.

A Nancy, c'est M. le procureur général Izoard qui, le premier, est monté sur la locomotive, le 22 octobre 1870, pour aller de Nancy à Lunéville. Le nombre des otages requis a été considérable. L'arrêté cessa de recevoir son application le 3 février 1871.

A Reims, le nombre des otages exigés atteignit douze par jour, et ce ne fut que le 18 mars que les autorités allemandes renoncèrent à cette mesure.

Du côté de Vesoul, un seul train fut accompagné, et dans sa proclamation du 5 février 1871, le préfet de la Haute-Saône exprime en termes très-mesurés l'espoir qu'il ne sera pas nécessaire de réaliser les mesures indiquées.

La présence des otages sur les machines a été sévèrement jugée à l'étranger. Après avoir exprimé la pensée qu'il était désirable que cette question fût soumise à l'appréciation des légistes qui font autorité en matière de droit des gens, M. de Formanoir, capitaine d'état-major belge, auteur du livre intitulé, *Des chemins de fer en temps de guerre*, ajoute : « Cette mesure est-elle conforme aux usages de la guerre ? Est-il bien admissible que dans les guerres régulières on en revienne encore au système des otages dont la vie serait menacée pour des faits purement militaires? Si l'on admet ces pratiques, pourquoi une armée assiégeant une place ne mettrait-elle pas au premier rang de braves bourgeois inoffensifs, au moment où elle montera à l'assaut? C'est un sûr moyen d'empêcher le défenseur de faire jouer ses mines et ses fougasses. Aucune armée au monde n'y consentirait, et la vaillante armée prussienne moins que toute autre. Et cependant quelle différence trouverait-on entre cette manière d'agir et celle qui consiste à exposer des êtres inoffensifs au danger de sauter avec tout un train de chemin de fer? »

§ 4. — Restitution des chemins de fer aux administrations françaises.

Traité de Versailles du 28 janvier 1871. — Aujourd'hui la question de la propriété et de la jouissance des chemins de fer est une nécessité de premier ordre et elle s'impose absolument dans toutes les négociations qui ont lieu entre deux puissances. Aussi le jour même où on réglait à Versailles les conditions de la capitulation de Paris et d'un armistice entre les belligérants, une convention spéciale était passée au sujet de la co-exploitation des lignes de fer situées en deçà de la ligne de démarcation imposée aux deux armées. Nous ne pouvons mieux faire que de donner le texte complet de cette convention. Elle stipule parfaitement les conditions dans lesquelles allait se faire cette exploitation qui, entreprise d'abord uniquement en vue du ravitaillement de Paris, détermina la reprise des relations arrêtées depuis si longtemps entre la capitale et les provinces. Cette pièce et les suivantes sont d'ailleurs peu connues.

Traité de Versailles, le 28 janvier 1871.

« Il a été convenu ce qui suit :

Dans le but de concourir à l'alimentation de Paris en tant que cela est compatible avec les intérêts des armées allemandes, il a été accordé au gouvernement français la co-exploitation des lignes de fer situées en deçà de la zone de démarcation et dont la désignation suit :

a. Dieppe, Rouen, Amiens, Creil, Gonesse, Paris.

b. Paris, Juvisy, Orléans, Vierzon.

d. Et enfin, Paris, Melun, Moret, Montargis, Nevers.

Cette exploitation se fera dans les conditions ci-après :

1. Les autorités allemandes se réservent la direction exclusive de l'exploitation, et notamment la fixation des itinéraires des trains.

Chaque train circule aux risques et périls du gouvernement auquel il appartient.

2. Sur les lignes ci-dessus, les trains faits par le gouvernement français passeront en transit, c'est-à-dire qu'à moins d'autorisation particulière, ils ne pourront prendre ou laisser des voyageurs dans les stations de la zone occupée par les armées allemandes.

Ils ne pourront pas non plus y prendre des marchandises, mais ils pourront y en laisser.

3. Ces trains seront faits par le personnel et le matériel des autorités françaises et par leurs propres moyens.

4. L'autorité allemande se réserve le droit de contrôle du contenu des trains, tant à l'entrée qu'à la sortie, ainsi que dans toute l'étendue de la zone occupée par les armées allemandes.

5. L'autorité allemande seule a le droit de fixer le nombre des divers trains à remorquer sur les différentes lignes et de disposer à cet effet le nombre des machines locomotives nécessaires à la traction, à la réserve ou aux relais. Il en est de même

du personnel, tant de l'exploitation que de la traction, ainsi que de sa répartition.

6. Le gouvernement français devra rappeler au service pour les lignes utilisées, de concert avec les autorités allemandes, tout le personnel des compagnies attaché à ces parties avant l'occupation allemande. Il prendra en charge l'entretien de la voie, des changements, croisements, plaques tournantes, grues hydrauliques et autre matériel, et en prendra tel soin qu'un service régulier l'exige. Il fournira à cet effet tout l'outillage nécessaire et remettra aussi en activité les ateliers de réparation dans lesquels le matériel roulant des autorités allemandes sera réparé au prix de revient.

7. Le personnel français, employé sur les parties occupées, aura à se conformer aux instructions des autorités allemandes.

8. Le gouvernement français s'engage à mettre à la disposition des autorités allemandes, à leur première réquisition, et au plus tard dans un délai de dix jours après la demande, les machines et les wagons à marchandises dont celles-ci pourraient avoir besoin, jusqu'à concurrence de deux cents machines et de cinq mille véhicules. Ce matériel sera livré dans les gares mixtes dont il est parlé ci-après les plus rapprochées de leur point de départ, Luxembourg et Bâle étant considérées comme gares mixtes. Il sera rendu à la compagnie propriétaire dans les mêmes conditions. Il sera payé un prix de location fixé par jour à cinquante francs par machine et trois francs par wagon. — Les frais de réparation autres que ceux résultant de l'usure normale seront à la charge des autorités allemandes.

9. Les autorités allemandes auront le droit de faire circuler leurs trains de marchandises et de matériel entre les gares mixtes les plus rapprochées de Paris, en empruntant le chemin de Ceinture. — La conduite de ces trains sera confiée aux compagnies françaises et le prix en sera payé au gouvernement français par les autorités allemandes, à raison de huit francs par train et par kilomètre parcouru.

La composition des trains sera déterminée d'après les règles en usage dans le service des compagnies respectives.

Les trains circuleront sur le parcours en question aux risques et périls des autorités françaises et sous leur responsabilité.

10. Les autorités françaises s'engagent à entreprendre immédiatement et à pousser avec toute l'activité possible la réparation provisoire du pont d'Argenteuil.

11. Les stations mixtes sont à déterminer près de la ligne de démarcation, et par les commissions d'exploitation allemandes et par les administrations françaises.

12. Les dépêches télégraphiques relatives au service d'exploitation français sur les lignes ci-dessus désignées seront transmises et reçues par le personnel allemand.

Approuvé la présente convention :

Le ministre des Travaux publics,
Signé : Dorian.

Le ministre des Affaires étrangères,
Signé : Jules Favre.

Versailles, ce 30 janvier 1871.

Signé : V. Bismarck. »

Cette convention ne donnait pour le ravitaillement de Paris que trois itinéraires :

Dieppe à Paris, par Rouen et Amiens ;
Vierzon à Paris, par Orléans ;
Nevers à Paris, par Moret et Melun.

Deux itinéraires supplémentaires furent accordés par les autorités allemandes :

Cherbourg à Paris, par Dreux,
Amiens à Paris,

et le ravitaillement put s'opérer sur une échelle suffisante, ainsi que nous l'avons dit dans la troisième partie de ce travail.

Convention relative au transport des blessés. — L'exploitation des lignes françaises par les commissions allemandes ne comprenait pas le chemin de Ceinture de Paris, et le retour des blessés et des malades demeurant dans des villes situées l'Ouest de Paris présentait de grandes difficultés.

Le 11 février, une convention spéciale fut signée à Versailles entre les plénipotentiaires français et allemands ; elle autorisait le transport par chemin de fer, à travers Paris, des blessés et malades français et allemands.

L'exécution de cette convention, dont nous donnons le texte ci-après, ne donna lieu à aucun accident. Soixante-dix trains de blessés arrivèrent par le chemin de fer de Ceinture à La Villette, et furent remis aux autorités allemandes à Pantin.

« Versailles, le 11 février 1871.

Convention relative à l'évacuation, par les chemins de fer, des blessés et malades français et allemands.

Les trains sanitaires allemands vides ou pleins pourront circuler d'une gare mixte à l'autre, en empruntant le chemin de fer de Ceinture de Paris. Réciproquement, il sera permis d'évacuer de Paris sur les pays situés au delà de la ligne de démarcation, les blessés et malades jusqu'à concurrence du nombre de cinq mille.

Dans le but d'assurer la sécurité et la facilité de ces trains sanitaires,

Un délégué de la société française de secours aux blessés militaires accompagnera le train sanitaire allemand, vide ou plein, dans la traversée de Paris, entre une gare mixte et l'autre.

Un délégué allemand sera placé dans les gares mixtes situées sur la ligne de démarcation vers Paris et vers les provinces non occupées, et il vérifiera le train, en contre-signant la déclaration sur le but du train et le nombre des blessés et malades, faite par le délégué de la société française qui accompagnera chaque train de Paris vers la province.

Les trains d'évacuation français pourront comprendre des véhicules de toutes sortes, et ils circuleront en suivant la marche des trains vides de ravitaillement.

Les stipulations du traité du 28 janvier 1871, pour l'exploitation des chemins de fer, sont applicables à la présente convention.

Signé : Prince DE PLESS. Signé : Comte SERRURIER.
Signé : DE BISMARCK.   Signé : ERNEST PICARD,
Ministre des Affaires étrangères par intérim. »

Préliminaires de paix signés à Versailles le 26 février 1871. — Les articles quatre et six des préliminaires de paix signés à Versailles le 26 février 1871 contenaient les dispositions suivantes :

« ART. 4. Les troupes allemandes s'abstiendront de faire des réquisitions, soit en argent, soit en nature, dans les départements occupés. Par contre, l'alimentation des troupes allemandes qui resteront en France aura lieu aux frais du gouvernement français, dans la mesure convenue par une entente avec l'intendance militaire allemande.

ART. 6. Les prisonniers de guerre, qui n'auront pas déjà été mis en liberté par voie d'échange, seront rendus immédiatement après la ratification des présents préliminaires.

Afin d'accélérer le transport des prisonniers français, le gouvernement français mettra à la disposition des autorités allemandes, à l'intérieur du territoire allemand, une partie du matériel roulant de ses chemins de fer, dans une mesure qui sera déterminée par des arrangements spéciaux et aux prix payés en France par le gouvernement français pour les transports militaires. »

Il était nécessaire de mettre ces dispositions à exécution et de régler par une convention spéciale les conditions de la remise aux compagnies françaises des lignes qui leur appartenaient. Ce fut l'objet d'une convention nouvelle passée à Ferrières le 9 mars; nous la reproduisons *in-extenso* parce qu'elle mettait un terme à une situation bien pénible pour les compagnies françaises.

« Château de Ferrières, le 9 mars 1871.

Convention relative à l'exécution, en ce qui concerne le service des chemins de fer français, des articles 4 et 6 des préliminaires de paix signés à Versailles le 26 février 1871.

Entre :

Son Excellence Monsieur le lieutenant-général Von Stosch, intendant général de l'armée allemande, et Monsieur Engelhardt, intendant d'armée, d'une part;

Et Monsieur Durbach, ingénieur en chef des ponts et chaussées délégué spécial de Messieurs les ministres français des Affaires étrangères et des Travaux publics, d'autre part;

Il a été convenu et arrêté ce qui suit :

Article premier.

Les autorités allemandes accordent, dès à présent, aux cinq grandes compagnies françaises de chemins de fer l'autorisation de reprendre l'exploitation de la portion de leur réseau comprise dans les territoires qui, à titre temporaire, resteront occupés par les armées allemandes; mais elles se réservent le droit de reprendre elles-mêmes cette exploitation, en tout ou en partie, quatre jours après en avoir donné avis. Jusqu'à la conclusion de la paix définitive, les chemins de fer compris dans le territoire cédé à l'empire allemand, continueront à être administrés et exploités par les autorités allemandes, sans porter atteinte aux droits réservés par l'article 5 des préliminaires de paix.

Art. 2.

Les administrations françaises de chemins de fer seront, pour les transports militaires, placées vis-à-vis de la commission exécutive et des commissions de lignes allemandes, dans les mêmes conditions que les administrations allemandes de chemins de fer. Ces commissions allemandes disposent en Allemagne, suivant les besoins des mouvements de troupes, du matériel de guerre et des subsistances militaires, ainsi que des transports postaux, de tout le matériel et de tout le personnel des administrations allemandes. Il est entendu que, pour les compagnies françaises, cette disposition sera limitée :

1° Au nombre de véhicules et de machines, calculé au prorata de la totalité du matériel que possède chaque compagnie et de la longueur des portions de lignes qu'elle exploitera sur le territoire occupé;

2° Au personnel nécessaire à la conduite des trains qu'il sera possible de faire avec ce matériel;

3° Au personnel fixe employé dans les sections indiquées au (primo) ci-dessus.

Art. 3.

Les compagnies françaises seront tenues d'exécuter, conformément aux clauses de leurs cahiers des charges, mais avec priorité sur leur propre service, les trains militaires (troupes, matériel de guerre et subsistances militaires) qui leur seront demandés par les autorités allemandes. Ces autorités régleront le nombre de ces trains dans la limite du matériel que les compagnies sont tenues d'affecter à chaque ligne. Elles fixeront les points d'embarquement, de débarquement et les itinéraires de ces trains, sous la seule réserve du maintien des trains de voyageurs-postes et de grand parcours. Elles prescriront l'exécution par les compagnies françaises des dispositions et ouvrages nécessaires à l'accomplissement de l'embarquement et du débarquement des troupes, du matériel de guerre et des subsistances militaires. Les compagnies françaises seront remboursées des dépenses faites pour cet objet dans un délai de huit jours après la présentation de leurs comptes.

Art. 4.

Le gouvernement français garantit à l'armée allemande sur toutes les portions de lignes comprises dans le territoire occupé, et exploitées par les compagnies françaises, le bénéfice de toutes les dispositions particulières relatives à la vitesse et à la composition des trains de militaires, de matériel de guerre et de subsistances militaires, ainsi que les prix spéciaux dont il jouit en vertu des règlements, des conventions qui régissent les transports du service de la guerre. En conséquence, les compagnies françaises toucheront les prix stipulés dans lesdites conventions, dont des exemplaires seront remis dans le plus court délai possible aux autorités allemandes. Les règlements de comptes se feront, chaque semaine, et seront soldés dans la semaine suivante.

Art. 5.

Afin de faciliter les relations des autorités allemandes avec les compagnies françaises, celles-ci se feront représenter séparément chacune par un délégué qui traitera directement de la reprise de l'exploitation de son réseau. Elles devront, en outre, pour l'exécution de leurs conventions, nommer des délégués spéciaux auxquels elles donneront pouvoir de les représenter et de traiter valablement en leur nom. Ces délégués résideront aux lieux désignés par les autorités allemandes, qui traiteront directement avec eux pour toutes les affaires concernant l'exécution du présent article.

Art. 6.

Afin d'accélérer le transport des prisonniers français, le gouvernement français mettra à la disposition des autorités allemandes une quantité de wagons dont le maximum est fixé à cinq mille (5,000).

Art. 7.

Les autorités allemandes feront connaître au ministre français des travaux publics les points sur lesquels elles désirent que ce matériel leur soit successivement remis. Le gouvernement français fera livrer, dans le plus bref délai possible, la quantité de wagons qu'il doit fournir.

Art. 8.

Si, en allant en France aux points dans lesquels sont internés les prisonniers français, les wagons peuvent être utilisés pour le retour des troupes allemandes, les compagnies françaises n'y feront aucune opposition. Ce transport s'effectuera par trains complets remorqués par des machines françaises et conduits jusqu'aux stations mixtes qui seront désignées dans des arrangements spéciaux à intervenir entre les autorités allemandes et les compagnies françaises. Les trains de prisonniers français seront repris aux mêmes stations par les machines françaises.

Art. 9.

Les transports exécutés par les compagnies françaises seront payés par les autorités allemandes aux prix auxquels ces transports s'exécutent en France pour le compte du gouvernement français.

Si les wagons sont livrés vides aux stations mixtes désignées à l'article 3, il ne sera rien payé par les autorités allemandes pour les parcours en deçà de ces stations mixtes.

Art. 10.

Les parcours des wagons sur les territoires situés au delà des stations mixtes donneront lieu, au profit des compagnies françaises, à la perception des redevances fixées par les conventions anciennes passées entre la compagnie de l'Est d'une part, et la direction royale des chemins de fer prussiens à Sarrebruck, et la direction générale des chemins de fer du grand-duché de Bade d'autre part.

La première de ces conventions sera appliquée au parcours des wagons dirigés sur Sarrebruck; la seconde aux wagons dirigés sur Kehl.

Si des wagons sont dirigés par Wissembourg, les taxes seront réglées d'après les conventions passées entre la direction des chemins de fer du Palatinat et la compagnie de l'Est.

Art. 11.

Les comptes des sommes dues aux compagnies françaises seront réglés à la fin de chaque semaine et payés la semaine suivante.

Les comptes relatifs aux redevances de parcours seront réglés mensuellement dans la forme usitée avant la guerre.

Art. 12.

Le matériel roulant, livré aux autorités allemandes sous le régime de la convention des 28-30 janvier 1871, sera restitué aux compagnies françaises dans un délai de dix jours, à partir de la signature des présentes.

Signé : Von Stosch,
Engelhardt,
Durbach. »

Exécution de la convention de Ferrières. — Les compagnies ne perdirent pas un moment pour réclamer l'exécution de la convention de Ferrières.

Dès le 13 mars celles de Lyon et d'Orléans obtenaient la remise de leurs lignes.

La compagnie du Nord rentrait en possession de ses lignes deux ou trois jours plus tard.

Pour la compagnie de l'Ouest, il n'y avait point eu exploitation allemande sérieuse ; elle n'eut rien à demander.

Mais les choses étaient beaucoup plus compliquées dans celle de l'Est, parce qu'il y avait sur son réseau les cinq directions allemandes dont nous avons parlé. Un traité spécial dut être passé avec chacune de ces dernières, et l'exploitation française ne put reprendre son service qu'à des dates échelonnées du 17 au 24 mars.

La substitution de l'exploitation française à l'exploitation allemande s'effectua sans accident et sans solution de continuité dans le service, bien que ce service comprît à ce moment les transports de l'armée allemande abandonnant la rive gauche de la Seine.

Les événements qui survinrent à Paris le 18 mars exposèrent la compagnie de l'Est à un grave danger, celui de perdre une seconde fois tout son réseau. Les autorités allemandes exigèrent qu'un service complet de tête de ligne fût organisé à Pantin, de manière à être, au besoin, absolument indépendant de la situation de Paris. En second lieu, elles demandèrent la présence à Nancy d'une délégation supérieure de la compagnie. Satisfaction fut donnée à ces deux demandes, et la compagnie de l'Est put reconstituer un service aussi complet que le comportaient les circonstances.

Ainsi elle dut, pendant plusieurs mois encore, renoncer à l'usage de ses gares de marchandises dans les grandes villes. Une convention militaire, passée également à Ferrières, imposait au gouvernement français l'obligation de fournir à l'armée d'occupation les magasins nécessaires à ses approvisionnements. Ces derniers remplissaient nos gares, et ni le gouvernement, ni les villes, ne s'occupaient de fournir les locaux dont les intendants allemands avaient besoin.

La compagnie de l'Est offrit au gouvernement de construire, partout où besoin serait, les magasins nécessaires à l'armée allemande; cette offre fut acceptée et la compagnie put rentrer successivement en possession de tous ses bâtiments; le dernier, une des halles de Nancy, ne lui a été rendu que le 10 janvier 1872.

Enfin, la convention de Ferrières spéciale aux chemins de fer, accordant au gouvernement allemand les droits que sa législation lui confère sur ses propres chemins de fer, le service des trains sur le réseau de l'Est dut être organisé de manière à pouvoir donner avant toutes choses, « par priorité, » dit la convention, satisfaction aux besoins de l'armée allemande.

Règlement du 20 août 1871. — Un dernier règlement fut demandé par la compagnie des chemins de fer de l'Est au commandant en chef de l'armée d'occupation afin de prévenir les conflits qui pouvaient surgir dans les gares. Nous reproduisons ci-après un extrait de ce règlement; il donnera une idée très-précise des relations de l'autorité militaire allemande avec une administration de chemins de fer:

« Nancy, le... septembre 1871.

Le sous-directeur de l'exploitation de la compagnie de l'Est, délégué du gouvernement et des compagnies des chemins de fer français, porte à la connaissance des agents des chemins de fer situés sur le territoire occupé le règlement arrêté par le commandant en chef de l'armée d'occupation pour la circulation des troupes allemandes. Il les invite à faire tous leurs efforts pour éviter toute discussion avec les commandants de détachements ou avec des officiers et militaires allemands isolés. Ils devront, en cas de difficultés, s'appuyer sur ce règlement qu'ils feront lire aux intéressés, et, dans le cas où cela ne suffirait pas, ils invoqueront l'autorité des commandants d'étapes, qui ont l'ordre de faire exécuter le règlement en question.

Signé : D<small>URBACH</small>.

Prescription relative au transport de troupes par trains spéciaux, de grands et petits détachements d'hommes et de chevaux, de militaires isolés, de matériel de guerre, etc., dans l'étendue de l'occupation allemande, en France.

1. Une commission des chemins de fer, placée sous les ordres du commandant en chef, est établie à Nancy pour traiter toutes les affaires concernant les chemins de fer en France.

Cette commission dirigera les transports de troupes et de matériel de guerre en masse : elle organisera et réglera la mise en marche des trains spéciaux. En conséquence, le cas échéant, il sera élaboré, comme par le passé, dans une conférence à laquelle seront convoqués des officiers d'état-major de l'armée et des représentants des chemins de fer intéressés, un service des trains (fahrt-disposition) qui sera transmis au corps d'armée, ainsi qu'aux commandants d'étapes, de place et de gare ; ceux-ci auront à s'y conformer purement et simplement.

2. La commission des chemins de fer aura à régler et à diriger les transports de troupes en masse, etc. ; pendant toute la durée de ces transports, elle exercera un contrôle sévère sur chaque train, depuis le point de départ jusqu'à celui d'arrivée ; mais sa mission n'est pas la même pour les petits transports.

Seront considérés comme *petits transports* ceux qui n'atteindront pas le chiffre de 60 essieux (30 wagons) pour former un train spécial. Comme par le passé, il sera compté par essieu 10 officiers, 16 hommes, 3 chevaux ou 1/2 véhicule à quatre roues, soit, par wagon, 20 officiers, 32 hommes, 6 chevaux ou une voiture à quatre roues. Les chemins de fer exigent ce minimum d'essieux, parce qu'à un nombre inférieur les frais d'exploitation ne se trouveraient pas couverts par l'application des taxes réduites ordinaires du tarif militaire. Lorsque l'administration militaire exigera qu'il soit fait des trains spéciaux d'une composition inférieure, il sera fait application de taxes plus élevées.

3. Ces petits transports seront donc effectués, sur réquisition, par les trains de voyageurs spécialement désignés à cet effet, soit en une fois, soit en plusieurs fois, selon les moyens de transport disponibles, et dans ce cas, l'intervention de la commission des chemins de fer ne sera pas nécessaire ; les chefs de détachements auront, au contraire, à s'entendre avec l'administration du chemin de fer, directement ou par l'entremise des commandants d'étapes, sur la question de savoir quand et dans quelles limites ces transports pourront être effectués. Lorsqu'il y aura des chevaux et des voitures à charger, les stations devront en être avisées de douze à vingt-quatre heures à l'avance, afin que le matériel nécessaire puisse être préparé et le chargement être effectué en temps utile.

4. Afin de prévenir, autant que possible, des interruptions de service, il a été convenu avec les administrations des chemins de fer que, sur toutes les sections à parcourir par les troupes allemandes, il serait désigné deux trains par jour dans chaque sens, c'est-à-dire dans le sens de et vers l'Allemagne, affectés seuls au transport des troupes et des chevaux simultanément avec les voyageurs ordinaires. Les commandants d'étapes, de place et de gare ne devront indiquer que ces deux trains pour l'usage des troupes et empêcheront que celles-ci n'en utilisent d'autres.

. . . .

6. Une affiche apparente et lisible apposée dans toutes les gares désignera les trains par lesquels les militaires, les

noncée par le télégraphe aux commandants d'étapes, au moins douze heures à l'avance, avec indication exacte du nombre d'hommes. Un reçu de ces fournitures sera délivré par le chef du détachement, et le prix correspondant en sera retenu aux hommes.

De par le Commandant en chef :
  Le Quartier-maître en chef,
    Signé : DE LEWINSKI, major.

Compiègne, le 20 août 1871. »

chevaux, les détachements de troupes, etc., pourront être transportés dans les deux sens.

. . . .

9. Il est interdit aux officiers et aux agents d'intervenir directement dans le service de l'exploitation.

Les corps de troupes pourront, s'il y a lieu, porter leurs plaintes à la connaissance de la commission des chemins de fer à Nancy, par lettres ou par télégrammes.

10. *Distribution des subsistances.* Elle peut avoir lieu :

Sur la ligne de Paris-Strasbourg — à Lunéville ;

        — de Reims-Thionville — à Mézières et à Thionville ;

        — de Thionville-Reims — à Mézières.

Dans le rayon de l'occupation allemande, en France, sont maintenus comme lieux d'arrêt pour les repas, les points ci-après :

Châlons-sur-Marne, Bar-le-Duc, Lunéville, Reims, Mézières, Thionville.

Sur le territoire allemand : Sarrebourg, Koenigshoffen près Strasbourg, Metz, Sarrebruck, Bingerbrück.

Pour les troupes transportées en masse, les subsistances seront réglées comme par le passé par la commission des chemins de fer. Lorsque, pour des transports de moindre importance effectués par les trains de voyageurs, la distribution des subsistances par les magasins royaux sera réclamée aux points d'arrêt désignés, cela ne pourra se faire qu'en distrayant, à ces points, le transport des troupes des trains de voyageurs qui les ont amenés, et en leur faisant continuer leur voyage par le plus prochain des deux trains journaliers affectés au transport de troupes, etc., etc., attendu que les trains de voyageurs s'arrêtent trop peu de temps aux stations. Chaque repas fait dans ces conditions occasionnera donc généralement un arrêt de douze heures.

Dans tous les cas, la distribution des subsistances sera an-

V

TRAVAUX, DÉFENSE, DESTRUCTION ET RECONSTRUCTION DES CHEMINS DE FER.
CRÉATION DE CORPS SPÉCIAUX EN FRANCE ET EN ALLEMAGNE.

§ 1ᵉʳ. — Défense des chemins de fer.

La défense des chemins de fer doit être une des préoccupations de la stratégie moderne. — La question de l'importance des chemins de fer au point de vue de l'attaque et de la défense du territoire n'a pas besoin d'être discutée : l'expérience des dernières guerres a démontré que, lorsqu'une ligne de chemin de fer est occupée par l'ennemi, tout espoir de résistance semble perdu, et il n'y a plus qu'à subir la loi du vainqueur. Il faut donc prévoir comme une des premières nécessités de la défense du territoire la défense des chemins de fer, en ne se résignant à les détruire que lorsqu'il n'est plus possible de faire autrement.

La défense des chemins de fer se confond avec celle des places fortes destinées à couvrir le pays, et on doit distinguer à ce sujet :

Les places de premier ordre, comme Strasbourg et Metz;

Les places secondaires, comme Toul, Thionville, Montmédy, Mézières, La Fère, etc.;

Les places de troisième et quatrième ordre, comme Bitche, petite ville qui restera, à cet égard, célèbre dans nos annales.

Enfin, en dehors des places, les chemins de fer peuvent et doivent être l'objet d'une surveillance armée très-importante pour le pays.

Places de premier ordre, Metz et Strasbourg. — Les places destinées à couvrir un territoire se composent aujourd'hui d'un ensemble de forts et d'ouvrages détachés, entre lesquels un chemin de fer peut être tracé sans sujétions, au moins apparentes. Il n'y a qu'un point capital à examiner, celui de savoir si l'ensemble des fortifications ne peut pas être contourné à une certaine distance, par déviation de grande longueur. Ainsi, à Metz, les Allemands ont exécuté une déviation de trente-six kilomètres de longueur, allant de Remilly à Pont-à-Mousson, et évitant tous les ouvrages militaires.

Une grande place investie doit pouvoir entraver, par des sorties vigoureuses, des travaux de cette nature, et à tous les étonnements douloureux qu'on éprouve en lisant les histoires du siége de Metz, vient s'ajouter la pensée que les travailleurs chargés de construire la ligne de Remilly à Pont-à-Mousson n'ont pas été inquiétés un seul instant.

La probabilité de ces déviations doit donc être envisagée, et faire l'objet d'études approfondies.

Places de second ordre, Toul, Thionville, Montmédy. — Dans les places de second ordre, le tracé du chemin de fer doit être subordonné à celui des défenses de la ville, et il n'y a pas de règle générale à établir.

La possibilité des déviations doit également faire l'objet d'une étude attentive.

Intérêt de la défense nationale supérieur aux intérêts locaux. — L'ancienne législation interdisait le tracé des routes ordinaires dans une certaine zone de défense si on n'avait au préalable obtenu l'assentiment de l'autorité militaire; on a beaucoup critiqué cette législation. Selon nous, il y a lieu de l'étendre et d'examiner si les chemins de fer dont on veut couvrir aujourd'hui la France, et que l'on désigne sous le nom fort innocent de chemins de fer d'intérêt local, ne peuvent pas avoir, au point de vue de la défense du pays, les plus sérieux inconvénients.

Pendant plusieurs années, le conseil général de la Moselle a été saisi de demandes de construction de lignes d'intérêt local, parmi lesquelles s'en trouvait une allant de Remilly ou de Faulquemont à Pont-à-Mousson, réalisant par conséquent à l'avance la déviation que les Allemands ont tenté de construire pour éviter Metz. Sans aucun doute on ne prévoyait pas les événements qui se sont passés ; mais il eût été bien regrettable de voir une place comme Metz presque annulée par la construction d'une ligne de dixième ordre peut-être, au point de vue économique.

Les chemins de fer deviennent aujourd'hui une chose trop grave dans les questions militaires pour que le pouvoir central puisse en être un seul instant dessaisi, et nous pensons qu'il n'y a à ce sujet aucune décentralisation à tolérer.

Places de troisième ordre, Bitche. — Nous avons dit comment la petite place de Bitche a pu résister pendant toute la guerre et annuler ainsi entre les mains de l'ennemi la ligne qui avait été tracée parallèlement à la frontière, de Sarreguemines à Niederbronn ; Bitche a ainsi rendu à la France plus de services que ne l'ont fait des places bien plus importantes en apparence, et cette résistance nous indique ce qui nous paraît désormais devoir être fait au sujet des chemins de fer.

Ouvrages à créer pour la défense spéciale des chemins de fer.
— La dernière guerre a exposé les commandants des villes fortifiées aux plus cruelles angoisses. Au lieu d'attaquer les ouvrages militaires, de chercher à en approcher par des cheminements et des parallèles pour ouvrir une brèche et essayer de planter glorieusement son drapeau sur les remparts, l'ennemi s'est contenté de placer à distance une artillerie à laquelle la place ne pouvait pas répondre, et de bombarder les habitations

privées. Au bout de quelques jours, un commandant militaire, entouré de ruines et de débris, ne pouvait faire autrement que de se rendre et d'ouvrir les portes d'une ville dont les fortifications étaient intactes.

Pour défendre aujourd'hui les chemins de fer, nous pensons qu'il convient d'établir sur plusieurs points de leur parcours des ouvrages purement militaires, c'est-à-dire ne renfermant aucune population civile. Défendus par une garnison peu nombreuse mais bien pourvue de vivres et de munitions, bien abrités par des revêtements en terre, des ouvrages de cette nature peuvent tenir des mois entiers. Quand toutes les ressources seront épuisées, il restera une dernière tâche à accomplir, celle de détruire de fond en comble le passage du chemin de fer défendu, pour ne livrer ainsi à l'ennemi qu'une ruine impraticable encore pendant plusieurs semaines.

Si à Schlestadt, à Mézières, à Montmédy surtout, les fortifications eussent été modifiées de manière à n'avoir à défendre que le passage du chemin de fer, le bombardement de ces villes eût été une cruauté inutile ; la défense eût pu être singulièrement prolongée. Enfin, en faisant ébouler tout le souterrain de Montmédy, les héroïques défenseurs de la place eussent interdit à l'ennemi l'emploi de la ligne des Ardennes pendant toute la durée de la campagne.

C'est au génie militaire qu'il appartient de chercher, sur chaque réseau, les points qui se prêteront à une défense semblable, en faisant entrer, bien entendu, dans les prévisions à étudier l'hypothèse de la construction de voies destinées à contourner l'obstacle créé par ces ouvrages défensifs.

Le système de défense que nous venons d'indiquer n'est pas nouveau : il faut appliquer aux chemins de fer les principes suivis par les ingénieurs militaires qui élevaient à nos frontières des ouvrages commandant les routes de terre au fort L'Écluse, à Pierre-Châtel, aux forts de Joux, etc. La France avait trop oublié la guerre ; si elle a imprudemment songé à porter ce fléau chez les nations voisines, elle en a été cruellement punie ; nous ne souhaitons qu'une chose, c'est qu'elle sache aujourd'hui défendre son territoire.

Défense des chemins de fer en dehors des places destinées à les couvrir. — Enfin il reste à pourvoir à une autre nécessité, celle de défendre les voies et les stations contre les incursions de l'ennemi. On peut y parvenir en prenant les mesures ci-après :

1° Constituer une surveillance spéciale à l'aide de troupes de cavalerie chargées de battre les abords du chemin de fer et d'attaquer les éclaireurs ennemis ;

2° Constituer dans chaque gare de légers ouvrages de défense derrière lesquels un très-petit nombre d'hommes résolus peuvent repousser des attaques ayant pour but la destruction partielle de la gare ;

3° Avoir toujours quelques wagons chargés de rails, de traverses et de tous les objets nécessaires au prompt rétablissement de la voie.

Les modifications survenues dans la précision, la puissance, la portée des armes de l'infanterie et de l'artillerie doivent entraîner une transformation complète de l'usage auquel était autrefois destinée la cavalerie. Lancer des troupes à cheval contre des fronts qui vomissent la mort à plusieurs kilomètres de distance, c'est vouer ces troupes à une destruction certaine. Il ne nous appartient pas de traiter cette question de la transformation de la cavalerie, mais nous pensons que la défense des chemins de fer doit entrer en première ligne dans la tâche nouvelle à imposer à nos braves cavaliers. L'étude des lignes de fer, des moyens de les parcourir, d'en approcher, de les garder en un mot, nous paraît devoir entrer désormais dans le cadre des manœuvres normales des régiments de cavalerie.

A ce sujet, il n'y a pour ainsi dire rien eu de fait dans la dernière guerre : à l'exception de quelques escarmouches dans lesquelles les chasseurs français ont repoussé les éclaireurs ennemis sur la ligne de Sarreguemines à Bitche et sur celle de

Haguenau à Vissembourg, les chemins de fer ont été partout abandonnés à eux-mêmes, et les uhlans ont pu faire tranquillement ces reconnaissances qui leur ont donné le prestige de la légende.

La question de la défense des bâtiments des gares n'a pas été non plus résolûment abordée.

Le 23 août 1870 seulement, une lettre du gouverneur de Paris prévint les compagnies que les bâtiments dont se composaient les gares devaient être crénelés et réunis entre eux par des tranchées ou des palanques, que des barrières faciles à enlever seraient placées en travers des voies, que le croquis des dispositions à adopter devait être arrêté par les officiers du génie et l'exécution assurée par les ingénieurs.

Sur d'autres points du territoire, les bifurcations furent défendues par des compagnies de la garde-mobile, et la présence de ces postes a suffi pour éloigner les éclaireurs ennemis.

Les journaux allemands ont dit, et nous avons répété ce chiffre qui nous semble un peu exagéré, que cent mille hommes de la landwehr étaient employés à garder les chemins de fer exploités pour le service de l'armée en France ; un tel chiffre prouve l'importance attachée à la surveillance des voies.

La troisième mesure, consistant à avoir à l'avance des trains chargés de rails, de traverses et de tout ce qui est nécessaire au rétablissement des voies, a seule été largement appliquée par les compagnies françaises. Sur tous les réseaux les équipes de la voie ont réussi à réparer pendant plusieurs jours les dégâts commis par les éclaireurs et même par des troupes assez nombreuses. Si ces équipes eussent été soutenues par de la cavalerie, elles auraient assuré la circulation bien plus longtemps encore.

Précautions relatives à l'emploi du télégraphe. — Nous n'avons pas besoin de dire que le télégraphe doit être employé constamment pour la surveillance et la défense des voies ; mais il faut à ce sujet prendre une précaution très-importante, celle de faire précéder toutes les dépêches d'un signe conventionnel. Autrement il peut arriver que l'ennemi maître d'une petite station, au lieu de détruire le télégraphe, songe à s'en servir pour passer de fausses dépêches. Ce signe conventionnel doit être fréquemment changé et ne doit point être mentionné sur les registres télégraphiques. A défaut de signes conventionnels, on peut interrompre une dépêche par une question à laquelle l'ennemi soit dans l'impossibilité de répondre. Il faut en un mot, en temps de guerre, ne se servir du télégraphe qu'avec méfiance.

§ 2. — Destruction des chemins de fer.

La destruction des chemins de fer doit aujourd'hui être prévue dans toute l'étendue du territoire. — Ce n'est pas sans une certaine émotion que nous écrivons ce mot. Après avoir passé sa vie à construire des chemins de fer, après avoir pensé qu'ils seraient entre les peuples des instruments d'union, de concorde, de paix universelle, il est pénible d'avoir à les considérer comme un puissant engin de guerre, et de rechercher les moyens d'anéantir cette arme dans les mains de son ennemi. Il faut aujourd'hui s'y résoudre, et on ne doit plus désormais construire un seul ouvrage sans se préoccuper à l'avance des moyens d'en assurer la destruction complète.

Nous pensons qu'il convient à ce sujet d'étendre à tous les points du territoire les règles qui ne s'appliquaient autrefois qu'aux ouvrages établis dans les zones de la frontière, et de placer des chambres de mine dans la plupart des ouvrages importants.

La destruction des chemins de fer doit être envisagée à deux points de vue :

Détruire les chemins de fer de l'ennemi pour empêcher celui-ci de s'en servir.

Détruire ses propres chemins de fer pour arrêter ou entraver la marche de l'ennemi.

Sur notre propre sol nous avons eu de nombreux exemples de cette double destruction. Par nos mains et par celles de l'ennemi un grand nombre de nos ouvrages d'art ont été renversés et leur réparation exigera de longues années.

Malheureusement il existe aujourd'hui des règles d'une destruction méthodique, et nous allons indiquer celles qui nous paraissent résulter des enseignements des dernières guerres.

Premier cas. — Détruire les chemins de fer de l'ennemi pour empêcher celui-ci de s'en servir. — Aujourd'hui la destruction des chemins de fer de l'ennemi paraît devoir être la première opération militaire à tenter par une armée en campagne : elle doit être faite par des détachements de cavalerie lancés en avant.

La guerre de sécession en Amérique a donné des exemples remarquables de ces opérations hardies, exécutées à des distances considérables du corps d'armée principal. M. l'intendant militaire Vigo-Roussillon, dans son livre intitulé, *Puissance militaire des États-Unis*, a appelé l'attention des tacticiens sur ces manœuvres nouvelles.

Étude attentive du terrain. — Dans les opérations ayant pour objectif la destruction d'un chemin de fer, la première condition de succès c'est l'étude attentive du pays à parcourir. Rien, à cet égard, ne doit être négligé : les cartes les plus détaillées doivent être consultées, et en quelque sorte gravées dans l'esprit des officiers chargés de ces entreprises ; le relief du sol, la succession des remblais et des déblais, le réseau des routes de terre à droite et à gauche du chemin de fer, la nature des cultures, la présence ou l'absence de forêts, tout doit être étudié à l'avance.

Le temps nécessaire à l'opération doit être aussi calculé soigneusement. Enfin, l'attention de l'ennemi peut être appelée par des reconnaissances poussées à dessein loin du chemin de fer, pendant qu'une troupe spéciale se dirige, par un itinéraire fixé à l'avance, vers le point où l'œuvre de destruction doit être tentée.

Destruction du télégraphe des voies. — Les cavaliers chargés des opérations de ce genre doivent être munis d'outils spéciaux. Outre leurs armes habituelles, ils doivent être porteurs :

De haches pour couper les poteaux télégraphiques,

De clefs pour desserrer les écrous des plaques ou éclisses de joints des rails,

De pieds-de-biche pour enlever les tire-fonds qui assujettissent les rails aux traverses,

De sacs de poudre ou de dynamite avec des mèches, des appareils à vis pour forcer les voies et courber les rails.

Un parti de quelques hommes suffit, non pour détruire un chemin de fer, mais pour en compromettre le service pendant quelques heures, quelquefois même pendant plusieurs jours.

Destruction des prises d'eau. — Si la reconnaissance se trouve assez forte pour surprendre une gare mal gardée, l'œuvre de destruction peut prendre des proportions beaucoup plus grandes. Il faut alors de préférence briser les aiguilles des changements de voies, enlever ou casser les pièces importantes des appareils de prise d'eau, casser dans les machines locomotives les appareils alimentaires, les fonds des cylindres, placer des pétards dans la tubulure.

Tout ce qui concerne l'alimentation des machines doit être détruit aussi complètement que possible : les prises d'eau ne s'improvisent pas, et un chemin de fer sur lequel les machines locomotives ne peuvent renouveler leurs approvisionnements d'eau est un chemin de fer stérilisé.

Destruction des gares, du matériel roulant, des approvisionnements. — Enfin, l'œuvre de destruction peut être complétée par l'incendie du matériel roulant, des bâtiments et des approvisionnements ; nous ne nous sentons pas le courage de préciser à cet égard des règles qui n'ont été que trop suivies dans l'incendie méthodique de quelques-uns de nos villages français.

Nous concevons l'incendie du matériel roulant, celui des approvisionnements, mais non celui des bâtiments des gares. En privant l'ennemi de son matériel roulant, de ses approvisionnements de vivres ou de munitions, on lui cause un préjudice sérieux; en incendiant les gares, on prive de pauvres agents de leurs demeures, et on ne commet, en somme, qu'un acte cruel et inutile.

La saisie des papiers des gares, et notamment des registres télégraphiques, doit, au contraire, être prescrite; on peut y trouver des documents utiles sur les actes antérieurs de l'ennemi.

Destruction d'un ouvrage d'art. — Enfin, la destruction d'un ouvrage d'art important peut être tentée; mais elle exige des précautions infinies, parce qu'on doit supposer ces ouvrages soigneusement gardés. Cette opération comporte l'emploi de deux troupes, l'une chargée de l'opération en elle-même, et composée de soldats du génie militaire ou civil, l'autre chargée de défendre la première.

Quelquefois la destruction d'un ouvrage d'art important est tentée par un corps de partisans qui ont fait à l'avance le sacrifice de leur vie, et qui trouvent souvent dans cet acte généreux une chance de succès qui échappe à des opérations plus froidement combinées.

Choix à faire dans les lignes à détruire. — Les mailles du réseau des chemins de fer de chaque pays deviennent si serrées, que l'étude des voies à détruire doit être entreprise au point de vue du choix à faire. On peut, à cet égard, se guider sûrement sur une considération, celle que l'ennemi attache à leur conservation. Ainsi les lignes sur lesquelles s'effectuent, soit la marche en avant du corps d'armée principal, soit la marche des troupes opérant un mouvement de concentration et de convergence, les lignes qui réunissent deux places fortes, doivent être l'objet d'une attaque comme aussi d'une défense exceptionnelles.

Dans la guerre de 1870-1871, nous avons réussi à empêcher la destruction prématurée des lignes que le génie militaire ou les comités locaux de défense voulaient détruire, en faisant observer que ces lignes étaient l'objet des tentatives de l'ennemi, et que l'intérêt qu'il mettait à les détruire prouvait celui que nous avions à les garder.

Bifurcations. — Les bifurcations de lignes, ou nœuds, comme disent les Allemands, méritent une attention spéciale de la part des deux belligérants. En détruisant une bifurcation, on annule une étendue énorme de lignes, et on impose à l'ennemi des détours considérables.

Enfin, les coupures de voies peuvent être tentées à la fois en deçà et au delà d'une grande gare : on isole ainsi une quantité souvent importante de matériel roulant, et on l'annule entre les mains de l'ennemi.

Exemples tirés de la guerre de 1870-1871. — ATTAQUES FAITES PAR LES ÉCLAIREURS ALLEMANDS. — L'armée française n'a malheureusement point tiré parti de l'exemple donné par les armées américaines. Pendant que l'ennemi opérait son mouvement de concentration en avant des frontières de Forbach et de Wissembourg, aucune tentative n'a été faite pour couper les voies de fer qui se dirigent sur ces deux points. La nature montagneuse du pays, les forêts dont il est couvert se prêtaient cependant bien à des tentatives de ce genre, tentatives que n'ont pas manqué de faire les Allemands sur le territoire français.

Dans le récit sommaire des opérations des armées allemandes, nous avons vu que la marche en avant des corps d'armée n'avait commencé que le 24 ou le 25 juillet et n'avait été terminée que le 4 septembre, tout le temps qui précédait la marche en avant ayant été consacré à la mobilisation et à la formation des corps d'armée.

Malgré cela, dès le 20 juillet, des dragons badois franchissaient la frontière à Wissembourg ; le 24, dix cavaliers ennemis arrivaient à la petite gare de Hundsbach, située à neuf kilomètres de Wissembourg ; ils coupaient les fils du télégraphe et brisaient les appareils. Le lendemain 25, les mêmes cavaliers ou d'autres soldats du même corps essayaient de couper les fils télégraphiques près de la station de Gundershoffen, sur la ligne de Haguenau à Niederbronn ; mais ils étaient repoussés et en partie faits prisonniers par une reconnaissance française.

Ainsi, sans appui sérieux dans leur propre pays, les cavaliers ennemis ne craignaient pas de s'aventurer en France, à plus de quinze kilomètres de la frontière, tandis que les troupes françaises, déjà en grandes masses, ne tentaient rien contre les chemins de fer de l'ennemi.

Destruction du pont de Fontenoy-sur-Moselle. — La destruction du pont de Fontenoy-sur-Moselle doit être rangée plutôt parmi les mesures agressives commises contre un chemin de fer en exploitation que parmi les mesures défensives.

Le pont de Fontenoy-sur-Moselle est situé entre Nancy et Toul, et tant que la place de Toul résistait, il était inutile de détruire cet ouvrage d'art ; aussi fut-il respecté par le génie militaire français. L'exploitation allemande une fois établie, les choses changèrent d'aspect : la destruction de cet ouvrage entraînait l'interruption des trains entre Paris et l'Allemagne sur la ligne principale, et causait un préjudice sérieux à l'ennemi en limitant ses communications à celles établies par la ligne des Ardennes.

Nous n'avons vu aucun récit authentique de la manière dont cette expédition hardie fut conduite ; nous ne pouvons donner que des détails matériels sur le fait de la destruction de l'ouvrage.

Le pont de Fontenoy est un grand ouvrage composé de sept arches en maçonnerie.

Dans la pile Est, il avait été ménagé, lors de la construction, un fourneau de mine descendu au niveau des hautes eaux de la

Moselle. Au moment de la guerre, le génie militaire avait fait enlever la dalle recouvrant le trou de descente dans le fourneau, et cette dalle avait été remplacée par une cheminée en maçonnerie montant jusqu'au niveau du ballast.

Par suite de l'explosion, la pile a été détruite jusqu'au béton et les deux arches qu'elle soutenait se sont éboulées ; le reste de l'ouvrage est resté intact.

Pour rétablir la circulation, les Allemands avaient tout d'abord songé à construire des travées en charpente ; mais l'amoncellement des matériaux des voûtes éboulées et la grosseur des morceaux rendaient cette opération longue et difficile. Afin de combler le vide fait par la chute des deux arches éboulées, les Allemands firent un terrassement dans le lit de la rivière, et à cet effet ils battirent des pieux et des palplanches en amont et en aval de la pile voisine de celle détruite. Ils firent ensuite des enrochements s'appuyant contre les pieux et les palplanches et s'élevant jusqu'à trois mètres environ au-dessus des hautes eaux. Ces enrochements furent formés de pierres de taille et de moellons pris par eux dans les gares de Commercy et de Pagny-sur-Meuse, des parapets des ponts démolis de tous les côtés, et enfin des pierres de taille et des moellons des bâtiments rasés par eux dans le village de Fontenoy. Au-dessus de ces enrochements, et jusqu'au ballast, les Allemands amenèrent des terres empruntées aux terrains avoisinant le pont.

Ce travail dura dix-sept jours, après quoi la circulation fut reprise sur les deux voies à la fois.

Le débouché du pont qui, avant la destruction de l'ouvrage, était de 120 mètres, se trouva réduit ainsi à 85 mètres. Malgré ce rétrécissement du lit de la rivière, le village de Gondreville, situé à quinze cents mètres environ en amont du pont, n'a pas été gêné par les crues de l'hiver dernier.

Au point de vue de la destruction des ouvrages, il faut noter que, si la pile minée eût été au milieu de la rivière, il n'eût pas été possible de combler l'ouverture par un remblai ; les ingénieurs ont donc à examiner si, à l'avenir, il ne convient pas de placer les chambres de mine dans les piles du milieu et non dans les piles de rive des ouvrages.

Mesures de rigueur excessive prises par les autorités allemandes à l'occasion de ce fait de guerre. — La colère des autorités allemandes, en apprenant la destruction de cet ouvrage, fut poussée au plus haut degré : le malheureux village de Fontenoy-sur-Moselle fut incendié en entier, et une contribution de guerre de dix millions fut infligée à la Lorraine. Nous reproduisons ci-après les documents officiels qui furent ou affichés ou insérés dans le *Moniteur officiel* du gouvernement général de Lorraine :

« SA MAJESTÉ LE ROI DE PRUSSE, EMPEREUR D'ALLEMAGNE,

« En raison de la destruction du pont de Fontenoy, à l'est de Toul, ordonne :

« La circonscription ressortissante du gouvernement général de la Lorraine payera une contribution extraordinaire de *dix millions de francs*, à titre d'amende.

« Ceci est porté à la connaissance du public, en observant que le mode de répartition sera indiqué ultérieurement et que le payement de ladite somme sera perçu avec la plus grande sévérité.

« Le village de Fontenoy a été immédiatement incendié, à l'exception de quelques bâtiments conservés pour l'usage des troupes.

« *Le gouverneur général de la Lorraine, général d'infanterie et aide de camp général de Sa Majesté le roi de Prusse,*

« Signé : VON BONIN.

« Nancy, le 23 janvier 1871. »

Préfecture de la Meurthe.

Avis.

« Toutes les communes du département sont prévenues que le village de Fontenoy a été incendié par ordre supérieur, pour avoir été convaincu d'avoir logé et hébergé sciemment les francs-tireurs qui ont fait sauter une partie du pont du chemin de fer, près du village sus nommé.

« A l'avenir, chaque commune qui sera reconnue coupable du même fait subira la même punition.

« *Le Préfet*,
« Signé : Comte Renard. »

Avis.

« Nancy, le 26 janvier 1871

« Sa Majesté l'Empereur et Roi ayant, selon la publication de Son Excellence M. le Gouverneur général, en date du 23 de ce mois (voir le n° 35 du *Moniteur officiel*), imposé une contribution de *dix millions de francs* aux habitants du gouvernement général de la Lorraine, en raison de la destruction du pont de Fontenoy, le préfet de la Meurthe fera parvenir de suite la répartition de la quote-part de chaque canton à MM. les maires, en les invitant de faire sans délai la répartition entre les communes et d'effectuer le versement dans le délai de huit jours.

« Pour tout refus ou retard, les mesures les plus rigoureuses seront prises contre les contrevenants au présent arrêté.

« *Le Préfet*,
« Signé : Comte Renard. »

Avis.

« Nancy, le 23 janvier 1871, quatre heures du soir.

« M. le préfet de la Meurthe vient de faire au maire de Nancy l'injonction suivante :

« Si demain mardi 24 janvier, à midi, cinq cents ouvriers des chantiers de la ville ne se trouvent pas à la gare, les surveillants d'abord, et un certain nombre d'ouvriers ensuite, seront saisis et fusillés sur place. »

Arrêté du 23 janvier 1871.

« Nous préfet de la Meurthe, considérant que les cinq cents ouvriers demandés pour un travail urgent qui devaient se présenter à la gare ne l'ont pas fait,

« Arrêtons :

« 1° Tant que ces cinq cents ouvriers ne seront pas rendus à leur poste, tous les travaux publics du département de la Meurthe seront suspendus.

« En conséquence tous les travaux des fabriques, des constructions, des routes et chemins, des chantiers, et tous les travaux d'utilité publique sont interdits.

« 2° Tout atelier particulier occupant plus de six ouvriers sera fermé dès aujourd'hui et dans les mêmes conditions que les travaux précités.

« En conséquence sont interdits tous les travaux de construction, chantiers de charpentier, menuisier, maçon, manœuvre, tous les travaux des mines ; toutes les fabriques, quelles qu'elles soient, seront fermées.

« 3° Il est interdit en outre aux patrons, entrepreneurs et fabricants qui auront suspendu leurs travaux, de continuer à payer leurs ouvriers.

« 4° Tout entrepreneur, patron ou fabricant qui contreviendra aux dispositions du présent arrêté, sera frappé d'une amende de *dix mille à cinquante mille francs* pour chaque journée où il aura fait travailler et pour chaque paye qu'il aura faite.

« 5° Le présent arrêté sera révoqué aussitôt que les cinq cents ouvriers seront rendus à leur poste, et il sera alloué à chacun d'eux une paye de trois francs par jour.

« *Le Préfet,*
« Signé : Comte RENARD. »

Arrêté.

« Nancy, le 24 janvier 1871.

« Nous, préfet de la Meurthe,
« ARRÊTONS :
« Attendu que le nombre d'ouvriers par nous requis pour cause d'utilité publique se sont rendus à la gare ;
« En conséquence, l'arrêt rendu par nous en date du 23 courant est révoqué ;
« En conséquence tous les travaux, tant publics que particuliers, sont autorisés à reprendre dans l'étendue du département, et la défense donnée aux patrons, commerçants et fabricants, est levée.

« *Le Préfet,*
« Signé : Comte RENARD. »

Destruction du pont de Laroche sur l'Yonne. — Comme pour le pont de Fontenoy-sur-Moselle, la destruction du pont de Laroche sur l'Yonne fut un acte agressif exécuté par les Français pour arrêter l'exploitation allemande. A la fin de janvier 1871, les Français tentaient, en partant de la Loire, un retour offensif qui présentait quelques chances de succès ; ils réussirent le 26 janvier à détruire le pont de Laroche, le 3 février celui de

Buffon ; ils rendaient ainsi impossible toute communication par voie de fer entre le réseau de l'Est et le réseau de Lyon. La conclusion de l'armistice rendit ces sacrifices inutiles, mais ils ne devront pas être oubliés par les historiens de la défense du pays.

Deuxième cas. — Détruire ses propres chemins de fer pour arrêter ou entraver la marche de l'ennemi. — Une nation doit savoir faire résolûment les sacrifices que comporte la défense de son territoire envahi, et la destruction des chemins de fer est une nécessité de premier ordre ; mais, là encore, il faut savoir ce que l'on fait et ne détruire que les ouvrages dont la privation causera à l'ennemi un préjudice sérieux, arrêtera ou entravera sa marche pendant un espace de temps suffisamment long.

Enlèvement des voies. — La destruction des voies n'est efficace qu'à la condition d'être accompagnée de l'enlèvement des matériaux.

Si on se contente de détruire une voie en en laissant les matériaux, quelques heures suffiront à l'ennemi pour les remettre en place.

Si les matériaux font défaut, l'embarras de l'ennemi peut être de longue durée.

Si on ne peut enlever les rails et les traverses, il faut tâcher de les détériorer.

Dans la guerre d'Amérique on empilait les traverses en forme de cage creuse et à claire-voie ; dans l'intérieur de cette cage on mettait des broussailles sèches qu'on allumait. Les rails étaient placés par dessus ces espèces de cheminées à parois plus ou moins combustibles. Sous l'action de la chaleur les rails commençaient à se courber ; on en déterminait la torsion en saisissant les extrémités par des clefs que l'on tournait en sens opposé avec un levier, et la plus légère déformation suffisait pour rendre les rails *inemployables*, si nous pouvons nous servir de ce mot.

Il nous semble assez difficile de faire brûler nos traverses de chêne saturées d'humidité, et ce procédé ne nous paraît avoir de chances de succès qu'avec des traverses d'essence résineuse ou créosotées.

Pour les voies avec coussinets, il est facile de casser avec une masse un grand nombre de joues des coussinets ; mais rien ne saurait remplacer l'enlèvement des rails pratiqué sur un grande échelle.

Sur les lignes à double voie, il faut prévoir la transformation de la ligne en voie unique et détruire toutes les pièces pouvant servir à l'établissement de changements et croisements de voie.

Destruction des prises d'eau. — Nous ne répéterons pas ce que nous avons dit au sujet des prises d'eau. Priver un chemin de fer d'eau, c'est l'annuler complétement, et si cette privation pouvait avoir une longue durée, il n'y aurait rien de plus à faire.

Tout ce qui concerne l'alimentation d'un chemin de fer doit être l'objet d'une étude de destruction spéciale :

Suppression des dérivations,

Enlèvement des machines aspirantes,

Éventrement des réservoirs,

Comblement des puits, etc., etc.

Comblement des tranchées. — Le comblement des tranchées profondes est une des opérations les plus propres à retarder la marche de l'ennemi ; mais il faut que l'opération soit faite sur une large échelle. Il ne faut pas faire tomber deux ou trois cents mètres cubes, quelques heures suffisant pour dégager un si faible obstacle ; mais si, par l'explosion de cinq ou six grands fourneaux, on a jeté dans la tranchée douze ou quinze mille mètres cubes de débris, leur enlèvement exigera des semaines.

L'étude de l'emplacement de ces fourneaux doit être faite aujourd'hui dans les grandes tranchées ; il faut en outre choisir celles qui ne peuvent pas être facilement contournées par des déviations.

Choix à faire parmi les ouvrages d'art. — La question du choix des ouvrages d'art à détruire est capitale, et, dans cette étude douloureuse, il ne faut faire que des sacrifices utiles.

La destruction des ponts et des aqueducs de faible ouverture ne présente aucun intérêt ; en quelques heures l'ennemi les remplace par un ouvrage provisoire, par des arbres abattus et empilés, par un remblai même quelquefois.

Mais la marche de l'ennemi sera retardée sérieusement par la destruction d'un grand viaduc, et surtout par l'écroulement de la voûte d'un souterrain. On n'improvise pas facilement des piles de trente à quarante mètres de hauteur ; on ne se fraye pas non plus un chemin sous des éboulis, et nous donnerons ci-après quelques exemples qui ne laissent aucun doute sur l'efficacité des mesures de cette nature.

Enlèvement du matériel roulant. — Nous ne parlons pas de l'enlèvement du matériel roulant : c'est la première mesure à prendre, et, dans toutes les guerres, chaque nation menacée a eu soin de mettre en sûreté la plus grande partie de ses machines, de ses voitures et de ses wagons.

Destruction des canaux. — Les voies de navigation peuvent être employées par l'ennemi pour le transport de ses approvisionnements, de ses munitions, et surtout de ses grosses pièces d'artillerie. Pour les canaux à point de partage, l'œuvre de destruction doit porter sur les moyens d'alimentation, il faut vider les réservoirs ; pour les canaux latéraux à des rivières l'œuvre est plus difficile ; mais la destruction d'ouvrages hydrauliques entraîne toujours des réparations de longue durée, et, en pareille occasion, gagner du temps peut amener le salut du pays.

Exemples pris dans la guerre de 1870-1871. — DESTRUCTION PARTIELLE DU PONT SUR LE RHIN, A KEHL. — Pendant que les Allemands faisaient, pour couper nos chemins de fer, les tentatives que nous avons rappelées sommairement, ils n'hésitaient pas à détruire un ouvrage considérable : ils faisaient sauter, le 22 juillet 1870, la pile portant la travée tournante du grand pont de Kehl, du côté de la rive badoise. La grande masse de métal qui constituait cette travée tournante fut violemment tordue, et elle demeura appuyée en partie sur les ruines de la pile et sur le fond du lit du fleuve.

Le 29 juillet 1870, nous avons contemplé cette grande ruine le cœur serré, en nous rappelant les fêtes brillantes qui, si peu d'années auparavant, avaient réuni les représentants des deux peuples à Strasbourg et à Bade.

Les avantages remportés par les Allemands dès le début de la campagne rendirent cette destruction inutile, et ce ne fut que le 15 novembre, c'est-à-dire près de quatre mois après la destruction, que la circulation put être rétablie sur ce grand ouvrage.

Préparatifs faits pour faire sauter les souterrains des Vosges. — Il était bien difficile de faire entrer dans l'esprit, nous ne dirons pas de la population française qui criait, *A Berlin ! à Berlin!* mais dans celui des représentants de l'administration supérieure, que le succès des armées allemandes était possible, et que dès lors il convenait de prendre des mesures définitives pour s'opposer à la marche du vainqueur.

Informée que, sur le territoire allemand, les ingénieurs préparaient de très-nombreux fourneaux de mines dans les principaux ouvrages d'art des chemins de fer et dans les grandes tranchées, la compagnie de l'Est demanda, le 18 juillet 1870, au ministre de la guerre s'il ne jugerait pas opportun de faire faire des travaux semblables sur les lignes françaises, et notamment dans les souterrains et dans les grandes tranchées de la traversée des Vosges. Le ministre de la guerre répondit immédiatement et demanda à la compagnie de faire exécuter ces travaux, après entente avec les commandants du génie pour le choix de l'emplacement des fourneaux.

Ces travaux furent exécutés, mais il n'appartenait pas à une compagnie industrielle de charger les fourneaux, encore moins de donner l'ordre de détruire des lignes qui pouvaient servir à des mouvements stratégiques.

Lorsque parvint à Paris la nouvelle de la perte de la bataille de Fræschwiller, on ne comprit pas la gravité de cet échec : on supposa que les corps d'armée Mac-Mahon et de Failly se reformeraient sur le versant oriental des Vosges, de manière à se maintenir sur la défensive, et on ne donna aucun ordre relatif aux souterrains du chemin de fer. Les représentants locaux de l'autorité militaire n'osèrent rien prendre sur eux, et deux ou trois jours furent ainsi perdus. Lorsque enfin on se décida à Paris à donner des ordres de destruction des ouvrages, il était trop tard ; ceux-ci étaient occupés par les Allemands, « dont rien n'égala la joie, dit un de leurs historiens, lorsqu'ils découvrirent qu'aucun obstacle n'arrêtait leur marche dans la traversée de la ligne des Vosges. »

Destruction des ouvrages sur le réseau de l'Est. — En parlant de l'occupation successive des lignes françaises par les armées allemandes, nous avons indiqué la destruction d'un très-grand nombre d'ouvrages ; nous ne pouvons donner ici qu'un résumé général.

Le nombre total des ouvrages détruits pendant toute la durée de la guerre pour des causes diverses, complétement ou particiellement, s'élève à cinquante-neuf, savoir :

Neuf ponts sur la Marne, à Chalifert, à Iles-lès-Villenoy, à Trilport, à Vitry-le-François, à Châlons (Mourmelon), à Villiers et à Provenchères (ligne de Saint-Dizier à Chaumont), à Nogent-sur-Marne.

Quatre sur la Seine, à Saint-Germain près de Montereau, à Bernières, à Saint-Julien et à Fouchères.

Un sur l'Aube, à dix kilomètres de Clairvaux.

Trois sur la Moselle, à Fontenoy-sur-Moselle, à Longeville-les-Metz, à Langley (près de Charmes).

Cinq sur la Meuse, à Mohon et au Petit-Bois (près de Charleville), à Revin, à Donchery (près de Sedan), et à Verdun.

Un sur la Saône, à Savoyeux (près de Gray).

Un sur l'Ognon, à Lure.

Un sur le Rhin *Tortu*, aux abords de Strasbourg.

Six sur les rivières de la plaine d'Alsace, le Wergraben, l'Andlau, le Giesen, l'Altenbach, la Fecht et l'Ill.

Quatre sur la Chiers, ligne de Charleville à Thionville et à Longwy.

Quatre grands viaducs : Bertraménil et Xertigny (près d'Épinal), Dannemarie (près de Belfort), Thonne-les-Prés (Chauvency).

Cinq souterrains : Armentières, Nanteuil, Rilly-la-Montagne (près de Reims), Saint-Loup (près de Provins), Montmédy.

Deux ponts à la traversée des fortifications de Paris et de Strasbourg.

Treize ouvrages divers.

Dans ce chiffre nous ne comprenons pas le grand pont sur le Rhin à Kehl, qui avait été construit à frais communs par la compagnie de l'Est et le grand-duché de Bade.

Sans aucun doute il y a sur cette longue liste des destructions regrettables. En ce qui concerne la ligne des Vosges, on a renversé, non sans avoir hésité, des ouvrages dont la destruction ne pouvait arrêter longtemps les Allemands, ou dont la privation a été funeste aux Français ; mais, en somme, cette destruction n'a pas été inutile à la défense du territoire.

Le nombre des gares détruites pendant la guerre a été très-peu considérable :

Strasbourg, détruite aux trois quarts par le bombardement ;

Schlestadt, détruite par le génie militaire pour la défense de la place ;

Mourmelon, brûlée par accident par des soldats allemands qui avaient fait trop de feu ;

Peltre, brûlée par les Allemands.

Hettange, — —

Chauvency. — —

Destruction des ouvrages sur le réseau de l'Ouest. — Le chemin de fer de l'Ouest a eu à souffrir considérablement d'abord de la guerre étrangère, et de la guerre civile ensuite.

Dans la guerre étrangère, Français et Allemands se sont, en quelque sorte, acharnés sur quelques-unes des lignes du réseau de l'Ouest aux abords de Paris, de Rouen et du Mans, et des ouvrages de la plus grande importance ont été détruits de fond en comble. Nous citerons notamment :

Six ponts sur la Seine, à :

Argenteuil, Châtou et Croissy, détruits par les Français ; Besons, Orival près d'Elbœuf, par les Allemands ;

Trois viaducs, à :

Ectot, Belleville et Mirville sur la ligne de Rouen au Havre, détruits par les Allemands ;

Douze viaducs d'importance diverse sur la ligne de Versailles au Mans, détruits par les belligérants ;

Deux souterrains, ceux de Rolleboise et de Martainville.

Plusieurs gares ont été incendiées, et leurs ruines sont venues s'ajouter à celles des ouvrages d'art.

Destruction des ouvrages sur le réseau d'Orléans. — Nous extrayons du rapport présenté aux actionnaires le 2 août 1871 les renseignements ci-après :

« Neuf ouvrages de premier ordre ont été atteints, trois par la mine française, six par la mine allemande.

« Ces ouvrages sont :

« Le viaduc de Beaugency et le pont de Montlouis, sur la ligne d'Orléans à Tours ;

« Le pont de Cinq-Mars, sur la ligne de Tours à Nantes ;

« Le pont de l'Yère, sur la ligne du Centre ;

« Le pont de Saint-Côme et celui de l'Huisne sur la ligne de Tours au Mans ;

« Les ponts de Châteaudun, de Cloyes et de Vendôme, sur la ligne de Brétigny à Tours.

« Dans cette énumération figurent trois grands ponts sur la

Loire, ceux de Montlouis, de Saint-Côme et de Cinq-Mars. »

Heureusement la destruction de ces grands ouvrages n'était pas complète, et les ingénieurs de la compagnie d'Orléans purent rétablir rapidement la circulation.

Le 3 février, le service était repris de Paris à Vierzon ;

Le 20, de Tours à Poitiers et à Angers.

Le 23 février, le service était repris d'Orléans à Tours ;

Le 16 mars, de Tours et de Vendôme au Mans.

Destruction des ouvrages sur le réseau du Nord. — C'est encore au dernier rapport aux actionnaires que nous empruntons les renseignements ci-après :

« Quarante-cinq ouvrages d'art ont été plus ou moins démolis ou endommagés ; les plus importants sont :

« Trois ponts sur l'Oise, à Pontoise, à Epluches et à La Versine ;

« Un pont sur l'Aisne, à Soissons ;

« Trois viaducs, Origny, Gland et de l'Oise, près d'Hirson ;

« Un pont sur le canal, à Saint-Denis près de Paris ;

« Un souterrain à Vierzy ;

« Deux ponts sur la Somme, à Daours et à Aubigny ;

« Un viaduc à Saint-Benin, près du Cateau. »

Destruction des ouvrages sur le réseau de Paris-Lyon-Méditerranée. — Il y a eu quinze ouvrages d'art détruits sur le réseau de Paris-Lyon-Méditerranée :

Onze par les Français ;

Quatre par les Allemands.

Les ouvrages détruits par les Français sont :

Le pont des fortifications de Paris, en septembre 1870 ;

Celui de Laroche sur l'Yonne, le 26 janvier 1871. (Nous avons parlé de cette destruction quelques pages plus haut.)

Le pont de Crécy sur l'Armançon, le 26 novembre 1870 ;

Celui de Buffon sur l'Armançon détruit une première fois par les Français le 30 décembre 1870, rétabli par les Allemands, détruit une seconde fois par les Allemands, le 3 février 1871 ;

Le pont sur le canal de Bourgogne, à Dijon, pendant la première occupation des Allemands ;

Celui de Nuits-sous-Ravières, le 14 novembre 1870 ;

Les quatre ponts sur le Doubs, entre Clerval et Besançon, les 6, 9 et 10 novembre 1870. (Nous avons déjà dit combien cette destruction fut regrettable.)

Le pont sur la Seine près de Juvisy, le 15 septembre 1870. Cette destruction avait pour objet d'interdire le passage de la Seine aux Allemands au moment de l'investissement de Paris. Il eût fallu alors démolir tous les ponts jusqu'à Montereau, tandis que plusieurs furent conservés, notamment le grand pont du Mée sur la Seine à Melun.

Les Allemands ne démolirent que quatre ouvrages :

Le pont de Montbéliard sur l'Allan, le 21 novembre 1870. (Cette destruction prouve l'intérêt que les Français avaient à conserver les ponts sur le Doubs.)

Les ponts de Gray-sur-la-Saône, le 28 octobre 1870;

De l'Abbaye d'Arcq sur l'Ognon, le 19 décembre 1870 ;

Du Bez près de Souppes, en novembre 1870.

Emploi de la dynamite. — Nous ne voulons pas entrer dans l'étude détaillée des procédés à employer pour détruire les ouvrages. Cette étude nous conduirait à faire un chapitre, et un chapitre considérable, du cours de construction des ouvrages. Seulement nous devons dire un mot de la dynamite, substance explosible terrible dont toutes les nations font un grand usage, et que la France a voulu pendant plusieurs années véritablement ignorer.

La dynamite, inventée par M. Nobel, ingénieur suédois, est un mélange de nitro-glycérine et de silice poreuse ; ce mélange a la consistance d'une poudre pâteuse et rappelle l'aspect de la cassonnade.

Nous extrayons d'une brochure fort intéressante publiée en avril 1870 par M. Paul Barbe, ancien officier d'artillerie, les renseignements ci-après :

« La dynamite s'emploie en masse ou plus commodément en cartouches formées de papier enroulé. L'explosion s'obtient par une capsule fulminante attachée à une mèche de mine ordinaire, ou bien à deux fils métalliques destinés à fournir une étincelle électrique.

« La dynamite mise sur le feu se consume sans explosion, elle supporte aussi des chocs très-violents sans faire explosion : tout au plus peut-il se produire à l'endroit même de la percussion une détonation locale qui ne se communique pas à la masse.

« La dynamite ne fait pas explosion quand elle est en contact avec de la poudre en combustion.

« On ne peut produire l'explosion de cette substance qu'en développant à la fois une pression considérable et une température élevée. On réalise le plus communément ces deux effets par la détonation d'une capsule fulminante, comme nous l'avons déjà indiqué plus haut.

« La dynamite a une force brisante remarquable qu'on évalue à huit fois environ celle de la mine ordinaire. Son action est très-rapide et locale ; il suffit d'un très-faible bourrage pour en utiliser toute la force, et même sans bourrage on obtient des effets très-intenses.

« La dynamite peut être impunément mouillée ; elle convient tout particulièrement dans les roches aquifères ou submergées ; dans ces applications, c'est l'eau qui forme bourrage.

« La dynamite ne produit pas dans les travaux souterrains de fumées nuisibles ou trop incommodes.

« Cette poudre de mine est employée tout à fait en grand en Prusse, en Autriche et dans le reste de l'Allemagne, en Suisse, en Belgique, en Suède, en Danemark, en Angleterre, en Californie. »

Enfin, au moment où la guerre allait être déclarée entre la France et l'Allemagne, la Prusse au commencement de 1870 avait déjà quatre manufactures de dynamite, deux à Cologne, une à Hambourg, une à Charlottenbourg. A la même époque il n'en existait peut-être pas un kilogramme en France.

On en avait proposé l'emploi au ministère de la guerre français : il répond que dans une armée il n'est pas bon qu'il y ait deux genres de poudre. Sans aucun doute l'unité dans l'approvisionnement est une bonne chose, mais le culte de l'unité est un grand obstacle au progrès.

La brochure de M. Paul Barbe renferme les documents les plus intéressants sur cette substance brisante dont on ne peut tirer parti comme poudre de tir, mais qui peut servir à accomplir des œuvres de destruction presque impossibles autrefois.

Ainsi la dynamite brise avec une grande facilité les grosses pièces d'artillerie. Si à Strasbourg on eût possédé de la dynamite, on eût détruit les grosses pièces avec lesquelles les Allemands ont assiégé Belfort.

Pendant le siège de Paris il a été fait sur l'emploi de la dynamite des expériences qui ont convaincu les plus incrédules ; enfin il existe aujourd'hui en France, près de Port-Vendres dans les Pyrénées-Orientales, une fabrique de dynamite.

La dynamite présente sur la poudre cet avantage extraordinaire, c'est qu'elle n'exige pas de bourrage : une charge de dynamite, placée sur le sommet d'une voûte d'un pont de chemin de fer et simplement recouverte de ballast, suffit pour renverser la voûte.

Pour les ponts métalliques, il suffit d'enrouler autour des arcs ou des poutres un saucisson de toile rempli de dynamite.

Un saucisson enroulé au pied d'un arbre coupe cet arbre au ras du sol.

Enfin, la dynamite fait explosion sous l'eau : on s'en est servi avec succès pour diviser dans le lit des fleuves des débris d'ouvrages métalliques renversés dans la dernière guerre.

La science vient donc encore de mettre au service de l'homme un nouvel engin de destruction. Peut-être faut-il regretter de pareilles découvertes ; mais une fois qu'elles existent, il faut les connaître et savoir en tirer parti, soit comme instrument de guerre, soit surtout pour les conquêtes pacifiques de la civilisation.

Importance des dommages éprouvés par les compagnies françaises. — Nous ne parlerons, bien entendu, que des dommages directs éprouvés par les compagnies, c'est-à-dire de la dépense à faire pour remettre en état leurs lignes et leur matériel roulant ; les chiffres ci-après sont extraits des rapports aux actionnaires en 1871 et 1872 :

Compagnie de l'Est, approximativement.	15,000,000 fr.
— du Nord.	2,000,000
— de l'Ouest.	12,000,000
— d'Orléans.	1,500,000
— de Paris-Lyon-Méditerranée.	2,420,000
Total.	32,920,000 fr.

En ajoutant à ces chiffres les dégâts occasionnés par la guerre civile, fille de la guerre étrangère, on arrive à un chiffre de trente-quatre à trente-cinq millions, qui représente la dépense à faire pour remettre en état les chemins de fer français, et qui s'ajoute aux pertes de notre malheureux pays.

On peut se demander à qui incombe la réparation d'un pareil préjudice : nous pensons qu'il importe de faire à cet égard une distinction.

Lorsque les ouvrages ont été détruits par le génie militaire français ou par son ordre, pour la défense du pays, la réparation doit incomber au Trésor public. Il en est de même du matériel roulant : lorsqu'un général a prescrit à la compagnie de l'Est de faire dérailler une machine Engerth pour faire une barricade dans une tranchée, d'abandonner à Strasbourg trente-huit machines locomotives qui sont restées exposées *extra-*

muros au bombardement, etc., etc., l'État doit supporter la réparation d'un semblable dommage.

Si, au contraire, les ouvrages ont été détruits par les armées allemandes, il y a là un fait de guerre qui frappe les compagnies au même degré que les autres propriétaires du pays, et elles ne peuvent réclamer que les compensations qui seront accordées à ces derniers.

Bien entendu, nous n'exprimons qu'une opinion personnelle. La destruction d'un pont par l'ennemi a un caractère particulier qui se rattache plus à la stratégie que l'incendie d'une ferme ou d'une maison d'habitation, et il y aurait à faire à ce sujet des réserves dont on ne saurait méconnaître la valeur.

En ce qui concerne les dégâts causés par la guerre civile, et qui ont frappé les compagnies de l'Ouest et de Paris-Lyon-Méditerranée, l'appréciation de la responsabilité du dommage est fort difficile, parce qu'intervient la question de savoir si la ville de Paris ne doit pas être appelée en cause. Une semblable étude nous éloignerait trop de notre sujet.

§ 3. — Reconstruction des ouvrages détruits.

Par reconstruction des ouvrages détruits, nous entendons non pas leur mise dans l'état où ils se trouvaient avant la guerre, mais une réparation pour le rétablissement de la circulation dans des conditions de sécurité suffisantes.

L'étude de ce qui a été fait en France nous paraît donc un document utile à consulter, et c'est à ce point de vue que nous avons réuni les renseignements ci-après.

Réparation des voies. — La réparation des voies a été faite par les procédés ordinaires. En général, elles n'ont pas été entretenues pendant la guerre; mais l'état dans lequel les compagnies françaises tenaient et tiennent leurs lignes est tel que celles-ci ont pu supporter, au point de vue de l'entretien, un chômage de plusieurs mois.

Substitution de la voie unique à la double voie. — Les destructions d'ouvrages entraînent toujours la perte d'une certaine quantité de rails. Ces matériaux peuvent aussi avoir été requis par le génie militaire pour des blindages de batteries ; de sorte que la reconstruction des deux voies est souvent impossible, et qu'il faut se contenter de rétablir la circulation sur une seule voie. Une autre considération en fait d'ailleurs souvent une loi : les ouvrages provisoires destinés à remplacer les ouvrages détruits ne sont établis qu'à une voie, et il faut au moins, pour ces passages spéciaux, recourir aux règles de l'exploitation en voie unique.

A cet égard, et quelque confiance que l'on puisse avoir dans l'emploi du télégraphe électrique, si l'exploitation a lieu pendant la guerre sur un territoire ennemi, elle doit être dirigée à l'aide de procédés indépendants de l'usage du télégraphe, ou au moins de son usage exclusif. C'est ainsi que nous recommanderons :

a. Pour les sections de courte longueur : L'emploi d'un pilote chargé d'accompagner tous les trains, — ce pilote ne pouvant se trouver sur deux machines à la fois, il n'existe pas de moyen plus sûr de prévenir une collision ;

b. Pour les sections de grande longueur : L'emploi du système écossais des bâtons de couleur. On divise la section en un certain nombre de subdivisions, à chacune desquelles on attribue un bâton d'une couleur spéciale ; aucun train ne peut s'engager sur la section rouge, s'il n'est porteur du bâton rouge, et comme il n'y a qu'un bâton rouge, aucune collision n'est à craindre, etc.

Enlèvement des matériaux des petits embranchements. — Les petits embranchements fournissent assez facilement les matériaux qui peuvent faire défaut sur les grandes lignes, et il ne faut pas les oublier lorsqu'on veut soit détruire un chemin de fer, soit rétablir la circulation.

Exécution de déviations et de voies de contournement. — La question de l'exécution facile d'une voie contournant soit un ouvrage d'art détruit, soit même une forteresse, doit être l'objet de toutes les préoccupations des ingénieurs chargés du service des chemins de fer en campagne ; et l'étude des chemins de fer du pays ennemi demande à être faite avec le soin que l'on apportait autrefois à l'étude de ses plans, de ses magasins, de ses ressources en tous genres. Les Allemands ont exécuté sur le territoire français trois déviations importantes : la première de Remilly à Pont-à-Mousson, pour contourner Metz ; la seconde près de Nanteuil, pour contourner le souterrain de ce nom ; la troisième près de Creil, pour franchir l'Oise sur un pont provisoire destiné à remplacer le pont de La Versine.

Déviation de Remilly à Pont-à-Mousson. — Le chemin de fer de Remilly à Pont-à-Mousson s'embranchait, — car il n'existe plus, — sur la ligne de Metz à Forbach, à la station de Remilly, pour aboutir au chemin de Metz à Nancy, à une faible distance des forges de Pont-à-Mousson.

Ce chemin avait une longueur de trente-six kilomètres environ ; il traversait un pays accidenté et rencontrait trois vallées : celles de Reux, de la Seille et de la Moselle.

En plan et en profil le chemin de fer suivait à peu de chose près les sinuosités du sol qu'il effleurait en général sur l'axe ; la plus grande hauteur de déblai était d'environ 1^m00, celle de remblai 1^m60, sauf aux abords des estacades où elle atteignait $3^m 00$.

Les remblais étaient faits à l'aide d'emprunts latéraux informes.

Le rayon des courbes descendait jusqu'à 190^m.

Les déclivités des rampes variaient de 1 à 40^{mm}.

Les ouvrages d'art consistaient en estacades en charpente faites avec des bois réquisitionnés chez des négociants ou abattus dans les bois et les parcs. Pour l'estacade du vallon de Reux les longuerines furent posées sur chevalets. Pour la traversée de la Seille et de la Moselle, on battit des palées à 5^{m}00 d'axe en axe avec une fiche de 2 à 2^{m}50.

Il n'y avait pas de contre-fossés ; l'écoulement des eaux transversales venant des terrains supérieurs, se faisait par des buses en bois ou en fonte ; les traverses reposaient sur le sol, sans ballast, sauf au deux extrémités de la ligne.

Les rails provenaient soit d'approvisionnements appartenant à la compagnie de l'Est et à des sociétés locales, soit de voies démontées sur des lignes d'embranchement.

Il a été employé trois à quatre mille ouvriers par jour, tant pionniers et soldats prussiens que paysans requis.

Les cultivateurs et charretiers n'étaient pas payés, mais les ouvriers proprement dits recevaient un thaler par jour ; chaque commune devait nourrir les étrangers travaillant sur son territoire.

Commencés le 16 août vers Remilly immédiatement après la bataille de Gravelotte, quelques jours seulement plus tard du côté de Pont-à-Mousson, les travaux furent terminés à la fin de septembre, ce qui donne pour la longueur exécutée par jour une moyenne d'environ un kilomètre.

Exploitation. — Bien que des essais en machines isolées eussent été faits dès le 25 septembre, l'exploitation proprement dite ne commença que le 4 octobre, et cessa forcément le 30 du même mois, à la suite d'une crue de la Moselle qui emporta la grande estacade de Pont-à-Mousson. La capitulation de Metz, survenue le même jour, rendait inutile la déviation.

Dans cette courte période de vingt-six jours, l'exploitation fut très-médiocre. La machine ne remorquait que quatre wagons à la fois, souvent même le quatrième dut être abandonné.

Quand vinrent les pluies d'automne, la voie fut détrempée, et l'on fut obligé d'employer pour l'entretien un nombre d'ouvriers presque aussi considérable que celui qui avait été nécessaire pour la construction. La traction devint très-coûteuse et même très-dangereuse ; plusieurs déraillements importants eurent lieu, et à Morville une machine resta plusieurs jours sur le flanc.

En somme, le chemin de Remilly à Pont-à-Mousson fut un chemin mal établi, peu stable; il a dû coûter des sommes considérables, et il n'a rendu que des services à peu près nuls. Les ingénieurs allemands auraient très-certainement amélioré cette situation ; mais la chute de la grande place de Metz vint les tirer d'embarras et leur permit de reprendre l'exploitation des lignes du réseau de l'Est.

Déviation du souterrain de Nanteuil. — L'administration militaire française avait détruit la tête ouest du souterrain de Nanteuil au moyen de six fourneaux de mine, dont trois dans chaque culée et face à face, et chacun chargé de deux cents kilogrammes de poudre. Les deux premiers étaient placés à 4^m00 de la tête, les seconds à 12^m00, et les troisièmes à 20^m00 ; un de ces derniers n'a pas fait explosion. La voûte et les pieds-droits, ainsi que la tête et ses murs en aile, ont été détruits sur 25^m00, entraînant une masse considérable de sable fin qu'on peut évaluer à $4,000^m$ cubes.

D'abord les Allemands ont percé l'éboulement au moyen d'une petite galerie de service, et ils avaient entrepris un élargissement de manière à établir une voie dans l'axe du souterrain. Ce travail était fort avancé, lorsqu'à la suite de pluies le sable de la partie supérieure du terrain et les marnes friables qui le supportent se sont désagrégés, et ont produit un éboulement nouveau qui a détruit tout leur travail des mois de septembre et octobre. C'est alors qu'ils prirent le parti de contourner le mamelon au moyen d'une voie d'environ 5000^m00, avec courbes de raccord de 125^m00 environ, et pente maxima de 0^m018.

Ce travail, qui a nécessité l'exécution d'environ 8000^m cubes de terrassements, a été exécuté en vingt-un jours, par des ouvriers allemands qui avaient été amenés exprès, ceux du pays étant en trop petit nombre et refusant de travailler. Tous les chevaux et les tombereaux des pays voisins avaient été réquisitionnés pour faire les transports.

C'est le 29 novembre seulement que la première machine a parcouru cette voie. De nombreux déraillements se sont produits au début ; mais la voie n'a pas tardé à avoir une bonne assiette, et cette déviation a en définitive fonctionné de la manière la plus complète pendant neuf mois, les ingénieurs de la compagnie de l'Est n'ayant rétabli le service sous le souterrain que le 18 août 1871, sur une seule voie, et le 1er septembre sur les deux.

Déviation de Creil. — La déviation de Creil avait uniquement pour but de rejoindre un pont provisoire à construire sur l'Oise, en remplacement du pont de La Versine qui avait été détruit le 13 septembre 1870 par le génie militaire français.

Le chemin de fer était tracé en pente continue de 0^{m}005 vers la station de Creil. L'ingénieur prussien n'ayant pas cru pouvoir faire un pont provisoire aussi élevé que l'ancien ouvrage et ayant adopté pour son pont en charpente un niveau inférieur de 6 mètres au niveau de l'ancien rail, il fallut substituer à la déclivité de 0^{m}005, du côté de Paris, une déclivité de 0^{m}013, et du côté de Creil une contre-rampe de 0^{m}010.

En plan, la déviation suivait d'abord l'ancien tracé en abaissant le profil, puis elle s'écartait par une courbe de 160 à 170^{m}00 de rayon et une contre-courbe de 135 à 140^{m}00 ; les difficultés du plan s'ajoutaient ainsi à la difficulté du profil.

La longueur totale de la déviation était de 1225^{m}00.

L'exécution des travaux exigea plus de trois mois.

Ces trois exemples, le dernier surtout, ne nous paraissent pas faire grand honneur aux ingénieurs qui en furent chargés. A Metz la déviation de Pont-à-Mousson était à peu près impraticable aux machines, et la Moselle avait enlevé le seul ouvrage important ; à Nanteuil on dut renoncer à traverser un éboulement du souterrain ; enfin à Creil on exécuta une déviation qui offrait sans motifs de grandes difficultés de plan et de profil, et qui n'avait d'autre avantage que celui de réduire de six mètres la hauteur d'un ouvrage en charpente.

En 1858, les ingénieurs de la compagnie de l'Est avaient exécuté en soixante-cinq jours le chemin de fer de Châlons à Mourmelon, de vingt-six kilomètres de longueur, et sur ce chemin qui comprenait une traversée de la Marne et celle de deux autres cours d'eau, l'exploitation s'est établie de suite sans accident.

Sachons imiter la bonne organisation des commissions allemandes, nous n'avons rien de plus à demander à nos adversaires.

Substitution des remblais aux ouvrages d'art. — La substitution d'un remblai à un ouvrage d'art peut être employée toutes les fois que l'ouvrage à remplacer n'est pas destiné à assurer un écoulement d'eau ; dans ce dernier cas même, en plaçant quelques buses en bois garnies de pierres, on peut donner aux eaux un écoulement suffisant.

Ce procédé a l'avantage d'être très-expéditif : on peut faire des emprunts à droite et à gauche de la brèche et la combler dans un très-court espace de temps.

Diminution du débouché des grands ponts. — Dans la dernière guerre les ingénieurs français et allemands ont employé le système des remblais pour rétablir la circulation sur deux ouvrages considérables, dans chacun desquels une ou deux arches de rive avaient été renversées. Aux ponts de Longeville-les-Metz et de Fontenoy, tous deux sur la Moselle, on a exécuté des remblais qui ont naturellement diminué le débouché réservé au fleuve, sans que cette mesure ait eu, au moins jusqu'ici, des conséquences désastreuses.

On ne doit cependant indiquer une mesure de cette nature que comme un expédient.

Tracé à adopter pour les ouvrages provisoires. — Les ingénieurs chargés de rétablir la circulation sur des ouvrages détruits ont à se placer à deux points de vue très-différents.

1° Tout doit-il être sacrifié au rétablissement de la circulation, sans se préoccuper de l'avenir?

2° Doit-on, au contraire, tout en cherchant à rétablir le service, songer à la reconstruction définitive de l'ouvrage?

En pays ennemi, la première préoccupation doit évidemment prédominer : il faut assurer le passage des trains de l'armée envahissante sans se demander comment, après la paix, on rétablira l'ouvrage ; dans ce cas, il faut s'établir sur les ruines mêmes de l'ouvrage en égalisant les débris et en prenant sur ces derniers les points d'appui nécessaires à la construction d'un ouvrage provisoire. Toutefois si l'ouvrage détruit était un pont métallique en fonte ou en tôle, il serait difficile de trouver des points d'appui sur les débris des arcs et des travées, et il faudrait de suite se résigner à établir en aval ou en amont, ou bien en dehors des débris, un pont provisoire en charpente.

Dans son propre pays au contraire, la préoccupation de la reconstruction définitive doit l'emporter, et il faut en exécutant l'ouvrage provisoire se ménager les moyens de refaire l'ouvrage définitif. Dans certains cas, il faut exécuter une déviation complète, dans d'autres il suffit de se placer sur l'extrême bord de façon à se réserver la possibilité de reconstruire la moitié opposée. Souvent, il est utile de placer le niveau de l'ouvrage provisoire à $0^m 50$ au-dessus du niveau de l'ouvrage définitif, etc., etc. On conçoit que nous ne puissions donner ici que des indications générales ; nos ingénieurs sauront d'ailleurs imaginer dans chaque cas les combinaisons les plus pratiques.

Ouvrages en charpente. — Les ouvrages en charpente sont la ressource principale à laquelle doivent recourir les ingénieurs dans les circonstances qui nous occupent, et ceux qui pensent pouvoir être appelés à faire des travaux de ce genre doivent se familiariser avec ce genre de constructions.

Il ne s'agit pas, bien entendu, de constructions exigeant des assemblages compliqués, des pièces courbes ; il faut supposer au contraire l'emploi de pièces en grume ou grossièrement équarries, des assemblages robustes, des consolidations faites avec des sous-poutres, des doubles poteaux, etc., etc.; il faut supposer qu'on n'a à sa disposition que des arbres abattus, peu de moyens de les mettre en œuvre, et pour outils seulement des scies et des haches.

Approvisionnement des bois. — La question de l'approvisionnement des bois est fort importante. Si les opérations militaires doivent s'effectuer dans un pays dépourvu soit de magasins de bois, soit de forêts, il faut se résigner à porter avec soi des bois en quantité, et de dimensions suffisantes pour les constructions que l'on doit prévoir.

En tout état de causes, ce n'est pas au moment où l'on se trouvera devant un vide à combler par un ouvrage, qu'il faudra se demander où l'on pourrait bien trouver le bois nécessaire. Cette étude des approvisionnements doit être faite à l'avance, et d'une manière complète.

Points d'appui. Palées. — En temps de guerre, la dimension de la largeur de passage à ménager entre les palées d'un ouvrage provisoire n'a généralement d'autre mesure que celle qui résulte de la dimension des bois dont on peut disposer pour les poutres longitudinales; il y a donc tout intérêt à rapprocher le plus possible les palées. Dans les ouvrages construits par les Allemands, les palées ont été presque toujours rapprochées, elles étaient placées à 4 ou 5 mètres les unes des autres, quelquefois moins.

Les palées peuvent être composées de pieux battus ou de simples châssis appuyés sur une semelle bien calée sur le sol, comme les Français l'ont fait au viaduc de Nogent-sur-Marne, et les Allemands au viaduc de Dannemarie.

Travées. — Il faut enfin franchir par des travées l'espace vide entre les points d'appui. On a recommandé et pratiqué l'emploi des poutres américaines en treillis, nous donnons la préférence aux poutres droites superposées et réunies par de forts étriers. Pour être bien faites, les poutres américaines doivent être construites sur place, et exigent par conséquent un premier tablier provisoire. Si on les fabrique à l'avance pour les glisser en place, comme on le fait avec le plus grand succès pour les travées métalliques, les poutres en bois dont les assemblages n'offrent pas la rigidité des rivures se gauchissent, se déversent, et il est presque impossible de leur rendre leur position normale. Les poutres droites, au contraire, se glissent très-facilement. En superposant deux et même trois pièces de fort équarrissage, comme on en trouve de nombreux exemples dans les constructions suisses, on peut obtenir des portées considérables.

Dans les ouvrages provisoires construits par les ingénieurs de la compagnie de l'Est, lorsque le réseau leur a été rendu, le système des poutres droites a été très-largement appliqué.

Avec des poutres droites superposées en bois de sapin brut, reliées par des boulons et des coins, soulagées par des contrefiches et des sous-poutres, on a obtenu des portées de 10, 12, 18 et même 20 mètres. On ne doit, à notre avis, recourir à ces portées que dans des circonstances exceptionnelles ; il vaut toujours mieux multiplier les points d'appui, et faire travailler les bois plutôt à la compression qu'à l'extension.

Palées de grande hauteur. — La destruction des viaducs de grande hauteur présente au rétablissement de la circulation des obstacles considérables, parce qu'il est difficile d'improviser des piles de charpente de 30 ou 40 mètres de hauteur.

Les ingénieurs allemands, ayant à rétablir la circulation sur le viaduc de Xertigny, près d'Epinal, dont la pile centrale avait été renversée, ont eu à construire une pile provisoire de 35^m50 de hauteur. Ils ont commencé par faire un socle en maçonnerie de 15^m50, sur lequel ils ont élevé une charpente de 20 mètres, composée de douze montants de 35/25 d'équarrissage.

Ce travail très-hardi suffisait pour une exploitation provisoire ; mais il ne pouvait être conservé pour une exploitation de longue durée, et il a été remplacé par une grande construction en charpente, disposée de façon à permettre la reconstruction ultérieure de l'ouvrage en maçonnerie.

Sur le réseau d'Orléans, les ingénieurs français ont établi des piles d'assez grande hauteur, en superposant des traverses sabotées et reliées par des rails, et formant ainsi des assises horizontales alternées.

Enlèvement des débris dans les rivières. — Au point de vue du rétablissement de la circulation, il n'y a que peu de choses à dire de l'enlèvement des débris dans le lit des fleuves, et ce travail peut être remis à des époques plus tranquilles. Nous ne ferons qu'une observation, c'est que souvent pour retirer des débris on fait une dépense très-supérieure à la valeur de ces débris; nous citerons à cet égard les travaux faits par les Allemands pour retirer trois locomotives tombées dans la Meuse, près de Charleville. Ils ont établi des échafaudages considérables, afin de remonter ces machines sur les rails; nous pensons qu'il eût été moins onéreux de les dépecer, même avec la dynamite, et d'en dégager les débris.

§ 4. — Création de corps spéciaux en Allemagne et en France.

Nécessité de créer des corps spéciaux. — On a discuté la question de savoir s'il était nécessaire ou seulement utile de créer des corps spéciaux ayant à s'occuper des chemins de fer; on a dit que le génie militaire pouvait suffire à tous les besoins, et qu'il était inutile de prévoir une spécialité nouvelle dans les corps d'armée. Nous ne partageons en rien cette manière de voir; nous tenons en trop haute estime les services rendus par nos camarades du génie pour qu'on puisse nous reprocher de repousser leur aide; nous disons seulement qu'on demande déjà trop au corps du génie. Ajouter incidemment à la tâche immense qui lui incombe une tâche aussi énorme que celle de l'emploi des chemins de fer, c'est dépasser la limite des choses possibles, et nous jugeons indispensable de créer des corps spéciaux, non pas pour exploiter les chemins de fer, mais simplement pour concourir à leur rétablissement.

Il ne faut pas perdre de vue que, dans notre pays surtout, les grandes compagnies de chemins de fer possèdent un personnel hiérarchisé, discipliné, constituant cinq à six corps d'armée de vingt-cinq à trente mille hommes chacun, animés tous, — la dernière guerre l'a prouvé, — d'un grand sentiment patriotique. C'est à ces corps d'armée qu'il faut confier l'exploitation des chemins de fer, en limitant la tâche des corps spéciaux à ce qui a été fait pour eux et par eux dans la dernière guerre.

Sections des chemins de fer de campagne (*Feld-Eisenbahn-Abtheilungen*). — Des détachements composés d'ingénieurs et de conducteurs de travaux de chemins de fer et de soldats du génie, rendirent à l'armée prussienne de très-grands services dans la guerre de 1866 ; et au moment où éclata la guerre de 1870 des détachements semblables furent organisés dans la Confédération du Nord, et délégués sous le nom de *Sections des chemins de fer de campagne*, par analogie avec le service des postes et des télégraphes de campagne.

La Bavière adopta la même organisation.

Il y eut cinq sections, quatre prussiennes et une bavaroise.

Chaque section comprenait environ deux cents hommes, militaires ou civils :

Un commandant militaire ;

Deux capitaines du génie ingénieurs militaires ;

Quatre officiers subalternes du génie ;

Un ingénieur de chemins de fer ;

Des conducteurs et piqueurs civils.

Chaque section avait un matériel préparé pour toutes les opérations de campagne et traîné par soixante chevaux.

Sur les chantiers, les sections, bien qu'armées et équipées militairement, étaient protégées par des détachements de troupes.

D'ordinaire les sections travaillaient isolément; quelquefois elles étaient divisées par fractions de section pour exécuter des travaux de peu d'importance; quelquefois aussi elles étaient réunies. Nous donnons comme exemple de leur emploi en campagne l'organisation qui a présidé à la construction de la déviation de Remilly à Pont-à-Mousson, déviation de trente-six kilomètres de longueur destinée à éviter Metz, et dont nous avons donné, quelques pages plus haut, la description technique.

Un capitaine commandant militaire de l'entreprise ;

Les sections prussiennes I et IV au grand complet comprenant quatre cents hommes ;

Quatre cents travailleurs au courant de la construction du chemin de fer ;

Quatre compagnies de pionniers de forteresses ;

Un escadron de cavalerie pour les patrouilles et les réquisitions d'hommes et de vivres à faire dans les villages ;

Un parc de deux cent cinquante voitures contenant l'outillage.

Nous ne suivrons pas les sections de campagne pendant tout leur séjour en France; elles furent employées à la réparation des voies, à la construction des ouvrages provisoires destinés à remplacer les ouvrages détruits par les Français; elles rendirent tous les services en vue desquels elles avaient été constituées.

Le gouvernement allemand semble cependant avoir reconnu la nécessité de modifier l'organisation de ces sections, et de les constituer sur un pied purement militaire, en tenant compte des ressources que lui offre le système du service militaire obligatoire.

Création d'un bataillon des chemins de fer dans l'empire d'Allemagne. — En 1871, aussitôt après la guerre, un ordre émané du cabinet de l'empereur d'Allemagne a décrété la formation d'un bataillon des chemins de fer.

Ce bataillon est recruté comme la ligne parmi les jeunes gens de vingt ans, qui restent :

Trois ans sous les drapeaux,
Trois ans dans la réserve,
Six ans dans la landwehr,

comme s'ils servaient dans la troupe ordinaire.

Le bataillon est divisé en quatre compagnies qui forment les unes des poseurs et des garde-lignes, les autres des chauffeurs et des mécaniciens, des télégraphistes, etc., etc.

L'éducation technique et pratique est faite sur des lignes en construction, dans des forges ou des ateliers ; le gouvernement compte ainsi avoir sous la main un nombre considérable de jeunes gens tout formés au service des chemins de fer.

Le premier bataillon formé a reçu les hommes disponibles dans les sections des chemins de fer de campagne, et on lui a attribué tout le matériel qui existait dans ces sections.

Le recrutement actuel reçoit beaucoup d'engagés volontaires d'un an. On conçoit que des jeunes gens ayant l'obligation de servir préfèrent à un régiment ordinaire un bataillon dans lequel ils reçoivent une éducation professionnelle à l'aide de laquelle ils se caseront plus facilement dans les chemins de fer.

D'un autre côté, l'État a intérêt à voir entrer dans ce bataillon spécial des jeunes gens ayant pour la plupart déjà reçu de l'instruction, et qui en se renouvelant chaque année constitueront un personnel nombreux et expérimenté qu'on pourra appeler en temps de guerre.

Pour ce qui concerne la discipline et l'administration, le bataillon des chemins de fer est placé sous les ordres de l'inspecteur général du corps du génie militaire et des fortifications, et sous les ordres de l'état-major général pour ce qui concerne l'instruction technique. Les officiers sont pris dans le corps du génie.

Que l'on divise le bataillon en compagnies isolées, et on

retrouvera les sections. Nous ne voyons pas bien, la question de la facilité du recrutement examinée à part, les avantages qui peuvent résulter de la constitution d'un bataillon unique. Dans les guerres modernes les armées en présence se subdiviseront toujours en plusieurs corps ; il nous paraît donc meilleur d'assurer à chacun de ces corps le concours d'une section parfaitement outillée, habituée à une vie propre, plutôt que celui d'une fraction de bataillon.

Nous reconnaissons cependant que la réunion des compagnies ou des sections en un seul corps permettrait peut-être à ce corps d'engager des opérations plus considérables que celles qu'il sera possible de demander à des sections isolées.

Un corps spécial du chemin de fer, semblable aux corps des pontonniers, pourra être doté d'un matériel important qu'on refusera à des sections de cent ou cent cinquante hommes.

La nouvelle organisation prussienne mérite à cet égard une sérieuse attention.

Sections de chemins de fer de campagne en Autriche. — Le gouvernement autrichien paraît donner la préférence au système des sections isolées ; il a prévu la création de dix sections en temps de paix et de cinq supplémentaires en temps de guerre.

Chaque section se compose d'un officier de pionniers, d'un officier du génie et de soixante-cinq hommes. Ne sont incorporés dans ces sections que les hommes ayant plus d'un an de présence sous les drapeaux et dont l'instruction militaire sera continuée les jours de pluie et pendant l'hiver.

Pour recevoir l'instruction technique, les sections sont mises à la disposition des compagnies qui en font la demande, mais qui, dans ce cas, doivent payer une indemnité calculée de manière à couvrir toutes les dépenses de la section et à assurer en outre une bonification journalière de 5 francs aux officiers et de 0 fr. 50 à la troupe.

Nous ne pensons pas que ce dernier système donne de bons

résultats : les sections engagées temporairement au service des compagnies ne travailleront pas avec l'énergie que l'on trouve dans les ouvriers civils; les soldats feront des comparaisons entre la paye que reçoivent ces derniers et la maigre bonification qui leur sera allouée.

Organisation du corps franc des chemins de fer à l'armée du Rhin. — Comme essai d'organisation de corps spécial comparable aux sections allemandes de chemin de fer de campagne, nous ne connaissons en France que le corps-franc des chemins de fer qui fut créé en 1870 par la compagnie de l'Est, sur la demande de l'administration de la guerre, pour la réparation et l'exploitation des chemins de fer derrière l'armée.

Ce corps, concentré avec une grande rapidité à Metz, fut obligé de subir le sort de l'armée française et il n'a pas été appelé à rendre les services en vue desquels il avait été constitué; mais il nous paraît utile de faire connaître les bases adoptées et qui pourront servir dans les nouvelles études qui doivent être faites à ce sujet.

Personnel. — Le corps-franc devait comprendre deux parties :

1° Une partie active marchant avec l'armée et chargée de rétablir les ouvrages détruits par l'ennemi;

2° Une partie chargée de la surveillance, de l'entretien et des réparations des parties de ligne exploitées.

En même temps, on avait à organiser de vastes chantiers de dépôt et d'approvisionnement, chargés de fournir sans perdre de temps tous les matériaux nécessaires au corps-franc.

Si en matière de travaux publics la régularité dans l'approvisionnement des chantiers est la condition du succès d'une campagne, cette régularité devenait, dans le cas qui nous occupe, une nécessité de premier ordre et en vue de laquelle tout devait être préparé.

La partie active du corps-franc et les chantiers de dépôt furent seuls organisés.

Au point de vue du personnel, le corps-franc devait se composer de la manière suivante :

a. Un commandant ayant rang de colonel d'état-major ;

b. Un état-major comprenant, outre les officiers chargés de l'administration du corps et du service de santé, un certain nombre d'officiers chargés de reconnaître les travaux à reconstruire, d'en discuter les projets et d'en préparer les moyens d'exécution, un officier chargé du service télégraphique et un autre chargé de la préparation et de l'emploi des matières explosibles ;

c. Un peloton hors rang composé d'ouvriers spéciaux ;

d. Un service de transport pour conduire à pied-d'œuvre les matériaux pris dans le voisinage ou amenés par le chemin de fer au point le plus rapproché des travaux ;

e. Trois bataillons composés principalement de charpentiers, de forgerons et de poseurs de rails, à raison de deux cent soixante-quinze hommes environ par bataillon commandé par un chef de bataillon, deux capitaines, quatre lieutenants ou sous-lieutenants.

On avait prévu l'adjonction d'un certain nombre d'ouvriers civils à recruter au moment opportun.

Le matériel comprenait :

L'outillage de campagne,

L'outillage de réserve,

Les approvisionnements.

OUTILLAGE DE CAMPAGNE. — L'outillage de campagne, pour chaque bataillon transporté avec les hommes, comprenait :

a. Un assortiment complet des outils de bûcheron, de scieur de long et de charpentier pour abattre les arbres en forêt, les débiter et les assembler ;

b. Des chèvres et des sonnettes légères ;

c. Un assortiment de boulons de toutes longueurs, de fers plats pour étriers, de broches, sabots et frettes ;

d. Des forges volantes avec leurs outils ;

e. Des fils télégraphiques, appareils de suspension et outils de pose;

f. Des cartouches de dynamite;

g. Des outils de maçon, de mineur et de poseur de rails;

h. De l'outillage des ouvriers spéciaux du peloton hors rang.

OUTILLAGE DE RÉSERVE. — Nous ne pouvons mieux faire que de donner l'énumération des principaux objets préparés pour le corps-franc de Metz.

a. Outillage pour la pose des voies et les terrassements, et outillage de forge :

   239 Machines à percer.
    38 Wagons de terrassement.
     7 Forges, 8 enclumes, 18 étaux, 80 marteaux.
1,608 Brouettes.
3,099 Pioches de terrassiers avec manches de rechange.
4,405 Pelles avec 2 manches de rechange.
   300 Pinces et anspects.
   650 Pioches à bourrer avec 3 manches de rechange.
   650 Clefs à boulons d'éclisses.
    80 Pinces à pied-de-biche.
    59 Clefs anglaises.
   200 Herminettes.
       Tarières, marteaux, limes, burins, tenailles, etc.
       Lanternes, etc.

b. Outillage pour la télégraphie.

    14 Boîtes à outils de poseurs.

c. Outillage pour la construction des ponts.

     2 Bateaux en fer de 18^m00 de longueur démontables sur wagons.
     2 Sonnettes à vapeur.
    16 Sonnettes à déclic et à tirant de 6^m50 à 14^m50.
    10 Chèvres de 6 à 10^m00 avec moufles et accessoires.
    20 Échelles de 10 à 15^m00 de longueur.
    18 Verrins en bronze avec accessoires.

Assortiment considérable d'outils pour les charpentiers.
4 Hangars de 8 à 24ᵐ 00 de longueur.
  d. Outillage pour les mines.
4 Exploseurs.
400 Barres à mine.
Masses, burettes, coins, épinglettes, etc., etc.
  e. Instruments pour études :
Niveaux, mires, goniomètres, équerres, chaînes, etc.

Approvisionnements. — De même que pour l'outillage de réserve, nous dirons ce qui avait été fait pour le corps-franc de Metz. On avait approvisionné pour lui :

2,807 Rails.
128,000 Crampons et tirefonds.
13,300 Éclisses.
7,000 Traverses.
   21 Changements et croisements de voies, ferrures et châssis.
    9 Plaques tournantes.
    2 Grues à pivot de 6 et de 10 sans fondation.
    2 Grues roulantes.
2,000 Pétards.
6,000 Torches.
      Houille de forge, charbon de bois, huiles et graisses, etc.
    2 Bureaux télégraphiques.
  500 Cloches.
  350 Éléments de piles Leclanché.
5,000ᵐ Câbles de campagne, etc., etc.
   85 Poutres en fer de 8 à 14ᵐ 45 de longueur.
1,700 Sabots pour pieux.
3,600ᵐ De bois de sapin en grume.
5,650ᵐᶜ De planches diverses.
20,000ᵏ De ciment de Portland en sacs.
  120ᵐᶜ De chaux en sacs.

27.000 Boulons divers.
28,000 Broches.
20,000 Sacs à terre, etc., etc.

Tous ces approvisionnements avaient été répartis à Metz et à Strasbourg et placés sous la direction de deux ingénieurs chargés d'en assurer le chargement, l'expédition et le renouvellement au fur et à mesure des consommations. Des wagons et un personnel complet d'agents de l'exploitation étaient à la disposition de ces ingénieurs, et peu d'heures auraient suffi pour l'envoi derrière l'armée de tout ce qui aurait été demandé par le commandant du corps-franc.

Il est vrai que rien de tout cela n'a servi, ou plutôt tout cela a servi contre nous : l'ennemi s'est emparé de ces matériaux lorsque les arsenaux de Metz et de Strasbourg sont tombés en sa possession ; mais nous avons donné ces détails parce qu'ils nous paraissent prouver que, sous ce rapport au moins, l'organisation française n'était en rien inférieure à celle des Allemands.

VI

CONCLUSIONS

Peut-être nous trompons-nous, mais il nous semble que du récit qui précède ressort une conclusion indiscutable, c'est qu'au point de vue des transports militaires par chemins de fer, et de l'emploi de ces derniers en temps de guerre, l'éducation de notre pays est à faire. Heureusement cette éducation ne nous paraît devoir être ni longue ni difficile. Le programme en avait été tracé par le maréchal Niel ; il suffit d'y revenir, mais d'y revenir résolûment.

Pour cela, il faut avoir toujours en vue deux grandes idées :

1° *L'unité dans le commandement* pour tout ce qui concerne l'emploi des chemins de fer à un titre quelconque, transport des hommes et des choses ;

2° *L'association de l'élément militaire et de l'élément technique*, association permanente et se poursuivant à tous les degrés, de façon qu'avant de donner un ordre on soit sûr d'abord qu'il est possible de mettre cet ordre à exécution, en second lieu, qu'il n'en résultera pas des conséquences fâcheuses pour des transports déjà prescrits ou d'autres à prescrire.

Pratiquement, il nous semble facile de réaliser ce double programme par l'adoption des mesures ci-après, qui se rattachent à trois groupes distincts :

Mesures générales ;
Mesures purement militaires ;
Mesures techniques.

Mesures générales.

1° Constituer au ministère de la guerre d'une manière permanente, et au même titre que les comités de l'artillerie et du génie, un *comité militaire des chemins de fer*.

Le comité militaire serait composé :
D'un officier général, président ;
De trois officiers généraux ou supérieurs de l'état-major, de l'artillerie et du génie ;
D'un fonctionnaire supérieur de l'intendance ;

D'un fonctionnaire supérieur du ministère des travaux publics ;

Des six directeurs ou chefs d'exploitation des grandes compagnies de chemins de fer.

Le comité militaire centraliserait à Paris tous les renseignements relatifs aux chemins de fer français et étrangers et à leur emploi en temps de guerre. Il étendrait son action sur toute la France par l'intermédiaire de *commissions de lignes* et de *commandements d'étapes*.

Chaque commission de ligne serait composée d'un officier et d'un représentant supérieur des compagnies.

Mesures purement militaires.

2° Réviser, en les simpliant, les règlements de 1855 sur le transport par chemins de fer des troupes et du matériel.

3° Prendre des mesures pour assurer en route la nourriture des hommes et des chevaux.

4° Faire entrer dans l'éducation régulière de toutes les troupes les manœuvres à faire, soit dans une gare de chemin de fer, soit en pleine voie, pour monter dans les trains ou en descendre, charger et décharger le matériel militaire. Ces exercices seraient permanents et se feraient au même titre que les manœuvres de mobilisation, de concentration, ou que les manœuvres purement militaires.

5° Comprendre dans les manœuvres de la cavalerie la défense et l'attaque à grande distance des lignes de chemins de fer ; prévoir à cet égard un outillage spécial.

6° Faire autographier et distribuer à profusion dans tous les régiments, dans tous les établissements militaires, nos cartes au 320 millième et au 80 millième. Vulgariser par tous les moyens possibles dans notre pays l'étude et la connaissance de la géographie, et imiter la Bavière qui, dans la dernière guerre, a, dit-on, distribué aux troupes allemandes 270,000 cartes.

Mesures techniques.

7° Compléter, dans un certain nombre de gares, les moyens d'utilisation des quais de chargement et de déchargement par la création de rampes d'accès.

8° Comprendre dans les livrets de la marche des trains de chaque grande compagnie un certain nombre de trains facultatifs tracés en vue des besoins militaires et pouvant être utilisés au reçu d'une dépêche.

9° Créer dix à douze sections militaires de campagne,

analogues aux sections allemandes et destinées à assurer la réparation des voies et des ouvrages détruits par l'ennemi.

10° Relier nos arsenaux et nos établissements militaires au réseau général des chemins de fer, partout où cette jonction n'existe pas encore.

11° Créer en dehors des villes, et avec exclusion de toute population civile, des ouvrages spéciaux protégeant soit un souterrain, soit un grand ouvrage d'art, soit une bifurcation, et comportant des dispositions qui permettent, comme complément et prolongation de la défense du territoire, la destruction complète du passage longuement protégé.

On a formulé au sujet des événements de la dernière guerre une idée étrange, celle du séquestre général des chemins de fer au profit de l'administration de la guerre.

A quoi aboutirait cette mesure? A confier à des mains inexpérimentées la gestion d'organisations bien lourdes déjà pour ceux qui y ont consacré leur vie. L'exploitation des chemins de fer comprend une armée industrielle de près de deux cent mille hommes. Peut-on ajouter incidemment un tel fardeau à la tâche d'un ministre de la guerre? nous ne le pensons pas. Ce qu'il faut faire, c'est ce que nous avons dit tant de fois, ce que nous répéterons encore : *As-*

socier ce grand élément industriel à l'élément militaire et faire jaillir de cette association une puissance nouvelle.

Reléguons dans le même oubli les propositions ayant pour objet la création d'un matériel appartenant au ministère de la guerre. Les compagnies tiennent à sa disposition cinq à six mille machines locomotives, vingt mille voitures, cent-quarante mille wagons, cinquante ateliers qui valent des arsenaux ; que peut-il désirer de plus ? Ajoutons encore que, pendant la paix, rien de tout ceci ne coûte un centime à l'État, bien au contraire.

Maintenant, il y a une autre conclusion à formuler ; celle-là ne peut faire l'objet d'aucune réglementation, mais notre brave armée saura la comprendre : Il faut joindre au courage du combat, qui ne nous a jamais fait défaut, le courage de l'étude et de l'étude incessante.

Les chemins de fer ont changé radicalement les conditions de la préparation de la lutte entre les peuples. Ils ont permis le transport à de grandes distances d'armées immenses, le ravitaillement en arrière de ces armées, le retour des blessés, etc., etc.; mais ils n'ont rien changé aux conditions de la lutte elle-même, ils ne dispensent pas le général de l'étude approfondie de l'art militaire. Peu d'hommes, disait-on autrefois, savent manier une armée de cent mille hommes ; il faut savoir aujourd'hui en conduire plusieurs à la fois de cette importance, et cela sans demander aux chemins de fer, une fois la lutte engagée, autre chose qu'un concours relatif pour amener un renfort d'hommes ou de munitions.

Dans la dernière guerre, l'emploi irréfléchi des chemins de fer a été une faute fréquemment commise; l'étude seule empêchera de retomber dans cette faute. Seule elle permettra, Dieu aidant, d'obtenir tous les services que le pays est en droit d'espérer, dans la guerre comme dans la paix, de la plus grande œuvre des temps modernes.

PARIS. — IMP. SIMON RAÇON ET COMP., RUE D'ERFURTH, 1.

www.ingramcontent.com/pod-product-compliance
Lightning Source LLC
Chambersburg PA
CBHW050532170426
43201CB00011B/1396